改正資金決済法対応

仮想通貨はこう変わる!!

日本大学教授・弁護士　弁護士
松嶋隆弘　渡邊涼介　編著

暗号資産の 法律 税務 会計

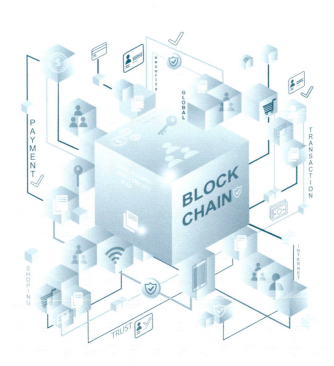

ぎょうせい

はしがき

1. 本書は、暗号資産の全体像について、わかりやすく説明する、いわゆる士業等の実務家を対象とした実務書である。

   暗号資産は、従前、仮想通貨と呼ばれていたものを、令和元年の資金決済法改正において、呼称変更したものである。資金決済法、金融商品取引法は、この呼称変更に伴い、相応な規制の変更を行っている。これは、新たな「決済」のための手段と想定された仮想通貨が、その誕生から10年余を経て、実際には、投機の手段として用いられ、普及・発展してきたという経緯に鑑み、規制のメンテナンスを行ったものと評価できる。

2. ただ、暗号資産は、本質的に、資産や通貨といった既存の概念を超えており、その本質についても評価が定まっておらず、暗号資産の全体像を把握するには法的には、資金決済法、民商事法、知財法、倒産法、金商法、情報法など、様々な法律における取扱いを理解する必要がある。さらに、実務上では、税務・会計上の取扱いが重要であり、諸外国の動向や、暗号資産の技術的背景であるブロックチェーンに関する理解も必要となる。

   逆にいえば、これらの「各論の積み重ね」の上に、今後、総論が現れてくるのであろう。

3. 本書は、このような状況に鑑み、暗号資産の各論を鳥瞰する観点から、次の3点を特長としている。

   ① 暗号資産に関する実務に精通した著者が、それぞれの専門分野について著述していること

   ② 税務上の実務と会計上の処理を明確に区別し、それぞれについて個別かつ詳細に著述していること

   ③ 資金決済法だけでなく、知財法など他の法体系との関係について、大きく取り扱っていること

4. なお、ここで、2018年6月に発行された、『これ1冊でわかる！

仮想通貨をめぐる法律・税務・会計』との関係について付言しておきたい。本書は、同書を前提に、令和元年5月に成立した改正資金決済法及び関連改正法令、平成31年度税制改正を始めとするこの1年間の動向について反映したほか、ロシア・中国における暗号資産の現状に関する記述、さらに、実務上問題となるケースが増えてきている相続との関係についても追加したものであるが、内容の大幅な変更を生じたため、改訂ではなく、暗号資産に関する新たな実務書として刊行することにした。

　ただ、本書では、関連する法制で用いられている文言や、取り扱っているテーマとの関係、用いられる文脈などから、「仮想通貨」との表記を用いている部分もあることには、留意されたい。

5.　最後に、編著者らとしては、実務家が、本書を入門として、暗号資産に関する法律・税務・会計制度について理解を深めるとともに、その健全な発展に寄与されることを祈念したい。

　令和元年6月

松嶋　隆弘・渡邊　涼介

目　　次

はしがき

Ⅰ　総　　論

1　暗号資産をめぐる現状 ・・・・・・・・・・・・・・・・・・・・・・・・・・・・・・・・・ 2

1. 仮想通貨から暗号資産へ：令和元年資金決済法改正 ・・・・・・・・・・ 2

(1)　改正に至る経緯／2　　　(2)　暗号資産に対する期待／3

2. 仮想「通貨」か、暗号「資産」か ・・・・・・・・・・・・・・・・・・・・・・・・ 3

3. 暗号資産に対する本書のアプローチ ・・・・・・・・・・・・・・・・・・・・・ 4

(1)　各論から総論へ／4　　　(2)　本書の構成／4

2　さまざまな暗号資産 ・・・・・・・・・・・・・・・・・・・・・・・・・・・・・・・・・・・ 6

1. 暗号資産の用途 ・・・・・・・・・・・・・・・・・・・・・・・・・・・・・・・・・・・・・・・ 6

(1)　投資・投機の対象／6　　(2)　決済手段／6
(3)　送金手段／6

2. 暗号資産の種類 ・・・・・・・・・・・・・・・・・・・・・・・・・・・・・・・・・・・・・・・ 7

(1)　ビットコインとアルトコイン／7 (2)　銀行が発行するデジタル通貨／8

3. 主要なプレイヤー ・・・・・・・・・・・・・・・・・・・・・・・・・・・・・・・・・・・・・ 8

(1)　マイナー（採掘者）／9　　(2)　暗号資産交換業者／9
(3)　ユーザー／9　　　　　　(4)　暗号資産の開発者／10

4. ICO ・・・ 10

3　欧州における暗号資産の現状 ・・・・・・・・・・・・・・・・・・・・・・・・・ 12

1. はじめに ・・・ 12

2. 暗号資産に対する規制に向けた国際的な動向 ・・・・・・・・・・・・・ 12

(1)　暗号資産に関するECB報告書／13
(2)　FATFの勧告／13　　　　(3)　G7エルマウ・サミット／14
(4)　G20財務相・中央銀行総裁会議（於：ブエノスアイレス）／15

3. EUにおける暗号資産に対する規制
（第5次マネーロンダリング指令の策定） ・・・・・・・・・・・・・・・・・ 15

(1)　経　緯／15

⑵　第5次マネーロンダリング指令の内容／16
　　⑶　今後の見通し／17

　4. 第5次マネーロンダリング指令策定後の動き ･･･････････ 17

　5. 暗号資産の交換取引が非課税対象に該当する旨の判例 ･･････ 19

　　⑴　事　案／19　　　　　⑵　欧州司法裁判所の判断／19
　　⑶　検　討／20

4　アメリカにおける暗号資産の現状 ･････････････････････ 21

　1. はじめに ･･ 21

　2. 暗号資産の概念の登場 ･･･････････････････････････････ 21

　3. シルクロード事件と金融犯罪執行ネットワーク（FinCEN）･･･ 22

　4. 米国歳入庁（IRS）････････････････････････････････ 23

　5. 米国証券取引委員会（SEC）･･･････････････････････････ 24

　6. 米国商品先物取引委員会（CFTC）･･････････････････････ 26

　7. 暗号資産の売買の大量偽装の疑いと米議会の「トークン分類法」
　　法案の提出 ･･･････････････････････････････････････ 27

　8. おわりに ･･･ 28

5　中国における暗号資産の現状 ･･･････････････････････ 29

　1. はじめに ･･ 29

　2. 暗号資産の政策・規制 ･･･････････････････････････････ 29

　　⑴　経　緯／29　　　　　⑵　規　制／30
　　⑶　今後の見通し／31

　3. ブロックチェーンの政策・規制 ･････････････････････････ 32

　　⑴　政　策／32　　　　　⑵　業　界／33
　　⑶　今後の見通し／33

　4. おわりに ･･･ 34

6　ロシアにおける暗号資産の現状 ･･･････････････････････ 35

　1. はじめに ･･ 35

　2. 仮想通貨、暗号資産に対するロシア政府のスタンスの変化 ････ 35

　3. ロシアでの暗号資産の民法上の位置づけ ･･･････････････ 36

　4. 暗号資産の売買で得た収益は個人所得税の申告対象となるか ･･ 38

目　次

　　5. 刑法上の位置づけ ・・・・・・・・・・・・・・・・・・・・・・・・・・・・・・ 39

　　6. まとめ ・・ 40

7　暗号資産の設計にあたっての税制上の留意点・・・・・・・・・・・・ 41

　はじめに・・・ 41

　1. 所得課税を回避するような設計 ・・・・・・・・・・・・・・・・・・・ 41

　2. 法定通貨との交換比率を固定するような設計
　　（ステーブルコイン）・・・・・・・・・・・・・・・・・・・・・・・・・・・ 42

　3. コンセンサスアルゴリズムの設計 ・・・・・・・・・・・・・・・・ 44

　4. 個性を付与するような設計 ・・・・・・・・・・・・・・・・・・・・・・ 44

　5. その他 ・・ 45

8　暗号資産の設計と知財法・・・・・・・・・・・・・・・・・・・・・・・・・・・・・ 46

　1. 暗号資産の外延 ・・・・・・・・・・・・・・・・・・・・・・・・・・・・・・・・ 46

　2. 特許法との関係 ・・・・・・・・・・・・・・・・・・・・・・・・・・・・・・・・ 47

　　⑴　発明の要件／47
　　⑵　ソフトウェア関連発明の取扱い／49
　　⑶　発明の種類／51　　　　　⑷　特許要件／53
　　⑸　特許出願時の留意点／55　⑹　出願書類の記載要件／57
　　⑺　特許権の効力／60

　3. 実用新案法との関係 ・・・・・・・・・・・・・・・・・・・・・・・・・・・・ 61

　4. 著作権法との関係 ・・・・・・・・・・・・・・・・・・・・・・・・・・・・・・ 61

　5. 不正競争防止法との関係 ・・・・・・・・・・・・・・・・・・・・・・・・ 62

　6. 権利侵害 ・・・・・・・・・・・・・・・・・・・・・・・・・・・・・・・・・・・・・・ 63

Ⅱ　暗号資産を支える技術・法制度

1　ブロックチェーンと情報法・・・・・・・・・・・・・・・・・・・・・・・・・・・ 68

　1. ブロックチェーンの概要 ・・・・・・・・・・・・・・・・・・・・・・・・ 68

　2. ブロックチェーンのシステム ・・・・・・・・・・・・・・・・・・・・ 69

　　⑴　概　要／69　　　　　　　⑵　技術要素／70

3. 主体によるブロックチェーンの分類 ························· 73
(1) 概　要／73　　　　　　　(2) 許可不要型と許可必要型の特徴／74

4. ブロックチェーンの特徴 ································· 74
(1) 障害に強い（可用性、冗長性が高い）／75
(2) 改ざんが極めて困難（改ざん耐性、不可逆性が高い）／75
(3) ビザンチン障害耐性を獲得／76
(4) 中央集権的な管理体が不要／76

5. ブロックチェーンの適用範囲 ··························· 76
(1) 適用可能分野／76　　　　(2) エストニアの例／77
(3) IoTとの関係／78

6. ガバナンス上の特徴と問題点 ························· 79
(1) 許可不要型特有の問題／79　(2) 許可必要型特有の問題／82

7. 個人情報・プライバシー保護 ························· 82
(1) 問題点／82　　　　　　　(2) 概　要／83
(3) 許可不要型ブロックチェーン：
　　暗号資産交換業者の取扱いにおける注意点について／83
(4) 許可必要型ブロックチェーン／86
(5) 企業に求められる対応／89

8. 情報セキュリティ ··································· 91
(1) ブロックチェーン自体の安全性／91
(2) 暗号資産交換業者の安全性／92
(3) ソフトウェアの安全性／93　(4) 対　策／93

9. ブロックチェーンを利用した商取引の問題 ··············· 93
(1) どのような法理が適用されるか不明／93
(2) 最終確定しないこと／94

10. スマートコントラクト ······························ 94
(1) 概　要／94　　　　　　　(2) 特　徴／95
(3) 課　題／95

11. ブロックチェーンの標準化 ·························· 98
(1) 概　要／98　　　　　　　(2) 国際的な動き／98

12. マネーロンダリング対策 ··························· 99

III 資金決済法における暗号資産

1 暗号資産（仮想通貨）交換業者に対する法規制‥‥‥‥ 102

1 資金決済法の規制 ‥‥‥‥‥‥‥‥‥‥‥‥‥‥‥‥‥ 102

1. 法律上の「暗号資産（仮想通貨）」‥‥‥‥‥‥‥‥‥ 102

⑴ 資金決済法及び関連するレギュレーション／ 102
⑵ 暗号資産（仮想通貨）の定義／ 104
⑶ 暗号資産（仮想通貨）の特徴／ 105

2. 電子マネー等との比較 ‥‥‥‥‥‥‥‥‥‥‥‥‥‥ 106

⑴ 電子マネーの概要／ 106
⑵ 電子マネーに対する規制の概要／ 106
⑶ 法定通貨・電子マネー・暗号資産（仮想通貨）の比較／ 107
⑷ 資金決済法の規制の概要／ 108

3. 暗号資産（仮想通貨）交換業者に対する資金決済法の規制‥ 109

⑴ 暗号資産（仮想通貨）交換業者／ 109
⑵ 登　録／ 111
⑶ 暗号資産（仮想通貨）交換業者の義務／ 116
⑷ 金融庁による監督／ 130

2 犯罪収益移転防止法の規制 ‥‥‥‥‥‥‥‥‥‥‥‥ 131

1. 犯罪収益移転防止法の概要 ‥‥‥‥‥‥‥‥‥‥‥‥ 131

2. 暗号資産（仮想通貨）交換業者に対する規制 ‥‥‥‥‥ 132

3. 規制対象 ‥‥‥‥‥‥‥‥‥‥‥‥‥‥‥‥‥‥‥‥ 133

⑴ 対象範囲の概観／ 133　　⑵ 特定取引・ハイリスク取引／ 133

4. 規制内容 ‥‥‥‥‥‥‥‥‥‥‥‥‥‥‥‥‥‥‥‥ 135

⑴ 取引時確認／ 135　　⑵ 記録の作成・保存／ 136
⑶ 疑わしい取引の届出／ 137

2 裁判例にみる暗号資産 ‥‥‥‥‥‥‥‥‥‥‥‥‥‥‥ 138

1. はじめに ‥‥‥‥‥‥‥‥‥‥‥‥‥‥‥‥‥‥‥‥ 138

2. 東京地判平成27年8月5日（平成26年㈹33320号）‥‥‥ 138

⑴　事実の概要／138　　　　　　⑵　判　旨／139

3. 東京地判平成30年1月31日金判1539号8頁 ·········· 142
○事実の概要／142

4. 両判決に関する検討 ······························· 144
⑴　前掲東京地判平成27年8月5日と最判昭和43年7月11日民集22巻7号1313頁との対比／144
⑵　前掲東京地判平成27年8月5日と前掲東京地判平成30年1月31日との対比／145

5. 両判決の先にあるもの～仮想通貨・暗号資産の強制執行 ···· 147
⑴　はじめに／147
⑵　債権者が、債務者（利用者）に対する債権を保全すべく、債務者が保有し、暗号資産交換業者に預けてある暗号資産を差し押さえるケース／148
⑶　第三者（S）による暗号資産に対する差押えに対し、債務者が、第三者異議（民事執行法38条）を述べるというケース／150

Ⅳ　暗号資産の利用に際してかかわる諸法制

1　暗号資産の利用と決済法との接点 ····················· 154

1. 総　説 ··· 154

2. 暗号資産の私法的位置付け ························· 155
⑴　仮想通貨それ自体の法的評価の問題／155
⑵　仮想通貨の移転・帰属に関する問題／158

3. まとめに ······································· 163

2　暗号資産の利用と倒産法との接点 ··················· 165

1. はじめに ······································· 165

2. 資金決済法における『暗号資産』と『暗号資産交換業者』··· 165
⑴　資金決済法上の『暗号資産』の定義／166
⑵　資金決済法上の『暗号資産交換業』と『暗号資産交換業者』／167

3. 暗号資産交換業者破産時における顧客の暗号資産交換業者に対する請求権～マウントゴックスの事例より～ ············ 168
⑴　取引所が破産した場合の顧客の権利／168
⑵　破産法における取戻権行使のための法律構成／173

目　次

　　4. 資金決済法の改正による暗号資産交換業者倒産時の顧客保護‥ 178

　　　　(1)　平成28年改正／178　　　　(2)　令和元年改正／179

3　暗号資産の利用と金商法との接点 ‥‥‥‥‥‥‥‥‥‥ 181

　　1. 金商法の適用対象 ‥‥‥‥‥‥‥‥‥‥‥‥‥‥‥‥‥ 181

　　2. 金商法上の有価証券とは ‥‥‥‥‥‥‥‥‥‥‥‥‥‥ 182

　　　　(1)　金商法上の有価証券となるには／182
　　　　(2)　2条1項の有価証券／183　　(3)　2条2項前段の有価証券／184
　　　　(4)　2条2項後段のみなし有価証券／184
　　　　(5)　出資あるいは拠出された暗号資産は金銭とみなされる／185

　　3. 金商法上のデリバティブとは ‥‥‥‥‥‥‥‥‥‥‥‥ 186

　　　　(1)　デリバティブ取引とは／186　　(2)　デリバティブ取引の種類／187
　　　　(3)　デリバティブ取引の内容を規定するもう一つの要素／187

　　4. 暗号資産はデリバティブ取引の原資産および参照数値となる‥ 189

　　5. 暗号資産を組み込んだ金融商品販売時の問題 ‥‥‥‥‥‥ 191

　　6. ICO（Initial Coin Offering）に対する規制 ‥‥‥‥‥‥ 191

4　暗号資産と相続 ‥‥‥‥‥‥‥‥‥‥‥‥‥‥‥‥‥‥ 194

　　1. 相続の概要と暗号資産 ‥‥‥‥‥‥‥‥‥‥‥‥‥‥‥ 194

　　　　(1)　相続の開始と相続の対象・法定相続人／194
　　　　(2)　単純承認、限定承認と相続放棄／194

　　2. 暗号資産の相続の手続その他の方法 ‥‥‥‥‥‥‥‥‥‥ 196

　　　　(1)　暗号資産に関する情報の相続人による把握の困難性と必要性／196
　　　　(2)　被相続人による暗号資産に関する情報の生前保管と相続人による確認／197
　　　　(3)　被相続人が暗号資産を取引所に預けていた場合／198
　　　　(4)　被相続人が暗号資産をウォレットに保管していた場合／200

5　暗号資産の利用と民事手続法との接点 ‥‥‥‥‥‥‥‥ 201

　　1. 手続法一般との接点 ‥‥‥‥‥‥‥‥‥‥‥‥‥‥‥‥ 201

　　　　(1)　はじめに／201
　　　　(2)　暗号資産把握の場面における性質の影響／201

　　2. 民事手続において想定される問題点 ‥‥‥‥‥‥‥‥‥‥ 203

　　　　(1)　民事手続と暗号資産／203
　　　　(2)　暗号資産は資産を表章しているのではないこと／203
　　　　(3)　訴訟上及び訴訟外で請求する場合について／204

7

3. 保全及び執行 ·· 207

　　⑴　保全を検討する上での視点／207　⑵　各類型毎の検討／207

4. 暗号資産に関する請求手続に絡む問題点 ··················· 211

Ⅴ　仮想通貨・暗号資産に関する税務・会計

1　仮想通貨・暗号資産に関する税務 ······················· 214

1. 概　説 ·· 214

　　⑴　はじめに／214　　　　　　⑵　「仮想通貨」の範囲／214

2. 国税庁が明らかにしている取扱い ··························· 215

　　⑴　仮想通貨の売却など／217　　⑵　仮想通貨の取得など／220
　　⑶　所得税特有の論点／222　　　⑷　その他／233

3. 関係法令（平成31年度税制改正後） ····················· 237

2　仮想通貨・暗号資産に関する会計 ······················· 245

はじめに ·· 245

1. 仮想通貨に関する会計基準等の整備状況 ··················· 247

　　⑴　日本における会計基準等／247　⑵　海外における会計基準等／248

2. 「資金決済法における仮想通貨の会計処理等に関する当面の取扱い」（実務対応報告38号）の解説 ··················· 248

　　⑴　総　論／248
　　⑵　仮想通貨の性格（第27項〜第33項）／253
　　⑶　仮想通貨に係る会計処理の実務上の取扱い／257

3. その他の仮想通貨に係る代表的な経済事象 ················· 269

　　⑴　実務対応報告38号と他の会計基準との関係／270
　　⑵　仮想通貨を支払手段とした販売取引／271
　　⑶　マイニングによる仮想通貨の取得／273
　　⑷　仮想通貨建て債権債務の評価／275
　　⑸　ICOについて／277

索　引 ·· 300

I

総 論

I 総　論

 暗号資産をめぐる現状

1. 仮想通貨から暗号資産へ：令和元年資金決済法改正

(1) 改正に至る経緯

　仮想通貨は、わが国において、消費税法が仮想通貨の譲渡にかかる消費税を非課税としたこと（消費税法9条4項）、平成28年改正資金決済法が「仮想通貨交換業」者の分別管理義務につき規定を置いたことを契機として急激に利用が増えた。ただ、本来想定された決済目的としての利用としてではなく、多くは投機目的の利用である。

　そして、仮想通貨が投機目的に利用されることから生じるリスクについても、近時のいくつかの不祥事が大きく報道され、一般に認識されるに至っている。もっとも有名なビットコインについては、ビットコイン交換所であるマウントゴックス社が経営破綻し、破産手続開始決定に至ったことは記憶に新しい。さらに平成30年1月には、コインチェック株式会社が運営する仮想通貨交換所コインチェックにおいても、仮想通貨NEMの巨額流出事件が発生し、同社は、業務改善命令を受けるに至っている。

　そこで、かかる現実を踏まえ、令和元年、資金決済法及び関連法令（金融商品取引法（金商法）、金融商品販売法）が改正された。改正後においては、①仮想通貨は暗号資産へと呼称が変更され、②資金決済法には、暗号資産カストディ業務に対する規制が追加されるとともに、③暗号資産交換業の業務に関する規制が強化される。そして、金融商品取引法（金商法）は、④電子記録移転権利たる概念を創設し、これに関連する規制を設けるとともに、⑤暗号資産デリバティブ取引に対する規制、⑥暗号資産又は暗号資産デリバティブの取引に関する不公正な行為に関する規制を新設する。さらに、金融商品販売法（金販法）は、⑦暗号資産の販売等についても適用をみることとなる[1]。

1 暗号資産をめぐる現状

⑵ 暗号資産に対する期待

　ただ、暗号資産に関する実務からの期待は、依然として大きいといわなければならない。前記のコインチェックに関しても、報道によれば[2]、マネックスグループに買収されることで、再スタートがなされるとのことである。今回の改正を契機に、暗号資産交換業者の淘汰と再編が進みそうである。暗号資産に対する期待は、大きいといわなければならない。

2. 仮想「通貨」か、暗号「資産」か

　前記のとおり、令和元年資金決済法改正により、法令上の呼称が、仮想通貨から暗号資産へと変更された。ただ、資金決済法は、基本的には、業法であり、仮想通貨・暗号資産という呼称が示す「実体」の法的性質を規定するものではない。そして、呼称変更がなされる以前から、仮想通貨（又は暗号資産）の私法上の法的性質については、様々な議論がなされ、現時点においては、統一した見解がないというのが現状のようである。

　ただ、「名は体を表す」というとおり、名は、「実体」のある側面を切り取って表現しているのも確かなところである。敢えて図式的に整理すれば、仮想「通貨」という表現は、もっぱら取引の決済に利用されるという側面に焦点を当てた呼称であり、暗号「資産」という表現は、投資又は投機に利用されるという側面からみた呼称であるといってよい。そして、譲渡にかかる消費税を非課税とした消費税法の規制（消費税法9条4項）は、前者の側面を重視したものであった。ところが、冒頭に述べたとおり、その後の現実は、もっぱら後者の利用が主であった。そして、この度の資金決済法の改正は、かかる現実にキャッチアップするためのものである。

1　金融庁は、平成31年3月15日、本文に掲げた事項に関する改正法案を国会に提出した。
2　「仮想通貨業者淘汰進む」日本経済新聞朝刊平成30年4月4日、第1面

3

I 総 論

3. 暗号資産に対する本書のアプローチ

(1) 各論から総論へ

　資金決済法が、呼称を暗号資産に統一したからといって、決済としての利用が否定されるわけではない。前記のとおり、資金決済法は、あくまでも業法にすぎず、暗号資産の法的性質は、私法により決される。そして、私的自治を原則とする私法の世界においては、暗号資産の活用は、広く、利用者の創意工夫に委ねられているのである。もっとも、活用に際しては、ブロックチェーンというシステムの理解、諸外国の動向、税務・会計上の処理、知財上の検討といった多面的な理解が必要となる点は、常に意識しておく必要がある。

　むしろ、これらの多面的な事項が複雑に交差し、積み重なった各論の上に、暗号資産の私法上の性質という「総論」が構築されていくのであろう。現在は、そこに向けた過渡期であるといってよいのかもしれない。

(2) 本書の構成

　本書は、上記の観点から、暗号資産に対し、一般論や総論に重きを置かず、むしろ多面的な観点から光を当てて、検討することで、各論の集積としての、暗号資産の全体像を映し出すことに努めることにした。

　まずⅠでは、さまざまな暗号資産を紹介した後、諸外国の動向、税制上の留意点につき、紹介を行っている。どちらかというと理論的検討を主としたパートである。

　次いでⅡでは、暗号資産を支える技術・法制度につき、情報法的観点から光を当てようとしている。そしてこの中で、ブロックチェーンについても説明がなされる。

　続いて、現行法の説明に移る。

　Ⅲでは、資金決済法上の暗号資産につき、Ⅳでは、他の諸法と暗号資産の接点が、それぞれ語られる。

最後にⅤでは、税務・会計上の問題点がそれぞれ説明される。

　このように、本書は、暗号資産に関心がある法実務家、税実務家等、もっぱら「実務家」が、暗号資産につき一応の知見を有するようになることを目的にして編まれているものである。次頁から、暗号資産の世界が始まる！

［松嶋　隆弘］

さまざまな暗号資産

本項では、暗号資産に関する法制度や税制度を理解する前提として、暗号資産とはどのようなものであるかという観点から、暗号資産の用途、種類、暗号資産をめぐるプレイヤー、ICOについて解説する。

1. 暗号資産の用途

(1) 投資・投機の対象

暗号資産に関しては、値動きが激しいこと、暗号資産への投資によって大きな資産を築いた投資家がいること等が注目されており、投機・投資の対象となっている。暗号資産への投資に興味を持っている人も多いと思われる。

(2) 決済手段

暗号資産は、決済手段として使用されており、例えば、家電量販店のビックカメラではビットコインでの支払いが可能となっており、また暗号資産決済専門のECサイトも存在する。ビックカメラではレジの端末にて表示されるQRコードを、自己のスマートフォン上のビットコインウォレットで読み取ることによって簡単に決済が完了する。

ただし、まだ暗号資産による決済が可能な店舗はそれほど多くない。また、上記のように値動きが激しいことは決済手段としての利用が広まることの難点となっていると思われる。

(3) 送金手段

銀行送金では管理者である銀行を経由して送金が行われ、特に複数の仲介者を経由する海外送金時にはそれなりの手数料がかかる。一方、暗号資産の送金は当事者間で直接行われることになり仲介者を経由しない。そのため、銀行等の仲介者に支払う手数料が不要であるため送金手

2 さまざまな暗号資産

数料が格安であり、特に海外送金時の利用に利便性がある。また、イン
ターネットを利用できる環境にあれば24時間365日送金可能である。

　しかし、ビットコインをはじめとする暗号資産の価格上昇によって、
手数料の安さというメリットが薄れてしまっているのが現状である。

2. 暗号資産の種類

(1) ビットコインとアルトコイン

　暗号資産には、最も有名なビットコインのほかにも数多くの種類があ
り、これらはアルトコイン（Alternative Coinの略称）と呼ばれる。ア
ルトコインの中で時価総額が大きいものにはイーサリアム、リップル、
ビットコインキャッシュ等がある。

　アルトコインは、ビットコインと価格が違うのはもちろんのこと様々
な異なる特徴を有する。

【図表1】

仮想通貨		特　徴
ビットコイン （BTC）		2009年に取引が開始された。最も時価総額が大きい。管理者がいないが、インターネットを通じて世界中で取引できる。
アルトコイン	イーサリアム （ETH）	スマートコントラクトという仕組を有しており、取引情報に加え契約情報も記録される。
	リップル （XRP）	米国のリップル社が管理者となっている点でビットコイン等とは異なる。 国際送金変革というコンセプトの下、送金の高速性、処理能力、コストに強みを有している。
	ビットコイン キャッシュ （BCH）	2017年8月にビットコインから分離。分離の理由はブロックのサイズが小さく処理速度が遅いというビットコインの欠点を改善するための方向性に対する考え方の違いによる。ビットコインよりもブロックのデータ容量を拡大している。
	モナーコイン （MONA）	日本発の暗号資産。取引データを圧縮し、一つのブロックに書き込めるデータを増やす技術であるセグウイットを世界初採用。

7

(2) 銀行が発行するデジタル通貨

ア 概要

本書執筆時点の報道によると、三菱UFJフィナンシャル・グループが「coin」というブロックチェーンを用いた通貨の発行を計画しているとのことである。このようなコインを発行する主な目的は、現金による決済コストの削減、送金手数料を安価にすること、利用者データ活用といったものであると考えられる。

イ 相違点

「coin」はビットコインやアルトコインとブロックチェーンの技術を用いる点では共通するが、次の2つの点で大きな違いがあると思われる。

① 管理者が存在すること

ビットコイン等の特徴の一つは、管理者が存在せずP2Pネットワーク参加者でデータを分散管理することである。一方、銀行が発行する暗号資産の場合は管理者が存在する点でビットコイン等とは大きな違いがある。

② 投機・投資の対象とはなりえないこと

上記のとおり、ビットコイン等はそのキャピタルゲインの取得を目的とし、投機・投資の対象となっている。一方、現在までの報道によると「coin」は1コイン＝1円とすることが予定されているとのことであるため、キャピタルゲインは期待できず投機・投資の対象とはなりえない。

なお、資金決済法上の暗号資産に通貨建資産は含まれないため、1コイン＝1円と法定通貨との交換価値を完全に固定した場合には、資金決済法上の「暗号資産」には該当しないと思われる。

3. 主要なプレイヤー

ビットコイン等の暗号資産に関する主要なプレイヤーとしては、マイナー、暗号資産交換業者、ユーザー、暗号資産の開発者が挙げられる。

⑴ マイナー（採掘者）

ビットコインでは、新しいブロックに約10分間で行われた取引が記録されるが、これを承認し新しいブロックを追加する作業がマイニングと呼ばれ、これを請け負う者がマイナーである。マイナーは、報酬として新規に発行されるビットコインを受け取ることができる。

⑵ 暗号資産交換業者

暗号資産取引所は、その取り扱う暗号資産について、証券取引所と同様に売り手と買い手を結び付け手数料を得たり（取引所としての役割）、交換業者自身が保有する暗号資産を売買し、売買差益を得たりしている（販売所としての役割）。

暗号資産交換業者については2017年4月に施行された改正資金決済法によって登録制が導入されたが、2019年6月現在、19の業者が暗号資産交換業者として登録されている。登録業者にはbitFlyer、マネーパートナーズ、GMOコイン等がある。

また、2018年3月29日付で、自主規制団体である一般社団法人日本仮想通貨交換業協会（JVCEA）が発足し、同年10月に金融庁より暗号資産交換業に係る認定資金決済事業者協会としての認定を取得している。同協会は、自主規制規則の制定、会員に対する検査、会員に対する指導、勧告及び処分等を主な業務内容としている。会員種別は、暗号資産交換業者からなる第1種会員と暗号資産交換業登録申請中、申請予定中の業者からなる第2種会員がある。

⑶ ユーザー

暗号資産を購入したいユーザーは、通常暗号資産交換業者に本人確認等の手続きを経てアカウント登録した上で、買い付け代金を入金し、暗号資産を購入することになる。なお、交換業者ごとに取り扱っている暗号資産の種類は異なるため、ユーザーは購入したい暗号資産を取り扱っている交換業者にアカウント登録を行う必要がある。

I 総 論

　保有する暗号資産の保管には、ウォレットが用いられるが、取引所の
ウォレットやスマートフォン上のアプリで保管するウォレット、専用端
末等に保管するハードウォレット等がある。

(4)　暗号資産の開発者

　開発者によってビットコインとは異なった特徴を持ったアルトコイン
が開発され、アルトコインの種類が増加している。

4. ICO

　暗号資産をめぐっては、ICO（Initial Coin Offering）も注目を浴び
ている。ICOとは、企業等が、発行するトークンを売却して資金を調達
することをいう。例えば、ICO時の会計処理が話題となった㈱メタップ
スの海外子会社によるICOでは、①当該海外子会社が発行するプラス
コインという新規発行暗号資産を売却するトークンとし、②トークン（プ
ラスコイン）の購入者は、暗号資産であるイーサリアムで購入対価の支
払いを行い、③その後、当該海外子会社は、自己が営む暗号資産取引所
でプラスコインの取引を開始するというものである[1]。③により、プラ
スコインの購入者は、プラスコインを売却して法定通貨やビットコイン
等の暗号資産を取得することができるようになる。

　ICOでは、ホワイトペーパーと呼ばれる発行体のサービス内容や資金
使途、トークンの内容等を記載した書面が公開されるが、その内容が
虚偽あるいは実現しない可能性や購入後トークンが無価値になる可能
性等があり、海外では詐欺ともいえる事例が発生している。そのため、
2017年10月に金融庁はIPOに対する注意喚起文書を公表している[2]。
なお、中国や韓国ではICOが禁止されており、アメリカでは規制当局
であるSECがICOにつき注意喚起を行っている。

1　㈱メタップス2017年11月13日付プレスリリース参照（http://v4.eir-parts.net/v4Contents/
　　View.aspx?cat=tdnet&sid=1532368 ）
2　https://www.fsa.go.jp/policy/virtual_currency/06.pdf

国内のICOでは、トークンの性質によって適用法令が変わる。この点について、2019年に成立した改正法では、金融商品取引法において「電子記録移転権利」という概念が設けられ、保有者が収益分配等を受けることができ、投資性を有すると言いうるトークンが株式等と同様の第一項有価証券に該当し、金融証券取引法上の規制が及ぶことが明確になった（詳細は**Ⅳ3**参照）。また、例えば、トークンが資金決済法上の暗号資産に該当し、発行者自身がトークンの売却をする場合には、資金決済法上の暗号資産交換業の登録が必要となると思われる。

［森　　大輝］

Ⅰ 総　論

欧州における暗号資産の現状

1. はじめに

　欧州における暗号資産に関する活動は、相対的に限定的とされる。また、暗号資産のプレゼンスも各国によりさまざまである。たとえば、キプロスでは、2013年に起こった金融危機（キプロス・ショック）で約2週間銀行が封鎖された際に資産の避難先としてビットコインが注目されて以来、ビットコインのATMが多く設置されたといわれている。他方で、アイスランドのように、外貨取引法により基本的に暗号資産の取引が禁止されている国もある（なお、例外的に、マイニングされた暗号資産の取引は禁止されていないところ、近年アイスランドではビットコインのマイニングが盛んであり、2018年には国内の一般家庭で使用されるよりも多くの電力がビットコインのマイニングに使われる見込みだと報道されている[1]）。

　暗号資産に対する世界各国の対応はさまざまであり、これは欧州においても同様である。もっとも、近年、主としてマネーロンダリングの防止等の観点から暗号資産を規制する機運が国際的に高まっており、EUでもそのような観点から暗号資産に対する規制を含む第5次マネーロンダリング指令が策定された。

2. 暗号資産に対する規制に向けた国際的な動向

　まず、欧州における暗号資産に対する規制の背景となる暗号資産に対する規制に向けた国際的な動向についてみていきたい。

1　Chris Baraniuk, Bitcoin energy use in Iceland set to overtake homes, says local firm, 12 February 2018（http://www.bbc.com/news/technology-43030677）

⑴ 暗号資産に関するECB報告書

　欧州中央銀行 (European Central Bank: ECB) は、2012年10月に「仮想通貨のスキーム」という報告書を公表した。この報告書は、暗号資産(仮想通貨) のスキームを「クローズドな仮想通貨スキーム」、「単方向フローの仮想通貨スキーム」及び「双方向フローの仮想通貨スキーム」の3つに分類したうえで、電子マネーとの比較をしている。また、この報告書は、将来的に変更され得る余地を認めつつ、暗号資産 (仮想通貨) について「規制されていないデジタルマネーの一種で、開発者によって発行および通常は管理され、特定の仮想コミュニティのメンバー間で利用および受領されるもの」と定義を置いた。また、ECBによる2015年2月の「仮想通貨のスキーム─追加的分析」と題する追加的報告書では、暗号資産 (仮想通貨) について「中央銀行、クレジット機関、または電子マネー機関によって発行されていない、価値のデジタル表象で、状況によって金銭に代替して使用することができるもの」との定義がされた。

　ECBによるこれらの報告書は、暗号資産の重要性とリスクについて分析した意義深いものであるが、その分析は主として中央銀行の観点からなされたものであり、以降に述べるマネーロンダリング対策等の観点からの暗号資産に対する規制に関する言及にはやや乏しいものであった。

⑵ FATFの勧告

　金融活動作業部会 (Financial Action Task Force: FATF) は、経済協力開発機構 (Organisation for Economic Co-operation and Development: OECD) 加盟国を中心に設置された政府間会合である。FATFは、マネーロンダリング対策及びテロ資金対策について国際的な協調を推進しており、FATFが策定する勧告はこれらの分野における国際基準となっている。FATFは、2012年2月にFATF勧告 (マネーロンダリング・テロ資金供与・拡散金融対策についての国際基準)、2014年6月には「仮想通貨─鍵となる定義と反マネーロンダリング／テロ資金供与対策への潜在的リスク」と題する報告書を出し、暗号資産 (仮想通

貨）がその匿名性の高さやインターネットを経由した国際的な支払送金手段としての利用可能性等から、マネーロンダリング等に悪用されるおそれがあると指摘した。その後、EUでは第4次マネーロンダリング指令（Directive（EU）2015/849）が成立したが、同指令に、暗号資産（仮想通貨）への言及はなかった。2015年6月、FATFは、上記勧告が暗号資産に関してどのように適用されるかを示す暗号資産（仮想通貨）に関するガイダンス（Guidance for a Risk-Based Approach to Virtual Currencies）を発表し、暗号資産（仮想通貨）、とりわけマネーロンダリング対策等との関係でリスクの高い法定通貨と交換可能な暗号資産（仮想通貨）（convertible virtual currencies）について各国が暗号資産（仮想通貨）と法定通貨との交換所を登録・免許制にするなどの対策を採るべきとの指針を示した。これは、EUにおいて暗号資産（仮想通貨）に対する規制を含む第5次マネーロンダリング指令を策定する一つの契機となった（同指令については、後述3.を参照）。

⑶　G7エルマウ・サミット

　欧州における状況を検討する手がかりとして、欧州各国が重要な役割を果たし、また、欧州各国もその合意に影響を受けるG7とG20についてみてみよう。

　2015年6月、G7エルマウ・サミットでは、「我々は、仮想通貨及びその他の新たな支払手段の適切な規制を含め、全ての金融の流れの透明性拡大を確保するために更なる行動をとる。我々は、FATFにより行われている活動の重要性を再確認し、この活動に積極的に協力することにコミットする。我々は、強固なフォローアップ・プロセスを通じたものを含め、FATFの基準の効果的な履行を確保するために努力する。」[2]との合意がなされ、首脳宣言に盛り込まれた。

2　G7エルマウ・サミット首脳宣言（仮訳）「テロ及びその資金調達との闘い」の項より関連部分を抜粋（http://www.mofa.go.jp/mofaj/files/000084024.pdf）

⑷ G20財務相・中央銀行総裁会議（於：ブエノスアイレス）

2018年3月にアルゼンチンのブエノスアイレスで行われたG20財務相・中央銀行総裁会議では、「我々は、暗号資産の基礎となる技術を含む技術革新が、金融システムの効率性と包摂性及びより広く経済を改善する可能性を有していることを認識する。しかしながら、暗号資産は実際、消費者及び投資家保護、市場の健全性、脱税、マネーロンダリング、並びにテロ資金供与に関する問題を提起する。暗号資産は、ソブリン通貨の主要な特性を欠いている。暗号資産は、ある時点で金融安定に影響を及ぼす可能性がある。我々は、暗号資産に適用される形でのFATF基準の実施にコミットし、FATFによるこれらの基準の見直しに期待し、FATFに対し世界的な実施の推進を要請する。我々は、国際基準設定主体がそれぞれのマンデートに従って、暗号資産及びそのリスクの監視を続け、多国間での必要な対応について評価することを要請する。」[3]旨が共同声明に盛り込まれた。

この共同声明では、仮想通貨ではなく「暗号資産」という表現が用いられ、また暗号資産はソブリン通貨（法定通貨）の主要な特性を欠いているとして法定通貨との峻別が図られた。

3. EUにおける暗号資産に対する規制
（第5次マネーロンダリング指令の策定）

⑴ 経　緯

これまでEUレベルにおいて、暗号資産の隣接分野については、決済サービス指令（Directive 2015/2366/EU）や電子マネーサービス指令（Directive 2009/110/EC）というルールがあった。しかし、ビットコイン等の暗号資産については、電子マネーサービス指令の電子マネーの定義に該当せず、また決済サービス指令の適用対象となる資金の移送に

3　G20財務相・中央銀行総裁会議声明（仮訳）（2018年3月19〜20日　於：アルゼンチン・ブエノスアイレス）より関連部分を抜粋（https://www.mof.go.jp/international_policy/convention/g20/180320.htm）

I 総　論

も該当しないため、これらの指令の枠外にあった。

　もっとも、前記エルマウ・サミットの合意を受けて、また、2016年の
パナマ文書の問題や、テロ集団の資金調達、暗号資産の急激な高騰等を
契機として、さらに、欧州におけるテロ攻撃を受けた2016年のテロリス
ト資金調達に対する欧州委員会のアクションプランの一部として、欧州
委員会は、2016年7月、第4次マネーロンダリング指令の改正案を提案
した。EUにおける立法手続として、欧州委員会が提案した法案はEU理
事会と欧州議会により共同で採択される必要があるところ、この改正案
については、英国、ルクセンブルグ、アイルランド、マルタ、キプロス
から反対意見があったものの、2017年12月、この改正案の修正案につ
いて、EU理事会と欧州議会は政治的な合意に至り、2018年7月9日、第
5次マネーロンダリング指令として施行された。

⑵　第5次マネーロンダリング指令の内容

　第5次マネーロンダリング指令において、暗号資産（仮想通貨）に関
しては、主に以下の点について規律が置かれることとなった。

- 「仮想通貨とは、価値のデジタル表現であって、中央銀行又は公共
機関により発行されることも保証されることもなく、必ずしも法定
通貨に付随しておらず、及び、通貨又は金銭の法的地位を有さない
ものであって、しかし、自然人又は法人によって支払手段として認
められており、かつ、電子的な移送、保管及び取引が可能なものを
いう。」[4]との定義が置かれた。

- 指令の適用対象に、暗号資産（仮想通貨）と不換（法定）通貨の交
換業者及び暗号資産(仮想通貨)の保管サービス提供事業者(custodian
wallet providers)を含むものとし、これらの業者に顧客のデュー・

4　"virtual currencies" means a digital representation of value that is not issued or
guaranteed by a central bank or a public authority, is not necessarily attached to a
legally established currency and does not possess a legal status of currency or money,
but is accepted by natural or legal persons as a means of exchange and which can be
transferred, stored and traded electronically.

3 欧州における暗号資産の現状

ディリジェンスの義務及び疑わしい取引の報告義務を課した。

・暗号資産（仮想通貨）と不換（法定）通貨の交換業者及び暗号資産（仮想通貨）の保管サービス提供事業者について、登録制がとられた。

⑶　今後の見通し

　第5次マネーロンダリング指令はEU加盟28か国にノルウェー、アイスランド、リヒテンシュタインを加えた欧州経済領域（European Economic Area: EEA）も対象地域とする指令なので、EU加盟国及びEEA加盟国は、2020年1月10日までに、改正された指令に即して国内法を整備することとなる。また、欧州委員会は、暗号資産（仮想通貨）に関し、2022年1月11日までに、必要に応じて、ユーザーの特定情報とウォレットアドレスを登録する中央データベースの設置と暗号資産（仮想通貨）ユーザーが使用する自己申告フォームに関する法案について欧州議会及びEU理事会に報告することとされた。

　なお、EUからの離脱交渉が難航している英国については、EU離脱後の同指令に基づくルールを導入するか否か依然として不透明な状況にある。

4. 第5次マネーロンダリング指令策定後の動き

　FATFは、2018年10月にマネーロンダリング対策の「40の勧告」に「仮想資産」（Virtual Asset）の定義を置いた上で、「新技術の悪用防止」に関する勧告15を改訂し、「仮想資産サービス業者」（Virtual Asset Service Providers）を規制対象と明記した。仮想資産サービス業者（VASP）には、以下の活動または業務を自らまたは第三者のために業として行う自然人または法人が含まれるとされる。

　　i．仮想資産と不換（法定）通貨との交換

　　ii．1つ以上の形式の仮想資産間の交換

　　iii．仮想資産の譲渡

　　iv．仮想資産または仮想資産の管理を可能にする手段の保管及び／ま

17

たは管理

ⅴ. 発行者による仮想資産の提供及び/または売却に関連する金融
サービスへの参加及び提供

また、FATFは、2019年2月、以下の内容を含む、勧告15の解釈指
針の草案（Public Statement – Mitigating Risks from Virtual Assets）
を公表した。

・各国は、FATF勧告を適用するため、仮想資産を「資産」、「収益」、「資
金」、「資金またはその他の資産」、またはその他の「対応する価値」
と見なすべきである。各国は、FATF勧告に基づく関連措置を仮想
資産およびVASPに適用する必要がある。

・各国は、仮想資産活動およびVASPの活動または運営から生じるマ
ネーロンダリングおよびテロ資金調達のリスクを特定、評価、およ
び理解すべきである。各国は、VASPに対し、マネーロンダリング
及びテロ資金調達のリスクを軽減するため、特定、評価及び効果的
な行動をとるよう要求すべきである。

・VASPは、免許を取得または登録されるべきである。

・各国は、仮想資産から生じるマネーロンダリングおよびテロ資金調達
のリスクを軽減するために、VASPがマネーロンダリングおよびテロ
資金調達に関する適切な規制および監督または監視の対象となり、関
連するFATF勧告を効果的に実施していることを確実にすべきである。
VASPは、リスクベースの監督またはモニタリングを実施する権限のあ
る当局によって監督またはモニタリングされるべきである。監督当局
は、VASPの免許または登録を撤回、制限または一時停止する権限を
含む、一連の懲戒処分および金銭的制裁を課す権限を持つべきである。

・制裁は、VASPだけでなく、その取締役および上級管理職に対して
も適用されるべきである。

なお、同解釈指針は、2019年6月に正式採用の見込である。

3 欧州における暗号資産の現状

5. 暗号資産の交換取引が非課税対象に該当する旨の判例[5]

　最後に、マネーロンダリング対策とは別の側面から、欧州におけ
る暗号資産の取扱いについて、その交換取引がEUの付加価値税指令
（Directive 2006/112/EC）に規定する非課税対象に該当する旨判断し
た欧州司法裁判所の判決を紹介する。

⑴　事　案

　スウェーデン国籍のヘドクヴィスト氏は、伝統的な通貨と暗号資産（仮
想通貨）であるビットコインを交換するサービスを提供しようとした。ヘ
ドクヴィスト氏は、そのような取引を実際に始めるに先立ち、スウェーデ
ン歳入法委員会に対して、暗号資産であるビットコインの売買に際して
付加価値税を支払わなければいけないかどうかについて先決的な決定を
求めた。同委員会は、ビットコインは支払の法的手段と同様に用いられ
る支払手段であるなどとして、ヘドクヴィスト氏が行おうとしている取引
は付加価値税の適用除外となる旨決定した。これに対し、スウェーデン
の税務当局は、ヘドクヴィスト氏が行おうとしている取引は付加価値税
指令に規定する非課税対象にはならない旨主張して、同決定についてス
ウェーデンの最高行政裁判所に上訴した。スウェーデンの最高行政裁判
所は、欧州司法裁判所に対し、そのような取引が付加価値税の対象とな
るか、またそうであるならば適用除外となるかについて判断を求めた。

⑵　欧州司法裁判所の判断

　欧州司法裁判所は、伝統的な通貨と暗号資産（仮想通貨）であるビッ
トコインの交換取引について、そのような取引は支払手段以外の目的を
持たないことから、物品の提供の対象となる有形財産を構成せず、また、
ヘドクヴィスト氏が提供するサービスと彼が受け取る対価との間には直

5　Case C-264/14 Skatteverket v David Hedqvist ［2015］ ECLI: EU: C: 2015: 718

接の関連性があるということを理由に、EUの付加価値税指令の意味における対価のためのサービス提供を構成する旨判断した。その上で欧州司法裁判所は、非伝統的通貨、すなわち、1つ以上の国における法定通貨以外の通貨を含む取引は、取引当事者間において当該通貨が法定通貨の代わりとして受け入れられており、かつ、支払手段以外の目的を持たない限り、金融取引と同視できるとして、ビットコインの交換取引を付加価値税指令における法定通貨として用いられる「通貨、銀行券及び硬貨」に関係する取引に関する規定に基づき、付加価値税の適用除外となる旨判断した。当該規定の適用対象からヘドクヴィスト氏が想定したような取引を除くと、金融取引への課税の文脈で生じる課税価額及び控除可能額の決定に関する困難を軽減するという適用除外の目的を考慮した当該規定の効果の一部が損なわれることになるからである。

⑶　検　討

　EUにおいては、EUの付加価値税指令のもと、課税対象者がEU構成国の領域において対価のために物品及びサービスの提供をすることは付加価値税の対象となる。しかし、法定通貨として用いられる「通貨、銀行券及び硬貨」に関係する取引については、その適用除外となる。本件において、伝統的な通貨と暗号資産（仮想通貨）であるビットコインの交換取引は、「通貨、銀行券及び硬貨」に関係する取引として、付加価値税の適用除外とされた。

　わが国において、暗号資産の譲渡は、平成29年7月の税制改正により消費税の課税対象から非課税となった。法改正の際には国際的な課税上のバランスも考慮されていることから、欧州における暗号資産（仮想通貨）に係る課税について判断したこの判決もわが国の税制改正に影響したものと思われる。

［宇佐美　善哉］

アメリカにおける暗号資産の現状

1. はじめに

　米国では、1995年10月、下院の公聴会で、インターネットを使ったお金の取引がマネーロンダリングに使われるなどの懸念が報告され、適切な取り締まりが必要だとの議論がなされた。2008年11月、サトシ・ナカモトの名義でビットコインに関する論文が発表されると暗号資産は一気に世界に浸透した。ここでは、米国の金融犯罪執行ネットワーク（FinCEN）、米国歳入庁（IRS）、米国証券取引委員会（SEC）、米国商品先物取引委員会（CFTC）といった関連機関が暗号資産に対し、どのような措置や対策が講じてきたかをみる。

2. 暗号資産の概念の登場

　1995年10月11日、米国下院において「お金の将来」（The future of Money）をテーマとした公聴会が開催された。この公聴会では、お金がインターネットを使って取引が可能になることのインパクトは大きいとの見方が示された。出席者からは、インターネット技術への規制が行われなければ、一部の市場参加者が、想像もつかないような新しいお金を生み出す可能性があることも報告された。ほかにもインターネットがマネーロンダリングに使われるなどの懸念から、適切な取り締まりが欠かせないとの報告もなされた。

　1998年には、ビーンズドットコム（beenz.com）、1999年にフルーズ（Flooz）というベンチャー企業が登場し、独自のインターネット通貨を生み出したが、2001年、両社とも経営破綻した。ITバブルの崩壊や、犯罪組織によって不正にインターネット通貨が引き出されたことが原因とされる。

21

Ⅰ 総　論

3. シルクロード事件と金融犯罪執行ネットワーク（FinCEN）

　米国では、2011年1月から2013年9月の間、違法薬物を取り扱う違法電子商取引サイトでビットコインが使われた、いわゆる「シルクロード事件」を機に、暗号資産についての具体的な議論が巻き起こった。2013年11月18日には米国上院の国土安全保障・政府問題委員会において「シルクロードを超えて―仮想通貨の潜在的リスク、脅威、将来」と題した公聴会が開かれた[1]。

　これに先立つ、同年3月18日、米国財務省（The Treasury Department）の銀行秘密法（The Bank Secrecy Act）の執行機関である金融犯罪執行ネットワーク（FinCEN）は、「仮想通貨を管理、交換又は利用する者に対する規定の適用について」（FIN-2013-G001）と題するガイダンスを公表した[2]。これは、暗号資産を作成、取得、流通、交換、受領、又は送金する者に対して銀行秘密法の適用範囲を明確にするためのものである。

　同ガイダンスの中で、暗号資産の「利用者」「交換者」「管理者」がそれぞれ次の通り定義付けられた。

【図表1】

利用者 (user)	暗号資産を物品やサービスを購入するために取得する者
交換者 (exchanger)	暗号資産を現実通貨、投資ファンド、又は他の暗号資産と交換することを業とする者
管理者 (administrator)	暗号資産を発行し（流通させ）、それを無効にする（流通を停止する）者

1　米国上院国土安全保障・政府問題委員会 "Beyond Silk Road: Potential Risks, Threats, and Promises of Virtual Currencies"
https://www.hsgac.senate.gov/hearings/beyond-silk-road-potential-risks-threats-and-promises-of-virtual-currencies
2　金融犯罪執行ネットワーク "Application of FinCEN's Regulations to Persons Administering, Exchanging, or Using Virtual Currencies"
https://www.fincen.gov/sites/default/files/shared/FIN-2013-G001.pdf

4 アメリカにおける暗号資産の現状

　これらのうち、交換者及び管理者は、マネーサービス事業（MSB）に含まれ、例外規定を除き、送金者（money transmitter）としてMSBの登録、報告及び記録の義務がある。利用者はMSBに含まれずこの規制を受けない。

　FinCENは、通貨（現実通貨）の定義については、米国連邦規則（CFR）31巻1010条100（m）の規定を準用している。つまり、「米国又は他の国家の硬貨及び紙幣であって(i)法的な通用力があり、(ii)流通性があり、(iii)発行国において慣習的に交換の媒体として使用され受け入れられているもの」である。暗号資産はこれに対し、現実通貨のように交換媒体として機能する環境もあるが、現実通貨のすべてを属性を備えているわけではなく、特に、暗号資産は米国のどの法的管轄地域においても法定通貨として認められていないとした。

4. 米国歳入庁（IRS）

　2014年3月25日、米国歳入庁（IRS）は、仮想通貨に関するガイダンス（IRS Virtual Currency Guidance, IR-2014-36）[3]及びよくある質問と回答（answers to frequently asked questions: FAQs, Notice 2014-21）[4]を公表した。この中で、IRSは、暗号資産（Virtual currency）が物品やサービスの対価として支払われたり、投資目的で使われたりすることを認識しているとした。その上で暗号資産を「交換媒体、会計単位及び／又は価値の保存の機能をもつ、価値のデジタル表現」と定義付けた。そして置かれた環境によっては現実通貨として運用されることがあるが、FinCENの立場同様に米国においてはどの法的管轄地域においても法定通貨ではないとした。一方で、現実通貨と同等の価値を有し、又は現実通貨の代用となるものを「交換可能な仮想通貨」

3　米国歳入庁（IRS）"IRS Virtual Currency Guidance: Virtual Currency Is Treated as Property for U.S. Federal Tax Purposes; General Rules for Property Transactions Apply"
https://www.irs.gov/newsroom/irs-virtual-currency-guidance
4　米国歳入庁（IRS）"answers to frequently asked questions: FAQs, Notice 2014-21"
https://www.irs.gov/pub/irs-drop/n-14-21.pdf

（convertible virtual currency）と定義し、ビットコインがその一例であるとした。

IRSは、暗号資産を、米国の税務上、通貨（currency）ではなく資産（property）として扱うとした。そして、物品又はサービスの対価として暗号資産を受領した場合は、受領日時点での公正市場価格のドル建て価格をその暗号資産の取得価額として計算するとした。またそれらの交換は、資産を扱ったものとしてキャピタルゲインや損失を帳簿に記載しなければならない。加えて、販売用のものは棚卸資産として計上しなければならないとした。このほか、経常利益及び損失も帳簿に記載しなければならない。決済に暗号資産が使われた場合は、通貨として取り扱うが、必ず両替し、その両替の際には、公正な市場価格を確認することとなる。

IRSは、2018年3月23日、「納税に対する仮想通貨取引の報告に関する再度喚起」（IR-2018-71）と題する通達を発行し、暗号資産の取引で得た利益は確定申告の際申告しなければならないことについて改めて注意喚起を行った。暗号資産取引について正しく申告しなかった場合には税務調査の対象となり、行政処分や追徴金が課されることがある。故意に税を免れようとした場合は、5年以下及び25万USドル以下の罰金、不正に還付を受けた場合には、3年以下及び25万USドル以下の罰金の刑罰に処せられることもあるという[5]。

5. 米国証券取引委員会（SEC）

2017年7月25日、米国証券取引委員会（SEC）は、暗号資産技術を使った資金調達（Initial Coin Offering: ICO）に関する投資公報を発表した[6]。その中でSECは、ICOを公正で合法的な投資機会とする一方で

---

5 米国歳入庁（IRS）"IRS reminds taxpayers to report virtual currency transactions" https://www.irs.gov/newsroom/irs-reminds-taxpayers-to-report-virtual-currency-transactions
6 米国証券取引委員会（SEC）"Investor Bulletin: Initial Coin Offerings" https://www.sec.gov/oiea/investor-alerts-and-bulletins/ib_coinofferings

正しく使用されない可能性もあるとした。SECは、ICOによって売り出されたトークン（Digital Token / Utility Token）は、1933年証券法及び1934年証券取引所法が定義する証券（Securities）に該当する場合があるとの見解を示した[7]。SECはICOのスポンサーに対し停止、詐欺容疑の公開などの強制行動を発した。

　SECは、2017年7月に公表したThe DAOに対するサイバー攻撃事件に関する調査報告書において、暗号資産の払い込みを受けて行われるトークンなどデジタル資産の発行が有価証券の募集にあたり得るという考え方を示した[8]。報告書においてSECは、1946年のHowey事件連邦最高裁判決で示された判断枠組みである「Howey基準」に照らして、The DAOが発行しようとしたトークンは有価主権の一類型である投資契約（investment contract）にあたるという判断を示した[9]。

　2018年1月8日、SECは、前年の暗号資産人気で900%の株価急騰をしたUBIブロックチェーン・インターネットの株式の売買を同社事業について投資家が誤解しているおそれがあるとして停止した。2018年1月30日、テキサス州に拠点を置くアライズバンクが6億ドル（約653億円）余りを調達したと主張しているICOについて、資産凍結の裁判所命令を得た。2月1日、SECは、不正なICOで暗号資産を凍結した。6日には米上院議会で暗号資産関連の公聴会が開催された。SECは以前から暗号資産やICOに厳格であった。先日も、ICOで6億ドルを調達した企業に対し、暗号資産の凍結命令を行った。

　SECのジェイ・クレイトン（Jay Clayton）会長はまた「仮想通貨市場はまるでアメリカの開拓時代の西部のような無法地帯だ」と表現した。同会長はデジタル通貨をアジェンダの筆頭項目とし、暗号資産の多くが

7　岡田功太・木下正悟「仮想通貨に対する米規制当局のスタンスと課題」『野村資本市場クォータリー』（2018 Spring）p2
　http://www.nicmr.com/nicmr/report/repo/2018/2018spr08web.pdf
8　米国証券取引委員会（SEC）"Release No. 81207 / July 25, 2017"
　https://www.sec.gov/litigation/investreport/34-81207.pdf
9　大崎貞和「米国における『仮想通貨』の規制」『月刊 資本市場』2018.12（No.400）p15
　http://fis.nri.co.jp/~/media/Files/knowledge/media/2018/camri201812.pdf

SECの監督下に入るべきだと述べた。

2018年3月8日付け日本経済新聞によると、SECは、多くの暗号資産交換業者が必要な行政登録をしておらず、違法の可能性が高いとの見解を示し、投資家保護のため暗号資産交換業者に登録を促した。SECは同日の声明で、ネット上で暗号資産の売買取引を提供する業者の多くが「連邦証券法上の証券にあたる資産取引を提供している」と指摘した[10]。

2018年11月には、無登録業者に対する初の排除措置命令が出された[11]。

2019年4月3日、SECは、ICOを検討している企業などを対象に特定の暗号資産及びトークンが有価証券に該当するかどうかを判断するためのフレームワークを発表した。

6. 米国商品先物取引委員会（CFTC）

商品先物取引委員会法に基づき、1974年に設立された米大統領直轄の政府機関である米国商品先物取引委員会（Commodity Futures Trading Commission: CFTC）は、ビットコインを「商品」であると規定した。そして、州間で取引されるビットコインに関わる詐欺や改ざん、また将来のビットコインに直接関わる規定は同委員会下にある旨を発表した。CFTCは2015年9月17日に発出した命令において、コインフリップ（Coinflip）社の運営するビットコインのオプション取引所が、商品取引所法（Commodity Exchange Act）で求められる登録を受けずに開設された無登録取引所であるとした。これはCFTCがビットコインは商品取引所法の規制を受ける商品（Commodity）であると断定したことを意味する[12]。このことが、CFTCがその後、米国先物取引所運営大手CMEとシカゴ・オプション取引所（CBOE）に対し先物ビット

---

10 「仮想通貨交換業者「登録なしでは違法」、SECが見解」日本経済新聞2018年3月8日
　 https://www.nikkei.com/article/DGXMZO27843390Y8A300C1EAF000/
11 米国証券取引委員会（SEC）"Release No. 84553 / November 8, 2018"
　 https://www.sec.gov/litigation/admin/2018/34-84553.pdf
12 米国商品先物取引委員会（CFTC）"RELEASE Number 7231-15"
　 https://www.cftc.gov/PressRoom/PressReleases/pr7231-15

コインの発行を許可することにつながった。CFTCはまた、LedgerXと LLCに対する取引のプラットフォームと仮想通貨デリバティブの解禁、スワップ執行ファシリティ（Swap Execution Facility: SEF）、そしてデリバティブ解禁協会（Derivatives Clearing Organizations: DCO）を許可した。2017年3月14日トランプ大統領は、CFTCのクリストファー・ジャンカルロ理事（当時）をCFTCの委員長に指名し、同年8月3日、米国議会は満場一致でそれを承認した。

2017年12月15日、CFTCは「仮想通貨取引におけるリスクの理解」と題した通知文を公表した。ここでは、暗号資産は、米ドルや他の世界の通貨を交換されることがあるが、どの国の政府にもまたどの国の中央銀行も後ろ盾になっていないことを挙げた。その価値はもっぱら需要と供給という市場の力でのみ得られ、伝統的な不換通貨よりもはるかに不安定なものだとした。また暗号資産がもたらす具体的なリスクとして、ⅰ.ほとんどの市場が政府機関によって規制されたり監視されていない、ⅱ.市場において利用者保護のようなセーフガードシステムが欠如している、ⅲ.価格のアップダウンが激しい、ⅳ.市場操作がされかねない、ⅴ.消費者間同士が売買する場合不公平な売買が行われる可能性がある、という点を挙げた。

一方、2018年2月6日、米議会上院の銀行住宅都市委員会は、暗号資産についての公聴会を開催し、ジャンカルロ委員長は証言において、「ビットコイン先物は完全に透明性がある」と強調し、暗号資産市場は小さく、システムリスクは現状で限定的だとの見解を示した。

7. 暗号資産の売買の大量偽装の疑いと米議会の「トークン分類法」法案の提出

米国サンフランシスコに本拠地を置く、暗号資産の資産運用を手掛けるビットワイズ・アセットマネジメントは、世界81の交換所を対象に売買状況を分析し、2019年3月下旬、SECに報告書を提出した。それによると、暗号資産交換所は取引を活発に見せかけるため自社内のアカ

ウントで売買を繰り返す偽装が目立つと指摘した。ビットワイズが調査し期間の日ごとの取引量60億ドルのうち実体のある顧客取引は2億7,300万ドルと水増しされた取引が全体の95％超と分析した[13]。

　一方で米国議会では、暗号資産を有価証券でない新たな資産クラスの「デジタルトークン」として定める法案を提出する動きがある。米国下院議会では2018年12月、共和党と民主党の1名ずつ議員による「トークン分類法2018」なる法案が提出され、2019年4月にはそれに微調整を加えた「トークン分類法2019」が共和党、民主党それぞれ2名ずつが加わって提出された。「トークン分類法」が実現すればSECが遵守する証券法が改正され、暗号資産やデジタルアセットなどの発行を望む企業や団体が有価証券としての登録が不要となり、業界参入の障壁が取り除かれる。

8. おわりに

　ブロックチェーン技術について米国連邦法で規制する動きはこれまでみられていない。トランプ政権はむしろブロックチェーン技術の活用に積極的に取り組んでいる。一方で、米国も日本や欧州などと同様に、暗号資産の出現でこれまでに3つの側面から法整備を進めてきた。一つ目は、マネーロンダリングを代表とした国境を越える資金の不正な移動の防止や監視。二つ目は、確実な税金の徴収、三つ目は、暗号資産取引からの消費者保護である。暗号資産はインターネットを介して取引され、いとも簡単に国境を越えるものであるため、各国・地域の急ピッチな整備とともに、各国・地域間でのルールの統一が今後ますます必要になってくるであろう。

[石川　雅啓]

13　「ビットコイン売買「95％偽装」米社がSECに報告」日本経済新聞2019年4月3日
　　https://www.nikkei.com/article/DGXMZO43283320T00C19A4EE9000/

5 中国における暗号資産の現状

1. はじめに

　中国政府は資本取引を自由化していない。国家の存在を前提とせず、国境を越えて自由に流通する暗号資産は、資本規制が厳しい中国で急速に人気を集めた。爆発的に増えた中国の取引高は、一時、世界の9割以上を占めていたとされる。当初、静観していた中国の金融当局は、関連規則の整備が追い付かない中、数々の問題が顕在化したため、2017年に株式の代わりに独自の暗号資産を発行して資金を調達する新規暗号資産公開（ICO, Initial Coin Offering）を禁止、中国国内の暗号資産取引サイトも順次閉鎖した。以後、中国の投資家が暗号資産を売買するには海外の取引所を使わざるを得なくなり、事実上、中国国内での暗号資産の取引が禁止されている。

　他方、暗号資産の基盤技術であるブロックチェーンについては、国家の運命や人々の生活や福祉に深く影響を与える新世代の技術と位置付けて、発展に力を入れている[1]。

　ここでは、中国における暗号資産とブロックチェーンの産業動向と政策について紹介する。

2. 暗号資産の政策・規制

(1) 経　緯

　騰訊控股（テンセント）、百度（バイドゥ）などの特定のポータルサイトやオンラインゲーム内だけで通用する暗号資産は2000年代から利用されていたが、ブロックチェーン技術を用いた暗号資産取引のプラットフォームとしては、2011年6月設立のビットコイン中国（BTCC）の

---

[1] 第19回中国科学院院士大会、第14回中国工程院院士大会における習近平国家主席の演説（2018年5月28日）

取引所が中国第1号とされる。外貨にも交換できる暗号資産は厳しい資本規制を敷く中国で注目され、人民元切り下げや暗号資産の取引手数料無料化が行われた2013年には、取引が過熱気味となった。また、暗号資産市場の急速な拡大に伴い、暗号資産がらみの犯罪が次々発生した。2013年10月には、設立から5カ月しか経っていない暗号資産取引所・GBL（Global Bond Limited）のプラットフォームが突然ログインできなくなり、契約者の3,000万元相当のビットコインとともに経営者が蒸発するという詐欺事件が起きた。

(2) 規　制

　こうした暗号資産への投機熱や違法行為に警戒を強めた中国人民銀行など関係5部門は2013年12月、「ビットコインのリスク防止に関する通知」を発表した。ビットコインのリスクを警告し、金融機関などに対してビットコインに関連した業務を禁止する内容だ。これにより、ビットコインの価格が下落、また売買に必要な銀行での入出金が困難になり、事業継続を断念する暗号資産取引所も出た。

　その後、中国での暗号資産の取引が回復、暗号資産の激しい値動きなどを懸念した金融当局は2017年1月、暗号資産であるビットコイン、ライトコイン（Litecoin）を取り扱う中国の三大暗号資産取引所のBTCC、火幣（フォビ）、幣行（OKコイン）の立ち入り検査を実施した。経営範囲を超えた営業、市場操作、マネーロンダリング、資金の安全リスクなどについて検査し、同時に、法律法規に則った自主検査の実施を促した。3社は、監督機関の求めに応じて信用取引を中止するなど、当局に協力姿勢を示した。

　しかし、当局は規制を緩めず、中国人民銀行など関係7部門は同年9月4日、「代替貨幣発行による資金調達リスク防止に関する公告」を発表、暗号資産については通貨と同等の法的地位がなく、通貨として流通させてはならないという認識を示し、ICOについては金融秩序を著しく乱しているとして、即日禁止した。暗号資産を通じた資金の海外流出や

マネーロンダリングを懸念した金融当局は、暗号資産取引所に閉鎖を指示したとされ、9月14日にはBTCCが、9月15日にはフォビとOKコインが、同月末の暗号資産売買停止と、10月末の人民元との交換業務停止を発表した。以降、中国における暗号資産取引所は事実上、全面的に閉鎖された状態にある。代表的な暗号資産であるビットコインの通貨別取引シェアをみると、一時世界の9割超を占めていた人民元が、ほぼゼロまで低下している。

　中国の投資家が暗号資産を取引するには、海外の取引所を使わざるを得なくなったが、資本取引が自由化されていない中国で、海外の取引所を利用することは簡単ではない。香港など中国本土以外の暗号資産取引所を経由した取引等、抜け道を使った取引は横行しているものの、正規のビジネスとして取り組むにはリスクがある。このため、BTCCは香港、フォビはシンガポールに運営拠点を移し、中国以外の海外市場を開拓するなど、業務内容を変更している。

(3)　今後の見通し

　中国政府は、政府のコントロールが及ばない通貨が流通することを警戒する一方で、暗号資産には、通貨の発行コストと流通コストを引き下げ、取引の利便性と透明度が増し、使い方によってはマネーロンダリングや脱税といった違法行為を減らすといった利点もあることを認識している。暗号資産は、本来は、国家による中央管理システムとは異なる発想に立つものであるが、中国は国が発行・管理する暗号資産を作る計画を進めている。中国の中央銀行である中国人民銀行は、2014年から専門の研究チームを立ち上げており、2016年1月に開催した暗号資産研究会で、中国人民銀行が発行する暗号資産を一日も早く実現する考えが示されている[2]。2019年2月に開催された中国人民銀行の全国貨幣金銀工作会議でも、引き続き、暗号資産取引の監督処罰を強化する一方、中国人民銀行

2　中国人民銀行ウェブサイト
　（http://www.pbc.gov.cn/goutongjiaoliu/113456/113469/3008070/index.html）

が発行する暗号資産の研究開発を進める方針が出されている[3]。

　新たな5年間の中国共産党の指導体制が示された中国共産党第19回全国代表大会（2017年10月）で、その後3年間で全面的な小康社会（ややゆとりのある社会）を実現するために取り組むべき課題である三大攻略戦として、重大リスク防止・解消、貧困脱却、環境汚染防止が示された。筆頭に挙げられた重大リスクとは、金融リスクのコントロールのことであり、政府のコントロールが及ばない暗号資産取引の取り締まりを強化する方向性は当面変わらないとみられる。他方、本来は、国家による中央管理システムとは異なる発想に立つ暗号資産が、西側諸国とは異なる独自の体制で経済発展を遂げてきた中国で、国が発行・管理する暗号資産として普及しうるのか、中国独自の暗号資産研究の先行きが注目される。

3. ブロックチェーンの政策・規制

(1) 政　策

　中国政府は、暗号資産に対して厳しく規制する一方、ブロックチェーン技術に関しては、国を挙げて奨励している。

　2016年12月に発表された「国務院の第十三次五カ年規画期間（2016〜2020年）国家情報化規画の通知」で、ブロックチェーンは、量子テレポーテーション、人工知能、バーチャルリアリティ、ビッグデータ解析、無人運転輸送車両などとともに、重点先端技術に指定され、次世代情報技術の主導権を取るべく、技術イノベーション、試験、応用が強化されることとなった。中央政府とともに、中国の各地方政府も、ブロックチェーンの技術と産業の発展政策を打ち出した。中国工業情報化部情報センターが2018年5月に発表した「2018年中国ブロックチェーン産業白書」には、中央政府が発表した政策が18件、地方政府が発表した政策が97件紹介されており、例を挙げると、広東省広州市では、ブロッ

3　中国人民銀行や中国政府発表の原文では、ビットコインなどの既存の暗号資産を「虚拟货币（バーチャル通貨）」、中央銀行発行の暗号資産は「数字货币（デジタル通貨）」と、用語を使い分けている。

クチェーン産業の支援に毎年2億元以上財政投入、河北省雄安新区では、ブロックチェーン技術の研究開発と試験拠点の配置などの政策が出されている。

また、関連の業界規則の制定を急いでおり、意見募集を経て、2019年1月、「ブロックチェーン情報サービス管理規定」が発表され、翌月15日から施行されている。24条からなる規定には、ブロックチェーン情報サービスを提供する者に対し、IPアドレスを含む企業情報をサービス提供開始から10営業日以内に届けること（第11条）、サービス提供者はサービスを提供するネットワークプラットフォームに届出番号を明示すること（第13条）、サービス提供者はサービス利用者に対し、身分証か携帯電話番号などに基づく本人情報認証を行うこと（第8条）が定められており、サービス提供者も利用者も管理していく国の姿勢が読み取れる。

(2) 業　界

中国におけるブロックチェーン技術に対する関心は高く、中国の大都市では毎週のように、関連のセミナーやサロンが開催されている。中央政府や地方政府が奨励策を打ち出し、発展の方向性が明らかなことから、ブロックチェーン産業も急速な盛り上がりを見せている。「2018年中国ブロックチェーン産業白書」によると、ブロックチェーンにかかわる業務を主な業務とする企業は、2013年の31社から、2018年3月末には456社まで4年余りで15倍に増えた。企業所在地は、北京市、上海市、広東省、浙江省の合計で8割以上を占め、うち北京市（175社）に特に集中している。

中国のブロックチェーン業界は成熟しておらず、技術の応用はまだ少ない。機に乗じた参入者もおり、業界の乱れを懸念する声もある。

(3) 今後の見通し

中国政府が産業構造の調整を進める中で、発展を奨励する分野、投資

を制限・淘汰する分野を定めた「産業構造調整指導目録」の2019年版の意見募集稿が、2019年4月公表された。「国家が認めた範囲内のブロックチェーン情報サービス」が、奨励類に挙げられている[4]。本目録は、国の産業育成の方向性を示し、投資管理や財税制、金融、貿易などの各種政策の根拠となることから、施行されると、ブロックチェーン情報サービスは、国の一定の管理の下、産業発展が進むことが見込まれる。

　ブロックチェーンは、暗号資産に限らず、商品のトレーサビリティ、著作権の保護と取引、電子認証、財務管理など幅広い分野で活用の可能性がある。中国政府が進める「一帯一路」構想の建設においても、トレーサビリティの確保、貿易手続きの簡素化、貿易決済ツールとしての暗号資産の導入など、ブロックチェーン技術の活用が検討されている。

4. おわりに

　中国政府は、暗号資産とそれを支えるブロックチェーン技術が、世界的に新たな技術革新と産業革命を引き起こしつつあることを認識し、技術と標準の主導権を取るべく、産業育成に取り組んでいる。他方、活用にあたっては、中国国内の安定に影響が出ることがないようコントロールを効かせており、暗号資産については、中国国内での取引を事実上、禁止する一方、中央銀行が発行・管理する通貨の研究開発を進めている。

　自動車やスマートフォン、モバイル決済などの市場の拡大の歴史をみると、中国では一度火が付くと一気に普及が進み、その市場の大きさから、中国の動向が世界に与える影響も大きくなる。中国の動きで、世界の暗号資産の市場や仕組みが大きく変わることがありえることから、中国当局の暗号資産に対する政策動向を抑えておくことは、暗号資産にかかわる実務家にとって必要であろう。

［日向　裕弥］

4　暗号資産のマイニングは、淘汰類に挙げられた。高性能なコンピュータを稼働して行うマイニングは消費電力量が大きく、コンピュータの放熱対策が必要であることから、電気料金と土地代が相対的に安く、気温が高くない四川省、雲南省、貴州省、内モンゴル自治区等に産業が集中し、中国は世界最大のマイニング市場となっている。

6 ロシアにおける暗号資産の現状

1. はじめに

ロシアでの「仮想通貨」「暗号資産」関連の法的基盤の整備は、欧米諸国や日本に比べて時間的に遅れてスタートしている。議論はようやく各論に入り始めた段階で、現場での法的運用の安定を得るにはなお時間が必要だ。以下ではロシアにおける暗号資産への規制に関する政府（当局）の姿勢の変化、民法上の財産権としての暗号資産の位置づけ、暗号資産を利用した違法行為防止に向けた刑法上の動きなどについて簡単に紹介する。

2. 仮想通貨、暗号資産に対するロシア政府のスタンスの変化

ロシアでの暗号資産を巡る議論は他の国や地域とほぼ同じ道をたどっている。暗号資産（仮想通貨）が登場し始めた時期にはロシアでも中央銀行が有する通貨発行の権限と仮想通貨との関係をどう理解するかが問題となった。その後、暗号資産が持つ経済的利点が注目されるに従い、全面的な禁止はせずに規制・調整を加えつつ受容するという流れとなる。

ロシアで仮想通貨に関する注目が集まり始めたのは2013年から2014年にかけての時期。ロシア中央銀行は2014年1月27日付告知「取引実施時のビットコインを含む仮想通貨の使用について」において、個人と法人、特に金融機関に対し、モノ・労働・サービスの対価もしくはルーブル・外貨の金銭的手段として仮想通貨を利用しないよう警告している。犯罪・金融テロリズムの手法により取得された資金のロンダリングに使われる可能性が高く、ロシア国内での金銭の代替品の発行は連邦法「ロシア連邦中央銀行について」第27条で禁止されている、との内容だった。しかし、他国での仮想通貨の利用拡大や、元経済発展大臣でリベラル派エコノミストとして知られるロシア最大手銀行ズベルバ

35

ンク会長のゲルマン・グレフ氏が仮想通貨への一律規制に反対姿勢を取ったことなどから、中央銀行やロシア財務省などの監督当局も暗号資産に対する考え方を徐々に軟化させるようになる。2016年10月には財務省は仮想通貨の交換・取引に関する刑法罰の導入に向けた検討を中止した。2017年8月末にはロシア大統領顧問（インターネット発展担当）のゲルマン・クリメンコ氏が「ロシア仮想通貨ブロックチェーン協会（RACIB）」の創設を発表。政府内でも暗号資産が経済の活性化に貢献することが強く認識されるようになった。2017年10月にはウラジミル・プーチン大統領が連邦政府・中央銀行に対し、2018年7月1日までに仮想通貨の規制に関する修正法案を準備するよう大統領令を出し、「活用」への流れが確定した。

　ロシア政府の暗号資産への考え方が前向きに転換した背景には、世界的に暗号資産が市民権を得たことに加え、プーチン大統領が進めるロシアの経済発展計画が影響している。広大な国土に人口が点在するロシアでは、経済発展や国民の生活水準向上を実現させるために原油や天然ガス、石炭といった地下埋蔵資源に依存した経済構造から脱却することが必要で、重要な手段が経済の「デジタル化」（Digitalization）であるという考え方だ。「暗号資産」も「デジタル経済（ロシア語で"ツィフラバヤ・エコノミカ"）」を実現する手段の一つとみなされている。

3. ロシアでの暗号資産の民法上の位置づけ

　政府・金融監督当局内部での暗号資産に対するスタンスが最近形成されたこともあり、立法による法整備は追い付いていない。ロシアの民法典で財産権の対象は第3章（128条〜152.2条）[1]に列記されているが、仮想通貨や暗号資産などを含む「デジタル権（ツィフラビェ・プラバー）」が新しく民法典に明記されることが決まったのはごく最近で、2019年3月18日付連邦法第34号—FZ「ロシア連邦民法典第1章、第2章およ

1　http://www.consultant.ru/document/cons_doc_LAW_5142/f7871578ce9b026c450f647
　90704bd48c7d94bcb/

び第3章1124条の変更について」による。施行日は2019年10月1日で、以降は暗号資産がロシア連邦領域内で民法上の客体として明確化される。

　もっとも、暗号資産の財産権の客体としての認定は、立法よりも実際の現場での運用が先行している。債権者による差し押さえの対象範囲が債務者の持つ暗号資産に及ぶかについてロシアの裁判所が示した判断としては、2018年5月15日付モスクワ市第9仲裁控訴裁判所決定第16416号がある。この控訴審決定で裁判所は、現行の法体系において仮想通貨や暗号資産などの定義がなされていないことを認めたうえで、ロシア民法典第3章に列記された具体的財産権は「閉じられた権利の一覧」ではなく、その他の権利も認められ、民法典第6条に定める法の類推適用によって保護されるとし、第1審の判断を覆し、債務者に対して暗号資産にアクセスするためのIDとパスワードの開示を命じている。一方で、類推適用の可否は個別の事案によって判断されるべきであり、本判断は法源としての効果はないとしている[2]。

　技術の進歩で形式・内容が変わりうる「デジタル権」の立法上の定義が難しいのはどの国も共通だ。前述の連邦法第34号—FZで記載される「デジタル権」の定義づけは大枠をなぞったものだ。ロシア民法典第128条（一般的な財産権）にデジタル権が新しく加筆され、各財産権の内容を定義する条文群に第141の1条が追記された。同条第1項はデジタル権の内容を「デジタル権と認められるものは、法令の中で称される債権債務の権利やその他の権利で、その行使内容、条件は法律が定める基準を満たす情報システムの各規則に従って定められる。譲渡、貸与、担保その他を含むデジタル権の行使、処理もしくは権利行使の制限は、第三者への照会（承認）を伴わない情報システムにおいてのみ可能とする」と記載された。第2項では「他の法律で定めがない限り、デジタル権の所有者は情報システムの規則に従ってこの権利を処理することがで

2　http://base.garant.ru/61623374/

I 総　論

きる者を指す」とし、第3項では「取引に基づくデジタル権の移転は、同デジタル権に関する義務を負う者の同意を必要としない」と規定している[3]。なお、民法典第454条に定める売買契約の対象となる財産権の範囲についても、「デジタル権」が追記されている。

デジタル権の実質的な内容については別に定める法令（もしくは判例の積み上げ）に依拠することを期待した内容となっているのが実態で、2019年10月1日の施行以降、財産法、家族法、税法や会社法といった幅広い民法分野での法的整備が進むことが期待される。

4. 暗号資産の売買で得た収益は個人所得税の申告対象となるか

税務分野でも暗号資産の取り扱いについて実務が先行している。ロシア税法典では第217条[4]で個人所得税を非課税とする対象を定めている。同条第17.1項では、当該納税者が3年以上所有する資産の売却につき非課税と定めている（但し、有価証券、住居、自動車、企業活動に直接利用されたものを除く）。また、第220条第1項の2では3年未満の所有期間かつ25万ルーブル（42万5,000円。1ルーブル＝約1.7円）以下の売却で非課税とされるケースを規定している。

暗号資産に第217条第17.1項が適用されるかの解釈について、ロシア財務省は2018年11月8日付書簡第03-04-07/80764号[5]で、暗号資産の売却に同条は適用されない、との判断を示している。その根拠として、a.ロシア税法典内において自然人による暗号資産の取引への課税に関する特別の規定がないこと、b.徴税・課税に関する法体系において暗号資産の特別な資産とする法的地位を定める規定・事情がないこと、としている。

3　条文は筆者による意訳。
4　http://www.consultant.ru/document/cons_doc_LAW_28165/625f7f7ad302ab285fe874 57521eb265c7dbee3c/
5　http://www.consultant.ru/document/cons_doc_LAW_311847/d3336a209989f366e98f6 386cdf7c25e059e37e0/#dst100010

6 ロシアにおける暗号資産の現状

これにより、暗号資産の売却益について個人所得税算定の対象となることが明確となり、申告を行う必要がある。固定資産税の控除に関する規則も暗号通貨取引には適用されないため、財産控除は適用されないとしている。

5. 刑法上の位置づけ

仮想通貨が登場した当時、規制・監督当局が警戒したのは同通貨取引が麻薬の販売や犯罪行為で得た不正マネーのロンダリングに利用されるのではないか、ということだった。ロシア連邦刑法典第174条、174.1条[6]ではマネーロンダリングについて規定している。ロシア最高裁は2018年2月26日付裁判官会議決定第1号にて2015年7月7日付同決定第32号「犯罪手法により獲得された現金もしくはその他の資産の合法化（ロンダリング）の事案における裁判手続きについて」に変更を加え、犯罪実行の結果取得された暗号資産（仮想通貨）により形成された現金とその同等物についても、同条の刑罰の対象に含めるとしている。しかし裁判官会議決定第1号では暗号資産自体の概念は定義づけしておらず、また、暗号資産を単に現金化しただけではマネーロンダリングとは認められない。検察当局は不正に得られた暗号資産を利用してロンダリングをしようとしたことの証明が必要とされるが、合的・不法手段により獲得された暗号資産が一度混合してしまうと、どの部分が現金化されたのかを区分けするのが難しい、といった問題点が指摘されている。ロシア法曹協会のウラジミル・グルゼデフ理事長は「立法と法執行の実務は今の現実と適合していなければならない」と述べ（「ロシア新聞」2019年3月6日）、暗号資産を代表とするデジタル技術の発達による犯罪行為の防止・抑止にロシアの法整備の現状が追い付いていない実態を指摘している。

---

6 http://www.consultant.ru/document/cons_doc_LAW_10699/c10431f048782e9c62eecc5a90fc102ac7d0e812/

6. まとめ

　世界的に利用が急激に拡大している暗号資産について、ロシアでは法体系のなかに取り込む作業は緒に就いたばかりだ。民法の分野で「デジタル権」が明記され、今後個別の法令に具体的な定義が固められていくだろう。一般的にロシアの場合、今までにない分野の規制や権利制度の設計についてはEUの制度を土台にすることが多い。暗号資産に関して世界の潮流から大きく外れた「ロシア独自モデル」が創出される可能性は少ない。一方、近年のロシアと欧米の関係悪化を背景に、ロシア政府は自国経済に対する欧米諸国による金融制裁の影響を低減する政策を積極的に採用している。その観点からは、今後自国民が所有する暗号資産についてサーバー設置場所の制限や、ロシア発の暗号資産の振興など、（欧米による金融制裁から）保護する規制や対策を打ち出す可能性は十分あり得るだろう。

[髙橋　淳]

暗号資産の設計にあたっての税制上の留意点

はじめに

　暗号資産の設計にあたっての税制上の留意点について、わが国の所得課税との関係を中心に考察する。紙幅の都合と議論の便宜上、暗号資産に関する用語について、厳密な定義をせずに考察を進める。

1. 所得課税を回避するような設計

　たとえば、マイニング等により暗号資産を獲得した場合に、所得課税がなされないような設計図を描くことはできるか。できるとすると、所得課税のみならず、相続税や贈与税などの資産課税も回避できる可能性がある。

　所得とは経済的な利得を意味する。すると、ある暗号資産の獲得が経済的な利得を得たとはいい難いものであれば、所得課税の対象から外れる可能性が出てくる。

　ここでは、米国会計検査院の報告書[1]を参考として、①暗号資産と、②仮想世界内のアイテム・サービス、現実世界における③法定通貨、④商品・サービスとの関係に着目して、考察を行ってみたい。たとえば、ゲームなどの仮想世界の中でのみ通用する暗号資産を考えてみよう。すなわち、当該ゲーム内のアイテム・サービスを購入するためのみに使用され、現実世界における法定通貨や商品・サービスとの交換はできないような暗号資産である。このような暗号資産は、現実世界との関係が遮断されているため、現実世界においては経済的価値がないか、これを獲得しても課税すべき経済的利得はないものとされ、所得課税の対象から外れる可能性が高い。もちろん、現実世界で支払手段として通用するな

---

[1] U. S. Gov't Accountability Office, *Virtual Economies and Currencies: Additional IRS Guidance Could Reduce Tax Compliance Risks* (2013).

ど、現実世界との関係が遮断されていないことを暗号資産の絶対条件とするならば、上記のような暗号資産は構想外ということになろう。

このような合法的な設計図の検討から少し視点をずらしてみたい。すなわち、課税庁に所得を捕捉されることを免れるために、匿名性の高い暗号資産を設計することも考えられる。たとえば、暗号資産 Dash や Monero などのように、異なる当事者が行った複数の取引をいったんプールし、送金元と送金先の紐付けができないように処理を行ったり、取引時に複数人の署名を行ったりするような設計である。かような暗号資産は、特定のアドレスがどのような取引をしているか、取引を行ったのが誰かという点について課税庁が把握することを困難にさせるものである。ただし、暗号資産の匿名性は tax haven の特徴の１つであるとの指摘がなされている[2]。行きすぎた匿名性の追求は、結果として、BEPS（税源浸食と利益移転）に代表されるように各国協調による包囲網の拡充につながるであろう。

2. 法定通貨との交換比率を固定するような設計（ステーブルコイン）

暗号資産の価格は日々変動しており、特定の時点間（暗号資産の購入時と決済等による使用時など）で価格差が生じ得る。ボラティリティが大きい場合には、発生する差損益の額も相当なものになる。課税上、差益は所得のプラス要素となり、差損はマイナス要素となる。このため、納税者は暗号資産の日々の取引記録（日付、種類、単位、金額等）を管理しておかなければならず、相当の手間を要する。

---

2 *See* Omri Y. Marian, *Are Cryptocurrencies 'Super' Tax Havens?*, 112 MICH. L. REV. FIRST IMPRESSIONS 38 (2013). *See also* OECD (2015), ADDRESSING THE TAX CHALLENGES OF THE DIGITAL ECONOMY, ACTION 1 - 2015 FINAL REPORT, OECD/G20 BASE EROSION AND PROFIT SHIFTING PROJECT, 44, 143; OECD (2018) , TAX CHALLENGES ARISING FROM DIGITALISATION - INTERIM REPORT 2018: INCLUSIVE FRAMEWORK ON BEPS, OECD/G20 BASE EROSION AND PROFIT SHIFTING PROJECT, 206, 208.
　酒井克彦「仮想通貨と租税法上の問題―ビットコイン取引に係る損失への所得税法上の配慮―」伊藤壽英編『法化社会のグローバル化と理論的実務的対応』（中央大学出版部、平成29年）292、315頁も参照。

そこで、暗号資産Tetherが謳っているように、例えば暗号資産と円（法定通貨）との交換比率を1：1で固定し、発行額と同額の円を準備金等として確保しておくような設計を行うとどうなるであろうか。このような暗号資産は、円との関係においては、上記のような差損益が生じないことになり、税務上の対応や取扱いが幾分容易になる。ただし、各種要因により、実際には取引当事者によって異なる比率で取引されるような事態が生じることも予想される。この場合の課税関係については再考を迫られるかもしれない。円ではなくドルとの交換比率を固定化する設計をした場合には、外貨と同様に差損益の問題が生じる。なお、かような暗号資産が資金決済法又は同法を引用する税法上の暗号資産の定義に当てはまるかという問題もある。

また、暗号資産と法定通貨との交換比率が固定され、暗号資産の価格が安定するようになると、投資目的による保有のインセンティブが薄れ、交換手段や価値保蔵手段としての保有が進む可能性がある。すると、そのような暗号資産を法定通貨として採用する国が現れるかもしれない。あるいは、課税上、暗号資産を外貨に準じて取り扱うべきであるという主張が強まるかもしれない。

アメリカにおいては、課税上、暗号資産を外貨として取り扱うべきであるという見解やそのような議論を取り上げる見解が少なからず存在する[3]。これは、アメリカでは、個人が外貨で支払を行った場合などに伴って生ずる為替レートの変動による差益について、200米ドル以下であれば課税されないこと（内国歳入法典§988(e)(2)）などが影響しているのではないかと思われる。なお、内国歳入庁は、課税上、暗号資産を財産として扱い、為替差損益が生じうる通貨として扱うことはないという見解を示している（IRS Notice 2014-21）。この見解によれば、暗号資産に対して、この内国歳入法典§988(e)(2)の適用はないことになる。

---

3 *See e. g.*, Adam Chodorow, *Bitcoin and the Definition of Foreign Currency*, 19 FLORIDA TAX REV. 367 (2016) .

3. コンセンサスアルゴリズムの設計

　コンセンサスアルゴリズムとして、作業量に基づいてブロックの承認者を決定する Proof of Work を採用すると、ブロックが参加者から承認され、正当な取引記録として認められるまでに時間がかかる。特に、ブロックがフォーク（分岐）した場合、このフォークを解消するには60分程度の時間が必要とされる。決済完了性を示すファイナリティが確定できず、リアルタイム性にも欠けるといった課題に直面する[4]。

　このことは、課税上、暗号資産に関わる収益・費用の計上時期等の問題として投影され得る。たとえば、課税上、対価の受領ないし価値の流入の事実が重視される場面において、商品の現実の引渡し時に収益を計上するような処理に合理性があるか、あるいは承認後、取消可能性が相当程度消失するまで収益計上を見合わせるような処理に合理性があるかといった議論をなし得る（法人税法22条の2第1項は引渡基準を収益計上の原則的基準としていることに留意）。商品の現実の引渡しが完了していても、暗号資産による支払の承認に時間がかかることや、承認されたとしても取消可能性が残っていることを、課税上、どのように評価すべきであるかという問題である（暗号資産で支払をする側の収益・費用の計上時期の問題も出てくる）。

　そこで、暗号資産XRPのように特定の者を管理者又は取引承認者とする設計を採用するとどうなるであろうか。この場合、マイニングのような作業を要せず、ブロックの分岐のような事態を回避できるため、ファイナリティが確保され、上記のような課税上の問題はかなりの程度解消されることが見込まれる。

4. 個性を付与するような設計

　暗号資産の単位ごとに、何らかのデータを書き込むなどして個性を与

4　株式会社野村総合研究所「平成27年度 我が国経済社会の情報化・サービス化に係る基盤整備（ブロックチェーン技術を利用したサービスに関する国内外動向調査）報告書」（平成28年3月）参照。

える設計をすると、その売却時や決済手段としての利用時に、同種の暗号資産のうち取得価額が異なるものを選択して損益を算出することに合理性が認められる可能性が出てくる。すると、同種ではあるが個性が異なる暗号資産の中に、含み益が生じているものと含み損が生じているものがある場合に、後者を優先的に売却し、損失を計上するといったような裁定取引を誘発する可能性が出てくるであろう。あるいは、含み損のある暗号資産を売却し、損失を計上した直後に、同種ではあるが個性の異なる暗号資産をその売却した数量と同じ数量で再度購入するような一種のウオッシュセールを招く可能性もある[5]。

　もっとも、2019年度の税制改正により、所得税法は、事業所得又は雑所得に係る必要経費を算定する場合に、総平均法又は移動平均法により暗号資産の評価をすることを法定している（所法48の2、所令119の2）。法人税法にも同様の規定がある（法法61、法令118の6）。よって、条文の解釈論を展開する余地は残されているものの、一般に、上記のような試みを成功させることは困難である。

5. その他

　上記のほか、暗号資産による支払や消費を促進等するために、暗号資産の価値が発行時から徐々に減価していくような設計をした場合には、課税上、評価又は損失の取扱いの問題が生じる。また、視野を広げて、VAT（付加価値税）詐欺対策としてのVATコイン構想のように[6]、暗号資産又はブロックチェーン技術の行政利用という観点から、納税用途に特化した暗号資産を設計することも考えられる。

[泉　　絢也]

---

[5]　参考として、*See* Chodorow, *supra* note 3, at 395-398; Adam Chodorow, *Rethinking Basis in the Age of Virtual Currencies*, 36 VA. TAX REV. 371 (2017).

[6]　*See e.g.*, Richard T. Ainsworth & Musaad Alwohaibi, *Blockchain, Bitcoin, and VAT in the GCC: The Missing Trader Example*, Boston Univ. School of Law, Law and Economics Research Paper No. 17-05. (2017). 泉絢也「テクノロジー（暗号通貨・ブロックチェーン・人工知能）の税務行政への活用—VAT通脱対策とVATCoin構想—」千葉商大論叢56巻3号101頁以下も参照。

暗号資産の設計と知財法

1. 暗号資産の外延

　本項では、「暗号資産の設計と知財法」の表題の下、暗号資産と、特許法、実用新案法、著作権法、そして不正競争防止法といった各種の「知的財産法」との関係について述べる。そこで、まずは本項で取り扱う暗号資産の外延を画しておきたい（詳細は本書Ⅱ❶1.〜5.(68頁〜78頁)も参照）。

　その取引に関する情報が、インターネット等の各種のネットワークに接続された複数のコンピュータの内の任意の一対のコンピュータが対等に接続されているP2P (Peer to Peer) ネットワーク（分散型ネットワーク）上に送信されるとともに、ネットワーク上に設置されている電子台帳に電子データとして記録される。このような取引に関する電子データの集合体が、一般に「暗号資産」と呼ばれるものである（資金決済に関する法律2条5項）。

　そして、この電子データは、ネットワーク上の複数のコンピュータで取引のデータを互いに共有するとともに、検証し合いながら正当な取引のデータを鎖のように繋いで蓄積する仕組みである「ブロックチェーン(Blockchain)」によって管理されている。そうすると、仮に一部のコンピュータが誤った取引データに改竄しようとしても、どちらが正当な取引データであるのかが他のコンピュータとの多数決によって決定されるため、その改竄は非常に困難であるとされる。もちろん、上記の「ブロックチェーン」は、暗号資産を実現するためにのみ用いられるものではない。知的財産に関していえば、その管理や利用許諾に係る契約といったように、暗号資産以外の分野にその技術的な特徴を応用することも可能である[1]。本項では、暗号資産の取引を行う者を「ユーザー」と呼び、その取引の正当性の検証やブロックへの当該取引に関するデータの記載

（マイニング）を行う者を「マイナー」と呼ぶことにする。

　なお、暗号資産を含め、前記のブロックチェーンを用いてソフトウェアの開発を行う場合には、その開発基盤であるプラットフォームを利用する頻度が高い。このプラットフォームは、各種のコミュニティ（インターネット上の人々の集まり）や団体によって、さまざまな種類のものが開発及び提供されており、たとえば、前記の正当な取引であるか否かを判断するアルゴリズム等において相違点がある[2]。

2. 特許法との関係

　前記のような暗号資産に関するアイデアは、およそわが国では、その発明の実施にソフトウェアを利用する発明（ソフトウェア関連発明）に関する問題が大きく関係するところ、ソフトウェア関連発明に特有の取扱いに着目して、以下に詳述する。

(1) 発明の要件

　わが国の特許法で保護される「発明」というためには、「自然法則を利用した技術的思想の創作のうち高度のもの」（特許法2条1項）でなければならない。前記のような暗号資産に関するアイデアが、特許法上の発明に該当するか否かを判断するに際しては、特に自然法則を利用しているか否かが問題になる。

　ここで、「自然法則」とは、自然界において生じるさまざまな現象の間に成立していることが、経験的に見い出される一般的な原則のことである。また、その「利用」とは、何らかの自然法則を利用することで一定の技術的な作用効果を発揮することをいう。

1　市川祐輔「知財法務の勘所Q&A（第14回）フィンテックと特許について」知財ぷりずむ191号76–77頁。落合孝文・臼井康博・徐楊「ブロックチェーンの知的財産・コンテンツ管理への適用について―海外でのサービスの実例と法制度に関する議論とを踏まえて―」知財管理Vol.69 No.4 545–546頁

2　このようなプラットフォームとしては、たとえば、BitcoinCore（https://bitcoincore.org）、Ethereum（https://www.ethereum.org）、hyperledger（https://www.hyperledger.org）等が提供されている。

たとえば、全ての物体はお互いに引き寄せる力を及ぼし合っているとする「万有引力の法則」は、自然法則に該当する。もっとも、法則としての名称が付けられているか否かは問題とはならない。よって、「水は高い所から低い所へ流れる」といった自然界における現象そのものも、自然界で一定の原因により一定の結果の生じることが分かっているものは、自然法則に該当する。

一方、人間の知能的又は精神的な活動そのもの、あるいはそういった活動から生み出された各種の法則は、自然法則に該当しない。

たとえば、足し算なら「$\alpha + \beta = \beta + \alpha$」が成り立つといったように、計算の順序を変えられるという「交換法則」のような「学問上の法則」は、自然法則に該当しない。また、似た者どうしは集まりやすいといった「類似性の法則」のような「心理法則」も、自然法則に該当しない。さらに、各種の「ゲームやスポーツのルール」といった「人為的な取り決め」も、自然法則に該当しない。

もっとも、アイデアを構成する要素の中に、自然法則を利用していない要素が含まれていても、アイデア全体としてみた場合に、自然法則を利用しているならば、それは発明に該当し得る[3]。たとえば、AとBという2つの要素から構成されるアイデアαがあったとする。この場合、AまたはBといった一部の要素は自然法則を利用していないものの、アイデアαが全体として自然法則を利用していれば、発明に該当し得る。

反対に、アイデアを構成する要素の中に、自然法則を利用している要素が含まれていたとしても、アイデア全体としてみた場合に、自然法則を利用していないならば、それは発明に該当しない。上例でいえば、アイデアαにおいて、AまたはBといった一部の要素は自然法則を利用しているものの、アイデアαが全体として自然法則を利用していないのであれば、発明には該当しない。

冒頭で述べた暗号資産に関するアイデアは、本来的には商取引ないし

---

3 知財高判平成19年10月31日裁判所ウェブサイト「切り取り線付き薬袋事件」、特許庁「特許・実用新案審査基準」「第Ⅲ部第1章　発明該当性及び産業上の利用可能性」2.1.4

金融取引の方法であって、ビジネスを行う方法に関するものである。このようなビジネスを行う方法それ自体は、上記の「人為的な取り決め」に該当するものであり、自然法則には該当しない。よって、暗号資産に関するアイデアを特許法上の発明として評価するためには、それがいかなる技術的な要素を有しており、またいかなる技術的な作用効果を発揮するものであるかに着目する必要がある[4]。

(2) ソフトウェア関連発明の取扱い

わが国の特許庁における審査実務において、ソフトウェア関連発明は、次のように取り扱われている。

まず、ソフトウェア関連発明であっても、前記のとおり、全体として自然法則を利用しており、自然法則を利用した技術的思想の創作として認められるものは、特にそれがソフトウェアであるといった観点から改めて検討されるまでもなく、発明に該当するとされる。

このような他の技術分野における場合と同様に取り扱われるソフトウェア関連発明としては、以下の2類型がある。すなわち、機器等に対する制御又は制御に伴う処理を具体的に行うもの（第1類型）、対象の物理的性質等の技術的性質に基づく情報処理を具体的に行うもの（第2類型）である[5]。

たとえば、暗号資産を早く送金するためのアイデアとして、次のような発明が考えられる。

まず、第1類型としては、「マイナーの個数とその取引承認処理能力に基づいて暗号資産の取引の承認に要する時間が長い時間帯と短い時間帯とを分析する手段と、他のユーザーによる取引の件数が多い時間帯と

---

4 河野英仁『FinTech 特許入門：FinTech・ブロックチェーン技術を特許で武装せよ』（経済産業調査会、平成29年）88–89頁、西守有人＝大塚康弘「フィンテック関連の特許出願 特許の実務から見たフィンテック。グローバル展開を見据えた明細書が重要」The Lawyers 13巻8号85・90頁

5 特許庁「特許・実用新案審査ハンドブック」［附属書B］「第1章 コンピュータソフトウエア関連発明」2.1.1.1
　なお、本項に記載した事例は、全て筆者の創作した架空の事例である。

少ない時間帯とを分析する手段と、それらの手段に基づいて暗号資産を送金する際に要する時間が最も短くなる時間帯を予測する手段と、当該予測された時間帯に送金を行う手段とを備える暗号資産の取引に用いる携帯型情報端末」に関する発明が該当する。本発明は、その制御の対象である携帯型情報端末（たとえば、ユーザーの保有するスマートフォン）における所定の時間になったら暗号資産を送金するという機能に基づいて制御するものである。よって、本発明は、機器等に対する制御又は制御に伴う処理を具体的に行うものであるから、特許法上の発明に該当すると考えられる。

　次に、第2類型としては、「マイナーの個数とその取引承認処理能力に基づいて仮想通貨の取引の承認に要する時間を予測する機能と、他のユーザーによる取引の件数に基づいて仮想通貨の取引の混雑状況を確認する機能と、当該仮想通貨を送金する際に要する時間を予測する機能とをコンピュータに実現させるプログラム」に関する発明が該当する。本発明は、暗号資産を送金する際に要する時間を予測するプログラムに関して、マイナーの個数とその承認処理能力並びに他のユーザーによる取引の件数と暗号資産の取引が混雑しているか否かの相関関係を利用して情報処理を行うものである。よって、本発明は、対象の技術的性質に基づく情報処理を具体的に行うものであるから、特許法上の発明に該当すると考えられる。

　もし、ソフトウェア関連発明が、前記のような判断手法では、「自然法則を利用した技術的思想の創作」に該当するか否かを判断することができない場合には、さらに次のようにして判断される。すなわち、そのソフトウェアによる情報処理が、ハードウェア資源（たとえば、物理的な装置としてのコンピュータ、CPUといったその構成要素、プリンタといったコンピュータに接続された装置）を用いて具体的に実現されている場合には、そのソフトウェアは自然法則を利用した技術的思想の創作に該当するとされている。また、ここでいうソフトウェアによる情報処理がハードウェア資源を用いて具体的に実現されている場合とは、ソ

フトウェアとハードウェア資源とが協働することで、その使用目的に応じた特有の情報処理装置又はその動作方法が構築されることをいうとされている[6]。

たとえば、暗号資産の取引を行う際に、ユーザー本人による取引であることを確認して安全に取引を行うため、虹彩による本人認証を行うことにしたアイデアについて検討する。このようなアイデアそれ自体は、暗号資産の取引を行う際に虹彩による認証を行うことにするという上述の「人為的な取り決め」にすぎないため、自然法則を利用しておらず、特許法上の発明に該当しない。

しかしながら、「ユーザーが仮想通貨を取引するための仮想通貨取引システムであって、該ユーザーの虹彩情報を取得する取得手段と、予め取得された該ユーザーの虹彩情報を記憶するデータベースと、前記データベース上の虹彩情報及び前記取得された虹彩情報が同一であるか否かを判定する判定手段と、該判定結果に基づき該ユーザーの保有する仮想通貨の取引を制御する制御手段とを備えており、該制御手段は該判定結果に基づき該仮想通貨の取引を制御する仮想通貨取引システム」とすれば、暗号資産の取引に伴う安全性を向上させるという使用目的に応じた特有の演算又は加工が、前記のような種々の手段とデータベースとから構成されるシステムという、ソフトウェアとハードウェア資源とが協働した具体的な手段によって実現されていることになる。そのため、前記のようにして構築されたシステムであれば、ソフトウェアによる情報処理がハードウェア資源を用いて具体的に実現されているから、特許法上の発明に該当するのである。

(3) 発明の種類

発明は、まず「物の発明」と「方法の発明」に大きく分けることができ、方法の発明はさらに「単純方法の発明」と「生産方法の発明」に分

---

6 特許庁「特許・実用新案審査ハンドブック」[附属書B]「第1章 コンピュータソフトウエア関連発明」2.1.1.2

けることができる（特許法2条3項各号）。発明がいずれの種類に該当するかは、特許請求の範囲に基づいて判断されるところであるが[7]、後述するように特許権の効力が及ぶ範囲に影響を与えるため重要な問題になる。よって、暗号資産に関する発明に限った問題ではないが、特許出願に際しては、自らの発明がいずれの種類の発明に属するのか、あるいはいずれの種類の発明として出願すべきなのかを吟味した上で出願する必要がある。

　まず、「物の発明」とは、技術的思想が物の形として具現化されたものであって、経時的要素を必要としない発明である。「物」には、有体物の他、プログラム等の無体物も含まれる（特許法2条3項1号）。ソフトウェア関連発明についていえば、その発明が果たす複数の機能によって表現できる場合、それらの機能によって特定された「物の発明」として請求項に記載することができる[8]。たとえば、前記のような虹彩による本人認証を行う「仮想通貨取引システム」は、物の発明として取り扱われる。

　次に、「方法の発明」とは、経時的要素を必要とする発明である。そのうち、「単純方法の発明」とは、測定方法のように生産物を伴わない方法の発明であり、「生産方法の発明」とは、生産物を伴う方法の発明であって、原材料、処理工程、生産物の3つの要素から構成される発明である。ソフトウェア関連発明についていえば、これを時系列でつながった一連の処理又は操作、つまり「手順」として表現できるときに、その「手順」を特定することによって、「方法の発明」として請求項に記載することができるとされる[9]。

　たとえば、前記のような虹彩による本人認証を行う手順を特定することによって、「仮想通貨取引方法」は方法の発明として取り扱われる。また、前記のような虹彩による本人認証を行う「仮想通貨取引システム

7　最判平成11年7月16日民集53巻6号957頁「カリクレイン事件」
8　特許庁「特許・実用新案審査ハンドブック」[附属書B]「第1章　コンピュータソフトウエア関連発明」1.2.1.1
9　特許庁「特許・実用新案審査ハンドブック」[附属書B]「第1章　コンピュータソフトウエア関連発明」1.2.1.1

8 暗号資産の設計と知財法

を構築する方法の発明」は生産方法の発明として取り扱われる。

　もっとも、物を生産する方法の発明の場合、結果物が同一であっても、製法が異なれば特許権の効力を及ぼすことはできない（特許法2条3項3号）。例えば、「仮想通貨取引システムXを構築する方法αの発明」について特許Pを取得したとする。この場合、他人が仮想通貨取引システムXを構築したとしても、それが「仮想通貨取引システムXを構築する方法βの発明」を実施して構築されたものである場合には、特許Pの効力を及ぼすことはできないのである。

⑷　特許要件

　他の技術分野における発明と同様に、暗号資産に関する発明について特許出願を行う際も、新規性（特許法29条1項各号）等の各種の特許要件を満たさなければならない。ここで、ソフトウェア関連発明に関しては、特に進歩性（同2項）について、他の技術分野における発明とはやや異なる問題がある。よって、暗号資産に関する発明について特許出願を行う際は、特に以下の点に注意すべきである。

　まず、進歩性の有無を判断する主体的基準となる「その発明の属する分野における通常の知識を有する者」いわゆる「当業者」は、特定の分野に関するソフトウェア関連発明に関しては、特に次のように考えられている。

　すなわち、ここでいう当業者としては、その特定の分野に関する特許出願時における技術常識や一般常識、及びコンピュータ技術に関する分野の特許出願時における技術常識を有しており、また、特許出願時におけるその発明の属する特定の分野及びコンピュータ技術に関する分野の技術水準にあるもの全てを自らの知識とすることができ、発明が解決しようとする課題に関連するこれらの分野の技術を自らの知識とすることができる者が想定されている[10]。

10　特許庁「特許・実用新案審査ハンドブック」［附属書B］「第1章　コンピュータソフトウエア関連発明」2.2.3.1

つまり、暗号資産に関する技術についていえば、当業者として想定されるのは、金融分野又はコンピュータ分野の一方の技術に精通した者ではなく、双方の技術に精通した者ということになる。

次に、ソフトウェア関連発明の分野では、所定の目的を達成するため、ある特定の分野に利用されているコンピュータ技術の手順や手段等を組み合わせたり、これらを他の特定の分野に応用したりすることは、当業者が通常試みていることであるとされている[11]。

たとえば、暗号資産に利用されているブロックチェーンについていえば、冒頭に述べたとおり、暗号資産以外の分野にその技術的な特徴を応用することも可能である。よって、これを暗号資産だけでなく、「著作権の管理」といった他の特定分野にこれを単に応用するだけでは、他に技術的な特徴もなく、当該著作物に関する取引をブロック内に記録するといったように、その応用によって発揮される有利な効果も、特許出願時の技術水準から予測される範囲を超えた顕著なものにはならないであろうから、一般に進歩性が否定されることになろう。

また、ソフトウェア化やコンピュータ化に伴って提示される課題は、コンピュータ技術の分野に共通する一般的な課題であることが多いとされている[12]。

つまり、暗号資産に関する発明についていえば、取引の承認の速度を速くすること、あるいは取引の承認の信頼性を高めることといった課題が提示されていても、それは暗号資産の分野に共通する一般的な課題であるから、特許出願においてそのような課題が提示されていても、進歩性を肯定する有利な材料にはなり難い。よって、暗号資産に関する発明について特許出願をする際は、この分野に共通する一般的でない課題を見出すことに務めるべきである。

11　特許庁「特許・実用新案審査ハンドブック」[附属書B]「第1章　コンピュータソフトウエア関連発明」2.2.3.1

12　特許庁「特許・実用新案審査ハンドブック」[附属書B]「第1章　コンピュータソフトウエア関連発明」2.2.3.1

8 暗号資産の設計と知財法

同様に、速く処理することができること、あるいは大量のデータを処理することができることといったように、コンピュータによってシステム化することで得られる一般的な効果は、そのシステム化に伴って当然に得られる効果であるから、特許出願時における技術水準から予測できる効果にすぎないとされている[13]。

すなわち、暗号資産に関する発明についていえば、取引の承認の速度が速くなったこと、あるいは取引の承認の信頼性が高まったといった効果が提示されていても、それは暗号資産の分野における一般的な効果であるから、特許出願においてそのような効果が提示されていても、それだけでは進歩性を肯定する有利な材料にはなり難い。よって、暗号資産に関する発明について特許出願をする際は、前記の課題についてだけでなく、この分野に共通する一般的でない効果を見出すことにも努めるべきである。

一方、従来技術と比較した際の有利な効果が特許出願時における技術水準から予測される範囲を超えた顕著なものである場合には、それは進歩性が肯定される有利な材料になる[14]。

たとえば、前記のように、ブロックチェーンを「著作権の管理」に応用するだけでは、一般に進歩性は否定されよう。しかしながら、その応用に際して、たとえば、取引を記録するだけではなく、著作物を無許諾で利用する侵害者の追跡をもなし得るといったように、一定の技術的条件を設定することで発揮される有利な効果が特許出願時における技術水準から予測される範囲を超えた顕著なものになっている場合には、進歩性が肯定される有利な材料になり得る。

⑸ 特許出願時の留意点

暗号資産に関する発明に限った問題ではないが、特許請求の範囲及び

13　特許庁「特許・実用新案審査ハンドブック」［附属書B］「第1章　コンピュータソフトウエア関連発明」2.2.3.1
14　特許庁「特許・実用新案審査ハンドブック」［附属書B］「第1章　コンピュータソフトウエア関連発明」2.2.3.1

明細書等を作成する際に大きな問題となるのが、いかなる文言をもって特許出願に係る発明を特定するかである。暗号資産に関する発明について特許出願する際に、特に留意すべき問題としては、以下の点を挙げることができる。

まず、暗号資産は比較的新しい技術分野であることから、たとえば「ブロックチェーン」といった文言の定義が必ずしも定まっていないことがある。そうすると、出願人が意図したところとは、必ずしも一致しない意味に解釈されたり、あるいは狭い概念や広い概念で解釈されたりする可能性がある。よって、そういったことが懸念される場合には、近似の技術分野で従来用いられてきた文言を用いる方が妥当な場合もあろう[15]。

次に、冒頭で述べたように、ブロックチェーンを利用したソフトウェアは、プラットフォームに基づいて開発されることが多いところ、実際にその開発を行ったプラットフォーム以外のプラットフォームに基づいた場合であっても、実施することができる発明であるか否かについて検討する必要がある。仮に、その暗号資産に関する発明が、特定のプラットフォームに基づかなければ実施することができない発明であれば、当該プラットフォームに限定した発明として特許出願せざるを得ない。一方、特定のプラットフォームに基づかなくても実施することができる発明であれば、当該プラットフォームに限定した発明として出願する必要はなく、そのような場合にはむしろ不要な限定を避けるべきである[16]。

また、その暗号資産に関する発明が、そもそもブロックチェーンを用いなければ、実施することができない発明であるか否かについても検討する必要がある。すなわち、暗号資産にあっては、その取引が正当なものであることが証明され、その証明に対する信用が根源的な価値になっているところ、そのような信用が担保されるならば、必ずしもブロックチェーンを用いる必要はないからである[17]。

---

15 大石幸雄「ブロックチェーン技術のための知財戦略」知財管理67巻9号1320頁
16 大石・前掲**注15** 1320頁
17 大石・前掲**注15** 1320–1321頁

いずれにしても、暗号資産に関する発明について特許出願を行う際は、上記のような点から不要な限定をしないように、どの範囲まで応用することができる発明であるのかについて検討してみる必要がある。また、そのような応用については、特許出願後に特許権の取得を希望する場合もあることに備え、後述する営業秘密として保有しておくべき情報等でなければ、明細書等には記載しておくのが一策である。すなわち、補正（特許法17条の2）や出願の分割（特許法44条）を行うことによって、特許出願時の遡及効を得ながら、特許権の取得を目指すことができるためである[18]。

最後に、金融業における法規制は一般的に厳しいものであり、昨今、暗号資産についても資金決済に関する法律の改正等により、一定の明確な法規制が行われたところである（詳細は本書Ⅲ・Ⅳを参照）。もちろん、単にわが国の法令によって、その発明の実施が禁止されていることを理由として、特許出願に係る発明が不特許事由（特許法32条）に該当するものと判断してはならないとされているところ、前記のような法規制に抵触するからといって、直ちに暗号資産に関する発明について特許を取得することができなくなるわけではない[19]。

しかしながら、特許権の効力は特許発明を業として実施する行為について及ぶところ（特許法68条）、前記のような種々の法規制によって業としての実施が困難な内容について、特許権を取得してもあまり意義はないと考えられる。よって、社会状況の変化に応じて法規制の内容も変わっていくところではあるが、特許権を取得した際に意義のある内容を備えた出願書類になっているか否かについて検討する必要はあろう[20]。

(6) 出願書類の記載要件

特許出願に際して特許庁長官に提出する出願書類の記載に係る要件

---

18 市川・前掲**注1** 77・80頁

19 特許庁「特許・実用新案審査基準」「第Ⅲ部第5章 不特許事由」2⑶ TRIPS協定27条⑵ただし書

20 大石・前掲**注15** 1320–1321頁

（記載要件）について、特に暗号資産に関する発明について特許出願する際に留意すべき点を以下に説明する。

　まず、明細書の発明の詳細な説明は、当業者がその実施をすることができる程度に明確かつ十分に記載しなければならない（実施可能要件）とされている（特許法36条4項1号）。特に、ソフトウェア関連発明に係る実施可能要件に違反する類型としては、以下の2つの類型が挙げられている[21]。

　第1の類型は、請求項には、技術的手順や機能が記載されているものの、発明の詳細な説明にはこれらの技術的手順又は機能がハードウェアやソフトウェアによってどのように実行又は実現されるのかが記載されていない場合である。

　暗号資産に関する発明についていえば、暗号資産を利用したビジネスを行う方法が請求項に記載されているものの、その方法をコンピュータ上で具体的にどのように実現するのかが発明の詳細な説明に記載されていない場合である。

　第2の類型は、請求項は機能を含む事項によって特定されているものの、発明の詳細な説明にはその機能を実現するハードウェアやソフトウェアが機能ブロック図や概略フローチャートのみで説明されており、それらによる説明だけでは、どのようにして当該ハードウェアやソフトウェアが構成されているのかが不明確な場合である。

　たとえば、上例の暗号資産の取引を行う際に虹彩による本人認証を行うアイデアについていえば、発明の詳細な説明には「該ユーザーの虹彩情報を取得する取得手段」といったそれぞれの機能手段を概略的に表したフローチャートしか示されていない場合である。

　以上のことから、暗号資産に関する発明について特許出願する際、実施可能要件に関しては、その発明がコンピュータ上で実現されていることをその構成が明確に認識できるように説明することを要する点に注意

21　特許庁「特許・実用新案審査ハンドブック」［附属書B］「第1章　コンピュータソフトウエア関連発明」1.1.1.1

8 暗号資産の設計と知財法

すべきである。

　次に、特許請求の範囲の記載は、特許を受けようとする発明が明確でなければならない（明確性）とされている（特許法36条6項2号）。特に、ソフトウェア関連発明に係る明確性の要件に違反する類型としては、以下の3つの類型が挙げられている[22]。

　第1の類型は、請求項の記載自体が不明確である結果、発明が不明確になる場合である。たとえば、上例の暗号資産の取引を行う際に虹彩による本人認証を行うアイデアについていえば、特許請求の範囲に、「コンピュータを用いて、ユーザーの虹彩情報を取得するステップ、…を実行するユーザーが仮想通貨を取引するための仮想通貨取引方法」と記載すると、人がコンピュータを操作する方法なのか、コンピュータが情報処理を行う方法なのか、各ステップの動作の主体が不明確になってしまうため、発明が不明確になる。

　第2の類型は、特許を受けようとする発明を特定するための事項（発明特定事項）どうしの技術的な関連がないため、発明が不明確になる場合である。たとえば、暗号資産取引を行うためのプログラムに関する発明について特許出願する場合に、特許請求の範囲に当該「プログラムが流通しているネットワーク」と記載すると、一般にプログラムとそれが流通しているネットワークとは何らの技術的な関連性も無いため、発明が不明確になる。

　第3の類型は、請求項に係る発明の属するカテゴリーを明確に把握することができない場合である。前記のように、発明には3つの種類があるところ、特許請求の範囲に「仮想通貨取引方法又は仮想通貨取引システム」と記載した場合、それが方法の発明なのか物の発明なのかを特定することができず、発明が不明確になる。

22　特許庁「特許・実用新案審査ハンドブック」［附属書B］「第1章　コンピュータソフトウエア関連発明」1.2.1.3

⑺ 特許権の効力

　特許権の効力は、業として特許発明を実施する行為について及ぶものであり（特許法68条）、また、特許発明を構成する要素を全て実施する行為に及ぶものである（権利一体の原則）[23]。

　冒頭で述べたとおり、暗号資産のシステムは、ユーザーやマイナー等のコンピュータが分散して、その情報処理を行う点に特徴がある。そうすると、当該システム全体にわたる内容について特許権を取得しても、発明を実施する者を観念することができないため、実効性がない。また、ユーザーのコンピュータにおいて発明が使用される場合は、業としての実施に該当しないことが多いであろうから、もっぱら個々のユーザーのコンピュータにおいて使用される方法の発明について特許権を取得しても実効性がない[24]。

　そうすると、個々のコンピュータで使用される物としてのプログラム等について特許権を取得するのが実効的である[25]。前記のとおり、当該プログラムに関する発明がユーザーのコンピュータにおいて使用される場合は、業としての実施に該当しない場合が多いであろうが、これを事業者が制作しユーザーに配信することは業として実施することになるため、実効性のある特許権を取得することができる。

　もっとも、前記のような個々のコンピュータで使用されるプログラム等では、進歩性等の特許要件を満たさない場合には、便宜的に当該システム全体にわたる内容について特許権を取得しておくことも一策である。すなわち、そのような態様で特許権を取得しておけば、当該システムに用いるプログラム等が当該システムの構築にのみ用いる物、あるいは当該システムによる課題の解決に不可欠なもの等であれば、その生産及び譲渡等はシステム全体に係る特許権の侵害とみなされるため（擬制侵害）、間接的にそれらのプログラム等の保護を図ることができるため

23　吉藤幸朔・熊谷健一補訂『特許法概説（第13版）』（有斐閣、平成10年）504頁
24　河野・前掲**注4**　105–108頁
25　河野・前掲**注4**　105–108頁

8 暗号資産の設計と知財法

である（特許法101条各号）。

3. 実用新案法との関係

　わが国には、自然法則を利用した技術的思想の創作を保護する法律として、前記の特許法以外に、実用新案法が存在する。暗号資産に関するアイデアが、実用新案法による法的保護を享受し得るか否かについて、以下に検討する。

　実用新案法は、物品の形状、構造、又は組合せに係る考案をその保護の対象とするものである（実用新案法1条・3条1項柱書）。ここでいう「物品」とは、少なくとも一定の形態（形状・構造・組合せ）を備える物、あるいは空間的に一定の形を保有した物[26]、つまり有体物でなければならないと解されている。

　これに対して、冒頭で述べたような暗号資産は、およそ一定の形態を備える物ではなく、空間的に一定の形を保有するものでもない、つまり無体物である。そうすると、わが国では、暗号資産に関する技術的な思想の創作は、およそ実用新案法による法的な保護を受けることができないため、もっぱら特許法による法的な保護を受けざるを得ないということになろう。

4. 著作権法との関係

　暗号資産に関する創作物が、「思想又は感情を創作的に表現したものであって、文芸、学術、美術又は音楽の範囲に属するもの」（著作権法2条1項1号）である場合には、著作物に該当し、著作権法による保護を受けることも可能である。

　暗号資産に関していえば、そのシステム設計書、フローチャート、あるいはプログラム等は、著作物として保護され得る。一方、思想又は感

26　吉藤・前掲**注23**　677頁、特許庁「特許・実用新案審査基準」「第Ⅹ部第1章　実用新案登録の基礎的要件」2.1.1

61

情そのものは、上記の「表現したもの」との要件を満たさないため、著作物に該当しない。よって、暗号資産の取引についてそれが正当な取引であるか否かを判断するためのアルゴリズムや暗号資産の仕組みを利用したビジネスの手法といった抽象的なアイデアは、著作権法では保護されない（著作権法10条3項）。

　また、著作物として保護されるには、上記の通り、思想又は感情が「創作的に」表現されていることが必要である。よって、暗号資産についていえば、ブロックチェーンのブロックの内容であるこれまでの取引のデータやマイナーに関する情報は、およそ事実そのものであるから、著作物には該当しない。そして、前記のとおり、暗号資産を含め、ブロックチェーンを用いてソフトウェアの開発を行う場合には、その開発基盤であるプラットフォームを利用する頻度が高い。そうすると、誰もがそのプラットフォームを用いれば同様のものを作成する部分に係るプログラム等については、創作性が否定される場合もあろう。

5. 不正競争防止法との関係

　暗号資産に関する情報が、「秘密として管理されている生産方法、販売方法その他の事業活動に有用な技術上又は営業上の情報であって、公然と知られていないもの」（不正競争防止法2条6項）である場合、すなわち秘密管理性・有用性・非公知性の3要件を満たしている場合には、「営業秘密」に該当し、不正競争防止法による保護を受けることも可能である。

　冒頭で述べたとおり、暗号資産を含むブロックチェーンを用いたソフトウェアは、プラットフォームを利用して開発する頻度が高いが、当該プラットフォームはオープンソースソフトウェア（Open Source Software：OSS）として開発されているものが多い。そうすると、暗号資産に関する情報は、その意味において秘密管理性ないし非公知性が認められ難い部分がある。

　同様に、ブロックチェーンのブロックの内容であるこれまでの取引の

データやマイナーに関する情報は、ネットワークに参加している者（参加者）であれば誰でも確認することができるため、秘密管理性ないし非公知性がなく、およそ営業秘密に該当しない。

　もちろん、暗号資産に関する情報であっても、その全てが公開された情報に基づくものではなく、また参加者に公開されるものでもない。たとえば、ユーザーが暗号資産を管理するウォレットは、秘密鍵によってその管理を行っており、当然公開されるものではない。

　よって、暗号資産に関する情報について、これを営業秘密として不正競争防止法上の保護を図る際は、特に前記のような暗号資産の特性に鑑みて、どこまでの情報が公開されるのか、あるいはどこまでの情報が公開されないのかについて留意すべきである。

　また、暗号資産に関する発明について、特許出願を行った場合には、当該出願から1年6か月を経過すると出願公開が行われるとともに（特許法64条1項）、特許権の設定登録が行われると特許公報に特許発明が掲載されることになる（特許法66条3項）。よって、それ以後は当該発明を営業秘密として保護することは困難になる点にも留意すべきである。暗号資産の特性上、公開せざるを得ない部分については特許法による保護を図り、公開を要しないあるいは公開が適切でない部分については不正競争防止法による保護を図るといった線引きをするのも一策である。

6. 権利侵害

　最後に、暗号資産に関する開発行為ないしその成果物の提供が、他人の保有する特許権等の何らかの知的財産権を侵害しないようにするため、特に留意すべき点について述べる。

　前記のとおり、暗号資産を含むブロックチェーンを用いたソフトウェアは、OSSとして開発されたプラットフォームを利用して開発する頻度が高い。オープンソースは、ソースコードの利用について、複製・改変・頒布等が自由に認められているものであるから、プラットフォーム

を利用すること自体が、当該プラットフォームを提供する主体が保有する特許権をはじめ各種の知的財産権を侵害することは一般に考え難い。

ただし、OSS の利用は、完全に無条件であるとは限らず、その利用に際して何らかの条件が提示される場合もある。暗号資産に関する技術についていえば、特に、OSS を改変した場合には、その改変したソースコードを開示するように義務付けるOSS もあることには注意が必要である。

また、OSSを利用して開発した暗号資産の技術だからといって、他人の保有する知的財産権を侵害することはないとはいい切れない[27]。たとえば、当該OSSとは直接関係のない第三者が当該OSSに用いられている技術について特許権を保有している可能性もあるからである。また、同じプラットフォームを基盤として同様の暗号資産に関する技術を開発して特許権を保有している者や、プラットフォームの相違にかかわらず同様の暗号資産に関する発明を完成させて特許権を保有している者がいる可能性もある。

さらに、とりわけ暗号資産ないしソフトウェア関連発明については、ユーザーの利便性やコストパフォーマンスといった観点から、実質的に採用し得る技術の選択肢が限られてくる場合がある。そのような選択肢が限られている部分について他人の特許発明が存在している場合には、これを回避することが困難になり、当該他人から特許権の行使を受ける可能性がより高まる[28]。

そこで、暗号資産に関する技術を開発する際は、自らが開発の基盤としたOSSに関する技術も含め、またそのOSSに捉われることなく、他人の保有する知的財産権を侵害しないか否かについて検討及び調査を行うことが特に必要である。

しかしながら、わが国の特許権はもとより、外国の特許権を含めて、他人の保有する知的財産権との抵触に関する万全の調査を行うことは非

27　大石・前掲**注15**　1321頁
28　市川・前掲**注1**　77頁

常に困難である。そこで、他人の保有する知的財産権の侵害を効果的に回避すべく、ITベンダーが提供している知的財産権の侵害に対する補償を行うサービスを活用することも検討され得よう[29]。具体的には、OSSに基づいて開発したソフトウェアについて、第三者から特許権の侵害を主張された場合に、侵害者に対する反論の根拠として、当該ITベンダーが保有する特許権を用いることができるといったサービスが提供されているところである[30]。

[中川　淨宗]

29　大石・前掲**注15**　1320–1321頁
30　たとえば、Microsoft社の「Azure IP Advantage」（https://azure.microsoft.com/）のサービスがある。

II

暗号資産を支える技術・法制度

II 暗号資産を支える技術・法制度

  ブロックチェーンと情報法

1. ブロックチェーンの概要[1]

　ブロックチェーン（Blockchain）[2]とは、情報通信ネットワーク上にある端末どうしを直接接続し、暗号技術を用いて、改ざんするにはそれより新しいデータ全てを改ざんする必要がある仕組みでデータを一本の鎖のように繋げ、正確なデータの維持を図るシステムをいう[3]。

　分散型台帳システムを採用することで、個々の端末間でデータをやり取りすることが可能であり、ネットワークの一部に障害が生じても、全体としてシステムを維持することが可能である。また、暗号技術を用いてデータを繋げることで分散処理・管理をしており、データの改ざんが極めて難しくなっている。

　インターネットと同様に、情報のやり取りをする仕組みの一つであるが、インターネットは「切れない通信」を実現したのに対し、ブロックチェーンは、管理者が不在でも「落ちない」「事実上改ざん不可能な」データベースを実現するものと評価できる。

　Bitcoinのために提案されたシステム[4]から、暗号資産に限られず利用可能な一般的技術的要素を抽出したという経緯はあるけれども、対象は暗号資産に限られるものではなく、海外では、ブロックチェーンを利

1　本項全体について、ブロックチェーン技術の活用可能性と課題に関する検討会「ブロックチェーン技術の活用可能性と課題に関する検討会報告書」（平成29年3月16日）（https://www.zenginkyo.or.jp/fileadmin/res/news/news290346.pdf）を参考。
2　金融審議会「決済業務等の高度化に関するワーキング・グループ報告」（平成27年12月22日）（http://www.fsa.go.jp/singi/singi_kinyu/tosin/20151222-2/01.pdf）の定義を参考に改訂。
3　ブロックチェーン技術（狭義）のうち、コンセンサス方式によるビザンチン障害耐性の獲得を前提としないものは分散型台帳技術（Distributed Ledger Technology：DLT）（ブロックチェーン技術（広義））と呼ばれ、脚注部分の定義は広義のものである。本項では、ブロックチェーン（技術）という用語を、主に広義で用いるが、文脈により、狭義のものを指す場合にも、同用語を用いている。
4　Bitcoinの仕組みについては、原論文Satoshi Nakamoto "Bitcoin: A Peer-to-Peer Electronic Cash System" www.bitcoin.org（https://bitcoin.org/bitcoin.pdf）を読むとわかりやすい。インターネット上では、同論文を日本語に訳したホームページも複数ある。

用して、商流や知的財産権を管理する取組みも始まっている。

2. ブロックチェーンのシステム

(1) 概　要

　取引履歴はブロックの形で記録され、チェーン状に連ねられていく。

　ブロックの中身は、①トランザクション（取引等）の集合、②ハッシュ関数から生成するハッシュ値、③Nonce（ナンス）[5]で構成される。

【図表1】ブロックチェーンのイメージ（コンセンサス方式にPoWを採用した場合）

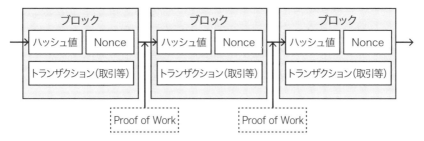

① 　トランザクションとは、取引履歴等のデータである。たとえば、Bitcoinの場合だと、「アドレス○○からアドレス××に△△BTC移動した」という取引情報の集合がこれにあたる。
② 　ハッシュ値とは、前のブロックの内容から、ハッシュ関数[6]を用いて計算し、生成した一定の桁数の値をいう。
③ 　Nonceとは、Proof of Work（PoW）を採用した場合において、後のブロックを作成する際に、ハッシュ計算に与えられるパラメーターをいう。Nonceについて一定の条件を満たすことを必要とし、その算出行為（PoW）の負担を大きくすることで、以前作られたブロックの改ざんを困難とすることができる。

5　Nonceが必要とされるのは、コンセンサスアルゴリズムにPoWが採用される場合である。
6　ハッシュ関数とは、一方向性の特徴を持つ演算で与えられたデータを圧縮し、ハッシュ値と呼ばれる値を生成する操作又はその関数をいう。ハッシュ値から元のデータを再現することや、同じハッシュ値を持つデータを作成することは極めて困難とされている。また、ハッシュ値には、同じデータからは同じ数値が得られるが、少しでも元のデータが異なると、全く異なる数値になるという特質がある。

(2) 技術要素

ブロックチェーン技術は、暗号技術など、すでに確立されていた技術を組み合わせて、P2P ネットワーク上でブロックチェーンデータを共有している。これにより、Unpermissioned 型（後述）のシステムでは、管理主体がなくともシステムを維持している。

ア　分散型台帳

従来のシステムでは、中央の管理体に個別のシステムが繋がり、全ての取引データは中央の管理体に集められ、管理体が一元的に管理する仕組み（集中管理型システム）であった。

これに対し、ブロックチェーンでは、P2P ネットワーク[7]の参加者が、ブロックチェーンデータを個々の端末間でやり取りすることで、それぞれの端末で保持され、分散型台帳システムが採用されている。

【図表2】集中管理型システムのイメージ

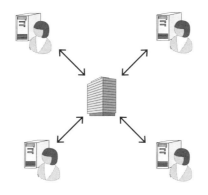

これにより、ブロックチェーン技術を用いたシステムでは、悪意ある参加者による改ざんリスクを低くし、参加者間で同一の情報を共有することが可能となっている。また、集中管理型システムでは、管理体に不具合があった場合に全システムが停止する可能性があったけれども、分

---

[7] P2Pネットワークとは、ネットワークに接続されたコンピュータ（ノード）が、中央サーバを介することなく、それぞれ直接データの送受信をする方式をいう。ブロックチェーンは、従来のような、特定の管理主体が存在するシステム（クライアント＝サーバ型）ではなく、P2Pネットワーク上で維持されるという特徴がある。

【図表3】分散型台帳のイメージ

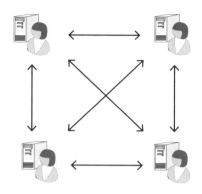

散管理・処理を行うことで、システムの一部に不具合があっても、全体としてのシステムを維持することが可能となっている。

イ 電子署名・暗号化技術

データをネットワーク上に流す際に、自らの取引であることを証明することを目的として、公開鍵暗号方式を用いて電子署名し、ハッシュ関数で計算している。

ウ コンセンサスアルゴリズム

コンセンサスアルゴリズムとは、共有するデータの正当性を保証し、一意に特定する仕組みをいう。分散した環境上における複数のノード間で、単一の結果について合意形成する際に、参加している関係者が、悪意をもってデータを改ざん・消去したり、否認したりすることで、完全性が損なわれてしまうリスク（ビザンチン障害）を解決するために利用される。ブロックチェーンの活用目的、業務要件に応じて、次に記載するものをはじめとするさまざまなコンセンサスアルゴリズムが採用されている。

(ア) Proof of Work（PoW）：「仕事量」（CPU）による証明

多大な計算量が必要な問題を最初に解いた者（マイナー：miner）が、ブロックを作成できる仕組みである。ブロックに分岐が生じる場合には、より長くつながったブロックが正しいものとして扱われる。

Bitcoinの場合を説明すると、それぞれのブロックについて、SHA-256[8]のハッシュ計算をしたときに、ハッシュの先頭に、一定の数以上の0が並んでいるブロックのみを、有効なものとすることにされている[9]。ブロックに含まれているNonceの値を変えることで、ハッシュ計算後の数値を変えることができるが、SHA-256のような暗号学的ハッシュ関数は、ハッシュ値から元のデータを逆算することが困難であるように設計されており、条件を満たすNonceの値を探すには、全探索・総当たりの方法をとる必要がある。このNonceの値を探す作業はマイニング（mining）と呼ばれ、マイニングを行う者はマイナーと呼ばれている。

(イ) Proof of Stake（PoS）:「資産量」による証明

「資産量」（stake）をより多く所有する承認者が、優先的にブロックを作成できる仕組みである。

PoWでは、Nonceの計算に莫大な量の計算をすることが必要となり、ブロック作成に時間がかかるとともに、電気代や機材の取得コストが発生する。また、高いCPUがある第三者により、ネットワークが乗っ取られてしまうリスクもある。このため、たくさんの資産を有する者は、自らの資産の価値を下げることはないであろうという考えに基づき、発行済みの全資産量に対する保有資産割合により、ブロック作成の優先度が上がる仕組みが考案された。

(ウ) Proof of Importance（PoI）:「重要度」による証明

ネットワークに対する「重要度」（Importance）が高いユーザーが優先的にブロックを作成できる仕組みである。

PoSは、資産を有する者に、利用しないで貯め込むインセンティブとなるリスクがある。このため、資産の保有量と取引の大きさをもとに重要度を算出し、ブロック作成の優先度が上がるものとした。

---

8 SHA-256（Secure Hash Algorithm 256-bit）は、暗号学的ハッシュ関数の一つ。アメリカ国家安全保障局（NSA）が設計し、2001年にアメリカ国立標準技術研究所（NIST）が標準として採用した。

9 Bitcoinでは、1時間ごとのブロック数を一定の平均値に保つよう、ブロック算出のスピードが速ければ、Proof of Work算出の難易度が上がるよう設計されている。

（エ）　Practical Byzantine Fault Tolerance（PBFT）：「リーダー」による証明

　コアノードにブロックの生成権限を集中させ、コアノードによる合議制でトランザクションを承認する仕組みである。ブロックを確定させる方法として、ネットワーク上の参加者の1人がリーダーとなり、自らを含む全参加者に要求を送り、その要求に対する結果を集計して多数を占めている値を採用することとなる。

　リーダーを介してトランザクション処理をすることから、ブロックを確定できる。また、Nonceの計算が不要のため、PoWに比べて、ブロックの処理速度が圧倒的に早くなるメリットもある。

　もっとも、事実上管理者が必要となることから、従来型のシステムに近く、管理主体がいなくともシステムを維持できるというブロックチェーンの革新性を損ねるという指摘がある。

3. 主体によるブロックチェーンの分類

(1)　概　要

　オープンネットワーク上のノード間で形成するUnpermissioned型（以下「許可不要型」という。）では、相互の信頼関係がないことを前提とするのに対し、Permissioned型（以下「許可必要型」という。）では、

【図表4】

参加者	Unpermissioned 制限なし（参加の許可は不要）	Permissioned 制限あり（参加の許可が必要）	
プラットフォームの類型	パブリック型	コンソーシアム型	プライベート型
管理主体	なし	複数組織	単一組織
コンセンサス方式	PoW、PoS、PoI（ブロック確定しない）	主にPBFT（ブロック確定する）	
トランザクション処理時間の傾向	長い	短い	
想定される主な利用例	暗号資産	金融機関等のネットワーク	
主な実装例	Bitcoin, Ethereum	Hyperledger Fabric	企業内のデータベース

相互に信頼関係があることを前提としていることから、採用されるコンセンサスアルゴリズムが異なる。

⑵ 許可不要型と許可必要型の特徴
ア 許可不要型

許可不要型（パブリッシュ型）の場合、管理主体がいない他、参加者の制限もなく、悪意ある参加者が存在することを前提に制度設計をする必要がある。

このため、コンセンサス方式には、PoW等の慎重な手続が必要となり、トランザクション処理時間が長くなるとともに、ブロック確定はしない。

トランザクション処理時間に関し、Bitcoinでは、ブロックが確定したとして取り扱われるには、6回程度の後続ブロック作成が必要とされている。

また、ブロック形成に向けたマイニングを行うマイナーの確保や、後述する「51％攻撃」への対応が必要となる。

イ 許可必要型

許可必要型（コンソーシアム型、プライベート型）の場合、管理主体がいて、参加者に制限があるため、悪意ある参加者がいないことを前提に制度設計をすることが可能である。特定者間で、効率的に、改ざんの困難なデータを共有する方法として想定されている。コンセンサス方式には、主にPBFT等の手続を採用し、トランザクション処理時間を短くするとともに、ブロックを確定させることができる。

4. ブロックチェーンの特徴

上記のシステム、仕組みを採用することから、ブロックチェーンには、①障害に強い、②改ざんが極めて困難である、③ビザンチン障害耐性を取得している、④従前のシステムに比べて低コストで構築可能という特徴がある。

⑴ 障害に強い（可用性、冗長性が高い）

　データを保管するP2Pネットワーク上で通信を行う各コンピュータ（ノード）が新しいブロックを相互に承認してチェーンに追加し、当該共通のデータをネットワーク全体で共有する分散処理構造をとる。このため、単一障害点が存在せず、1つのノードが停止・故障しても他のノードが動き続けることで、システム全体の運行・稼働に与える影響を抑制できることから、可用性、冗長性が高いデータベースの実現が比較的容易とされている。

⑵ 改ざんが極めて困難（改ざん耐性、不可逆性が高い）

　現在、最も利用されているリレーショナルデータベース（RDB）では、あるデータが改ざんされ、そのログ自体も改ざんされれば、改ざんした事実自体が検出不能となるリスクがある。

　これに対し、ブロックチェーンでは、トランザクション等を一定数とりまとめてブロックを形成し、当該ブロックごとに不可逆のハッシュを生成することで、いわば「ダイジェスト」を作成し、これを繰り返すことで後続のブロックへと次々に繋げていく仕組みを採用している。このため、あるブロック内のデータが改ざんされた場合には、その後続のブロックの「ダイジェスト」と整合しなくなるため、改ざんの検出は容易であり、事実上改ざんが不可能となる。

　さらに、上記⑴で述べたように、各ノードが同じブロックチェーンのデータを分散して保持していることも、改ざんが困難であることに寄与する。

　どの程度の改ざん耐性を要求するかは、参加者や採用するコンセンサスアルゴリズムによる影響を受ける。たとえば、許可不要型で用いられるPoWでは、参加者が限定されず、互いの信頼関係がないことを前提としていることから、高い改ざん耐性を得る必要があり、新たなブロックの生成にNonceの発見作業（マイニング）を課すことで、ブロックの改ざんを一層困難としている。

Ⅱ 暗号資産を支える技術・法制度

⑶ ビザンチン障害耐性を獲得

　一般に、許可不要型の分散処理構造のデータベースでは、参加している関係者が、悪意を持ってデータを改ざんしたり消去したり、否認したりすることで、完全性が損なわれるリスク（ビザンチン障害）がある。このため、コンピュータネットワークに参加するノードが意図的に、又はソフトウェアのバグにより意図せずにエラーが起きるような通信をする状況で、ネットワークを構成するノード全体でデータの同期を正しくとることができるかが問題となる。

　ブロックチェーン技術は、ノード間のP2P通信によりデータの同期を行い、コンピュータどうしの間で共通のデータの同期をとる「ルール」といえる合意形成プロトコル（コンセンサスアルゴリズム）を導入することで、ノード間の信頼関係がない許可不要型の場合でも、データの一貫性を保つことができる仕組みを実現し、ビザンチン障害を実用レベルで解消している。

⑷ 中央集権的な管理体が不要

　上記⑴～⑶の特徴により、許可不要型のブロックチェーンでは、中央集権的な管理体が不在でも、高い可用性、冗長性、改ざん耐性・不可逆性を実現し、悪意を持ったユーザーが参加しているにもかかわらず、安定してシステムが運用され、正確な取引履歴の維持がなされている。

　このことは、同様の社会システムを維持するために、これまで多額のコストを要して構築されてきた、中央集権的な管理体による管理を代替していく可能性があることを示す。

5. ブロックチェーンの適用範囲

⑴ 適用可能分野

　ブロックチェーンは、Bitcoinのために構想された技術をもとにしているが、正確なデータを維持しようとする技術であり、暗号資産だけでなく、次のようなさまざまな分野に適用できる可能性がある。

1 ブロックチェーンと情報法

【図表5】ブロックチェーンの適用可能分野

分野	主な具体例
公的分野	不動産登記、法人登記
	電子政府、電子自治体
	公共データの利活用促進
	政府調達手続
民間分野	権利管理：暗号資産、デジタルコンテンツの配信など
	契約管理：不動産取引など
	商流管理：ダイヤモンド、農産物の流通管理など
	地域電子通貨、デジタルコインの管理
	ポイント管理
	貿易実務
	金融
	IoT：IoT機器の信頼性向上、シェアリングサービスの効率化、電力取引の自動化・効率化、自動車のトレーサビリティなど

　さらに、上述の契約管理のように、スマートコントラクト（後述）を利用する場合には、利用範囲は格段に広がる可能性がある。

(2)　**エストニアの例**

　エストニアは、EUに加盟する人口約130万人の国であり、デジタル化、電子政府化を進めていることで広く知られており、政府のシステムにブロックチェーン技術を採用している。

　同国では、プラットフォーム（システム間連携基盤）「X-ROAD」により、各省庁や民間のデータベースを、インターネット経由で相互参照可能と

【図表6】エストニアで、IDカードの認証により利用可能な主な手続

公的分野	納税のネット申請 選挙における電子投票 法人登記 婚姻・出生等の証明
民間分野	銀行の本人確認 株主総会での議決権行使 オンラインでの病歴の閲覧（処方箋の電子化）

77

し、さらに、IDカードを用いた電子認証を同プラットフォームと組み合わせることで、世界最先端レベルの電子政府が実現されている。

上記システムの中で、データベースが改ざんされているかを検知するシステムに、ブロックチェーンに類似した技術が用いられている。

エストニアで上記のような取組みが可能であるのは、人口規模が小さいことも一因であるが、電子政府の実現により、政府の効率化、国民の利便性向上を実現しており、参考になる。

⑶　IoTとの関係

IoT関連分野のうち、データのトレーサビリティや信頼性確保が重要で、かつプライバシーがそれほど重要でない分野において、ブロックチェーン技術を用いてデータ管理をすることで、高度の可用性、冗長性、改ざん耐性を確保することが想定されている。

さらに、スマートコントラクトを活用することで、取引の自動化を実現し、IoT機器に自律的な自動処理機能を持たせられる可能性もある。

【図表7】IoT関連分野の活用ユースケース[10]

IoT機器の信頼性向上	IoT機器の認証情報（どのIoT機器が通信したのか）をブロックチェーンで管理することで、認証情報の信頼性を向上するという直接の目的のほか、サイバー攻撃を探知してIoT機器のセキュリティ回復、IoT機器間の通信暗号化やIoT機器が生成するデータの真正性確保を通じたビッグデータの信頼性向上を実現する。
電力取引の自動化・効率化	電力会社から分散型電源（自治体などが保有する非常用電源や一般家庭の太陽光発電など）への発電要請、対価支払といった電力取引の履歴管理について、スマートコントラクトを活用して自動で処理し、透明性ある電力シェアリングエコノミーを形成する。

10　総務省情報通信審議会情報通信政策部会 IoT政策委員会 基本戦略ワーキンググループ「ブロックチェーン活用検討サブワーキンググループ取りまとめ（案）」(http://www.soumu.go.jp/main_content/000493855.pdf) 参考

6. ガバナンス上の特徴と問題点

⑴ **許可不要型特有の問題**

ア 特 徴

許可不要型の場合には、管理者が不在であり、政府、企業などの組織からも独立している。

このことは、他からの干渉を受けないというメリットがある反面、これまでのシステムとは異なるため、次のような諸問題が生じることとなる。

イ 意思統一の困難性（フォークが生じるリスク）

許可不要型の場合、管理者がいないため、ソフトウェアの実装や事故が起こった時などの対応について、意見や利害が対立した場合、意見の統一が困難であり、解決策などの対応が進まない。このような場合には、フォーク（Fork：分岐）が生じるリスクがある。

フォークには、ソフトフォーク、ハードフォークの2種類がある。

ソフトフォークとは、これまでの仕組みの延長線上で、互換性を持たせて機能拡張する対処方法をいう。

これに対し、ハードフォークとは、ブロックチェーンのある時点を起点として、以後のブロックチェーンと互換性のない新たなブロックチェーンに移行する対処方法をいう。

フォークが生じる典型的な場合は、ブロックチェーン上のシステムについて、ソフトウェアの実装をしなければならなくなった場合や、大規模なハッキングなどの問題に対処する場合であり、それぞれの場合について説明する。

㈠ ソフトウェアの実装

ブロックチェーンのシステムは不可逆的であることが前提であり、ソフトウェアを新たに実装する際に、フォークが生じる。

たとえば、Bitcoinのシステムでは、ブロックサイズは1MBであり、ブロック生成間隔は約10分と設計されていたため、処理できるトランザクションの数に限界があり、このため全体の処理速度が遅くなるとい

う問題（スケーラビリティ問題）があった。

同問題については、Bitcoinのコア開発者から、Seg Wit（Segregated Witness）という機能を盛り込んでブロックを圧縮すること（ソフトフォークが前提）が提案されていたが、容量の拡大が限定的である、仕組みが複雑であるなどの理由から、反対するマイナーも存在し、解決には時間がかかった。

2017年8月、Seg Wit機能が盛り込まれたBitcoin Coreのソフトウェアが実装されたが、実装に反対した一部のマイナーは、ハードフォークし、ブロックの容量をより拡大させた、Bitcoin Cashを誕生させた。

(イ)　ハッキング等の問題が起こった場合の対応

仮にブロックチェーン上でハッキング等の問題が起こった場合、対応が問題となる。

たとえば、2016年6月、許可不要型のブロックチェーンを利用した暗号資産であるEthereumのネットワーク上のサービスに関し、ブロックチェーンの外側のシステムがハッキングされ、プログラムのバグを利用して、50億円相当を超える通貨が不正に持ち出された（The DAO事件）。

この時、Ethereumのコミュニティは、同事件発生以前の状態にハードフォークし、ハッキング前の状態に戻すことを選択した。しかし、ブロックチェーンの中立性を重視するなどの理由で、この決定を不満に思う一部のマイナーは、ハードフォークを是認せず、元のブロックチェーンをそのまま使い続けたため、Ethereum classicとして分岐することとなった。

(ウ)　意思統一の困難性に関する対応策

これまで述べてきたように、ブロックチェーンの場合、不可逆性があるため、ブロックチェーン上のプログラムは変更できないし、意思決定をする管理者も存在しない。このため、どのように変更、修正に対応するか、対策を講じる必要がある。

一つの手段として、関係者間で、予め問題となりそうな事項について合意をしておくことが考えられる。その場合、一定の事項について予めの合意が必要となる（【図表8】参照）。

ウ　主体の不明確性

　現行の法規制はブロックチェーンのような管理者不在のシステムを前提としていないため、問題が生じた場合でも、法規制による解決ができない。なお、資金決済法では、利用者の窓口である暗号資産交換業者を対象とすることで、不正利用の防止という要請や利用者保護の観点からの規制を及ぼしている。

　ハードフォークなどの意思決定に対して、仮処分や損害賠償などの訴訟を提起する場合、誰を相手方とするべきか不明である。また、仮に意思決定をしたコミュニティに対して、訴訟で勝訴して債務名義を得たとしても、執行する対象についても不明であるという問題がある。

【図表8】予め合意をしておく対象[11]

①	プログラムの仕様決定方法、更改方法
②	ブロックチェーンの参加者が増減する場合の手続、処理内容
③	インセンティブの運用プロセス（PoWを用いる場合）
④	障害発生時や脅威顕在時の運用方法（復旧や原因究明）
⑤	システム運用費の分担方法
⑥	コンソーシアム型の場合、参加者の選定基準やKYC（Know Your Customer：本人確認）の方法
⑦	情報の確定時期等についての取扱い
⑧	ブロックチェーンの記録に沿った取引が実行されなかった場合の対応、法的措置
⑨	実システム運用開始後の保守のための実環境を模した試験環境の要否、仕様
⑩	ブロックチェーンの運用状況（参加者、台帳の同期状況、コンセンサスの速度、等）を常時監視する方法

エ　乗っ取りの危険

　コンセンサスアルゴリズムで、PoWを採用する場合、特定の人が計算力（CPU）の一定割合以上を独占していると、同人がブロックチェーンを乗っ取って、事実上のブロックチェーンの管理運営者となり、意図

11　前掲**注1**　資料参考

的な改ざんが可能になる危険がある（51%攻撃）。もっとも、マイナーに、書換えを行うより、マイニングを行う方がメリットがある限りにおいては、改ざんをする誘因は高くないと考えられる。なお、2018年夏ごろから、流通量が比較的少ないアルトコインに対して、51%攻撃が仕掛けられているとの報道がなされている。

　なお、一時、新たなブロックの生成（マイニング）は9割程度が中国で行われていたといわれており、マイナーの属性に偏りがあることにも、注意が必要である。

オ　マイナーに対する誘引の設計

　許可不要型のブロックチェーンの基盤では、ビザンチン障害耐性を得るために、コンセンサスアルゴリズムとして、PoWが採用される場合がある。この場合、マイナーに多大な計算量が必要な問題を解くインセンティブを与えるため、コイン、トークン、手数料などを与える必要があり、そのコストの負担を設計することが重要である。さらに、この際、マイナーの経済的誘引を厚くしすぎないよう、バランスを取る必要もある。

(2)　許可必要型特有の問題

　許可必要型の場合、競争法上の問題が生じる可能性がある。すなわち、クローズドなネットワークになると、一部の人にしか使わせないことが可能になるところ、同ネットワークが支配的になった場合には参加者以外はブロックチェーンを利用できず、適切な競争が行われなくなるリスクがある。

7. 個人情報・プライバシー保護

(1)　問題点

　ブロックチェーンは分散型台帳としての機能を有することから、その中で、全ての対象に関する全ての取引を明らかにする必要がある。このため、ブロックチェーン上の取引を解析すると、たとえば、どのアドレスが現在いくらの資産を保有しているか、これまでどのアドレスとやり

取りをしてきたかが明らかとなる。もっとも、各アドレスの利用権者は現実社会上の主体であり、各アドレスに関する情報には個人に関する情報（プライバシー情報）となる。

このように、ブロックチェーンでは、公開する台帳上でプライバシー情報を取り扱うということとなり、そもそも根本的な対立が生じていることになる。

さらに、匿名性を高くすると追跡が難しくなり、ハッキングなどの事件が生じた場合に犯人追跡が困難となる、マネーロンダリングのリスクが高くなるといった問題も生じる。

⑵　概　要

ブロックチェーン上で取り扱われる情報が個人情報に該当し、検索することができるように体系的に構成されている場合、ブロックチェーンが個人データベース等（個人情報保護法（以下本項において、「法」という。）2条4項）に該当する。そして、当該ブロックチェーンを事業の用に供している者は、個人情報取扱事業者（法2条5項）に該当し、個人情報保護法における義務に関する規定（第四章）が適用される。

許可不要型と許可必要型では、システムが異なることから、許可不要型において問題となる暗号資産交換業者における注意点、許可必要型における注意点について、それぞれ、取得、利用、管理、第三者提供、本人対応の各場面に区分して検討する。また、EU一般データ保護規則(GDPR)が適用される可能性があるケースについても、簡潔に付記する。

なお、ブロックチェーン自体はシステムにすぎず法律上の主体ではないため、個人情報取扱事業者（法2条5項）に該当せず、個人情報保護法の適用はない。

⑶　許可不要型ブロックチェーン：暗号資産交換業者の取扱いにおける注意点について

許可不要型の典型例として、暗号資産交換業者における取扱いについ

て検討する。なお、許可不要型ブロックチェーンに個人が参加しても、事業の用に供していない場合には、個人情報取扱事業者（法2条5項）に該当せず、個人情報保護法における義務に関する規定は適用されない。

暗号資産交換業者は、Bitcoinアドレスを個人情報と紐付けて、データベース化して保管する、又はそれぞれに容易照合性があることが通常と考えられ、個人情報取扱事業者（法2条5項）に該当する。このため、Bitcoinアドレス自体が個人データに該当し、個人情報保護法の適用がある。特に、次の規定に注意が必要となる。

ア　取得の場面

利用目的の通知又は公表が必要である（法18条1項）。もっとも、「取得の状況からみて利用目的が明らかであると認められる場合」（同条4項4号）には、通知又は公表は不要とされている。

イ　利用の場面

取得した情報については、利用目的の範囲内での利用に限られる（法16条1項）。

ウ　管理の場面

㋐　安全管理措置

安全管理措置を取ることが必要である（法20条）。特に重要となるのが、技術的安全管理措置に含まれる、情報セキュリティに関する対応である（8.で記載）。

Bitcoinを含む暗号資産については、資金決済法で、暗号資産交換業者に情報の安全管理（同法63条の8）、委託先に対する指導（同法63条の9）、利用者の保護等に関する措置（同法63条の11）がそれぞれ定められている（詳細は、本書Ⅲ**1**を参照）。

なお、Bitcoinは、保有する個人と結び付いた、個人情報データベース等により管理されるのが通常であり、その一部が漏洩した場合には、個人データの漏えい等になる。

㋑　匿名化

管理の一環として、技術的には、取引等に必要となるアドレスを毎

回変更するなどして、匿名性を与えることが可能である。もっとも、主体の識別は可能であるところ、ミキシングサービスなどの匿名化技術にも限界があり、資産額や取引状況を解析されてしまうリスクは否定できない。また、ブロックチェーン上では匿名化されていても、主体の識別は可能であり、ブロックチェーン上の取引に関連して、暗号資産を日本円に換金するなど、ブロックチェーン外の取引が発生する場合には、その範囲で、少なくとも同取引の相手方にはアドレスを知られることとなる。

エ　第三者提供の場面

暗号資産交換業者を通じて、個人データに該当する情報を第三者に提供することとなり[12]、第三者提供に関する本人の同意が必要である（法23条1項本文）。なお、他の参加者に対して、利用の制限を課すことはできず、また、参加者への監督や、データの管理も困難であることから、委託（法23条5項1号）や共同利用（法23条5項3号）といった構成を採用することは困難である。

また、第三者が海外に存在する場合には、「外国にある第三者」への提供にも該当するため、「外国にある第三者」への提供に関する本人の同意も必要となる（法24条）。もっとも、ネットワーク上でのデータのやり取りであるため、取引相手が「外国の第三者」に該当するかを一つひとつ確認することは困難であり、全取引について本人同意を事前に取得しておくことが適切である。

この点、個人情報保護委員会の意見募集での回答において、「一般論として、インターネット上に掲載し、不特定多数の者が閲覧できる状態にすることに本人が同意している場合には、外国にある第三者が閲覧し

12　個人データに該当するかは、当該情報の提供元である事業者を基準として判断される（提供元基準）と解されているため、提供されるのがBitcoinアドレスのみであっても、通常、暗号資産交換業者による個人データの第三者提供に該当する。また、暗号資産交換業者から提供される情報が匿名化されていても、暗号資産交換業者が「他の情報と容易に照合することができ、それにより特定の個人を識別することができる」場合（法2条1項1号）には、個人データの一部となることにも注意が必要である。

II 暗号資産を支える技術・法制度

ていることについても同意しているものと考えられる」とされている[13]。同見解に基づけば、本人が、海外の第三者も参加する許可不要型のブロックチェーン上で取引がされることについて同意しているものと評価できれば、「外国にある第三者」への提供に関する本人の同意を取得しているものとして取り扱うことも可能と解される。

オ 本人対応の場面

本人が暗号資産交換業者に対して、保有個人データの開示等を請求した場合、暗号資産交換業者は開示が必要となる（法28条以下）。

カ GDPRとの関係

EU域内のデータ主体が参加している可能性がある場合は、GDPRが適用されることを前提に運用する必要がある。

(4) 許可必要型ブロックチェーン

許可必要型の場合、管理主体を決定し、参加者を制限することなどが可能であり、許可不要型ブロックチェーンの場合に比べて、自由に制度設計をすることができる。その際には、各参加者のデータ利用に制限をしないか、制限をするかなどによって、個人情報保護法上の構成が異なってくることに注意が必要である。

共同利用とは、特定の者との間で共同して利用される個人データを当該特定の者に提供することをいう。提供に当たり、①共同利用をする旨、②共同して利用される個人データの項目、③共同して利用する者の範囲、④利用する者の利用目的、⑤当該個人データの管理について責任を有する者の氏名又は名称を、あらかじめ本人に通知し、又は本人が容易に知り得る状態に置いているとき、当該提供先は、第三者に該当しないとされている（法23条5項3号）。

委託とは、利用目的の達成に必要な範囲内で、個人データの取扱いに

---

[13] 「個人情報の保護に関する法律についてのガイドライン（第三者提供時の確認・記録義務編）（案）」に関する意見募集結果
http://search.e-gov.go.jp/servlet/PcmFileDownload?seqNo=0000151058

関する業務の全部又は一部を委託することをいう。委託に伴い、当該個人データが提供される場合、当該提供先は第三者に該当しないとされている（法23条5項1号）。

検討段階で適切な法形式を採用することが重要である。各参加者のデータ利用に制限を加えない場合には第三者提供、利用目的や共同して利用する者の範囲が決まっている場合には共同利用、受託者（委託先）が委託における利用目的の達成に必要な範囲内で利用する場合には委託を採用することも考えられる。

ア　取得の場面

利用目的の通知又は公表が必要である（法18条1項）ところ、現時点では、許可必要型ブロックチェーン上でデータを管理することについても、利用目的として、通知又は公表することが望ましい。

第三者提供（法23条1項柱書）に該当する場合には、原則として同意取得が必要となる。共同利用（同条5項3号）に該当する場合には、所定の事項を本人に通知し、又は本人が容易に知りえる状態に置くことが必要である。委託（同項1号）の場合には、通知又は公表の義務はない。

また、プライバシー保護の観点からは、対象データの全てが個人情報に該当しない場合でも、プライバシーとしての要保護性が高い情報をブロックチェーン上で管理する場合には、当該事実を個人に対してわかりやすく説明した上で、同意を得ることが重要である。

イ　利用の場面

第三者提供、共同利用、委託それぞれの規律に従った利用が可能となる。例えば、委託を受けている場合に、委託における利用目的の達成に必要な範囲内を超えた利用をすると、第三者提供制限違反となるため、注意が必要である。

ウ　管理の場面

第三者提供の場合、提供先に対する監督義務は定められていない。これに対し、委託の場合には、委託先の監督義務（法22条）が課されており、共同利用の場合にも、管理の責任がある者は、他の利用者の利用につい

て責任を持つ必要がある（法23条5項3号）。

エ　第三者提供の場面

㈎　第三者提供の場合

許可必要型ブロックチェーンで異なる主体間で情報を管理する場合、原則として、参加している第三者に対する提供（法23条）となるので、本人同意を適切に取得する必要がある。なお、企業内だけで完結しているブロックチェーンの場合には、第三者提供の問題は生じない[14]。

したがって、ブロックチェーン上で管理をするには、基本的には、①本人から同意を得て（法23条1項）、ブロックチェーン上で共有するか、②個人データの共同利用（法23条5項3号）として、そもそも第三者提供に該当しない形にする必要がある。

㈏　共同利用の場合

共同利用（法25条5項3号）の場合、「第三者」には該当しないが、個人情報保護法で定められた要件を満たす必要がある。

㈐　委託の場合

複数の異なる主体間でブロックチェーンを利用する場合でも、ブロックチェーンを利用する主体が限られており、他の主体は委託における利用目的の達成に必要な範囲内でしか利用をしない場合、他の主体に委託（法23条5項1号）しているとの整理も可能である。この場合、「第三者」に該当しないが、委託に当たるかは慎重な検討が必要である。

もっとも、ブロックチェーンの特徴は、各主体が独自に利用する場合に最も真価を発揮するものと考えられ、委託の場合には、委託先の監督をする義務（法22条）も生じることからすると、委託を前提としたブロックチェーンを導入することがサービスにおいて有用なのか、検討する必要がある。なお、委託元が委託先における取扱状況を監督するなど、安全管理措置の観点から導入することは有益である。

14　同一企業内だけでブロックチェーンを利用することも可能であり、企業内における従業員の取扱状況を監督するなど、主に安全管理措置の観点から有用性が認められる。

オ　本人対応

6か月を超えて保有するデータ（保有個人データ）については、原則として、本人からの開示等の請求等（法28条以下）に対応する必要がある。

カ　GDPRとの関係

参加者が日本国内だけに拠点がある主体であっても、取扱われるデータが、EU域内のデータ主体に対する物品またはサービスの提供やEU域内で行われるデータ主体の行動の監視に該当する場合には、GDPRが適用される可能性がある（GDPR3条2項）ので注意が必要である。もっとも、制度設計場面で適切に検討をすることで、GDPRが適用されないシステムにすることは可能である。

(5)　企業に求められる対応

ア　概　要

基本的には、ブロックチェーンは台帳を分散して管理する仕組みであるため、秘匿性は基本的にはなく、プライバシーに関わるデータのやり取りには向いていない。特に、要保護性が高いプライバシー情報の管理については、慎重な検討が必要である。

下記のように、法規制など、事前的な対応には限度があると考えられ、プライバシー侵害に対する罰則を重くすることで抑止力を上げ、事後的に対応をしていくことも検討されるべきである。

イ　プライバシー・バイ・デザインによる設計

プライバシー・バイ・デザイン（Privacy by Design：PbD）とは、プライバシー情報を扱うあらゆる側面において、プライバシー情報が適切に取り扱われる環境を設計段階で検討し、予め作り込もうというコンセプトをいう。この一環として、プライバシー影響評価[15]も含まれる。

---

[15] プライバシー影響評価（Privacy Impact Assessment：PIA）とは、個人情報・プライバシー情報の収集を伴う情報システムの導入にあたり、プライバシーへの影響度を「事前」に評価し、その構築・運用を適正に行うことを促す一連のプロセスをいう。

今後、ブロックチェーンを利用して権利関係などを公開することで、プライバシーなどの問題が現在より顕在化することも想定され、ブロックチェーン上で取り扱おうとする情報が、そもそも公開に適したデータであるかを検討することも重要である。また、ブロックチェーンでは、設計段階からプライバシーに対する配慮がされているものが多いが、関連技術の進展に応じてプライバシー侵害のリスクが高まっていくため、よりプライバシー保護に資するソフトウェアを迅速に導入できるようにするなどの対応が必要となる。

ウ　透明性

透明性とは、企業が個人に対して、情報の取扱いについて、明確かつ容易に理解できる内容を、容易にアクセスできる方法で提供することをいう。ブロックチェーンを利用した情報の取扱いは文章による説明では理解が難しい場合も多く、ホームページ上に図や説明動画を掲載するなどして、透明性を高めることが望ましい。

エ　データポータビリティ

データポータビリティとは、個人が、企業に提供した、個人本人に関するデータについて、共通化されたフォーマットで電子的に自らのデータのコピーをデータ管理者から取得できるとともに、自らのデータをあるアプリケーションから別のアプリケーションに移転させることができる権利をいう。

ブロックチェーンのデータが標準化された場合には、個人は、自らのデータを、現在利用しているアプリケーションから、他のアプリケーションに組み込むよう求めるために、データポータビリティを保証することが望ましい。

オ　国際的なサービスでの利用

ブロックチェーンは、国際的なサービスで利用されるけれども、プライバシーの概念は国、組織体ごとに大きく異なるため、統一化したフレームワークを構築するには、多大な労力を要する。仮に、最大公約数的な保護を盛り込んだ場合には、必要以上に保護にバランスが傾き、台帳で

ある性質が阻害される可能性がある。

また、各国、各組織体のデータ越境移転を制限する規定に反しないかについても、検討する必要がある。

8. 情報セキュリティ

⑴　ブロックチェーン自体の安全性

ア　ブロックチェーンに必要となる技術

ブロックチェーンの構築には、ブロックチェーン技術だけでなく、暗号技術やシステム構築、データの取扱いなど、さまざまな技術等に関する最先端の知見が必要となる（【図表9】参照）。

【図表9】セキュリティに関する技術動向[16]

セキュリティ要件	実現方法
ユーザー認証ユーザー	IDとログインによりユーザーを認証する。
トランザクション認証	電子証明書の仕組みにより、それぞれのトランザクションをどのユーザーが実行したかを認証する。
プライバシー保護	匿名証明書により、トランザクション実行者を匿名化する。
データの秘匿化	トランザクションの内容を暗号化する。
アクセス制御	ユーザーごとに、実行可能なトランザクションや、データへのアクセス権限（Read/Write）を制限する。

イ　システム全体での安全性

個別の技術自体は完成度が高いものであるが、システム全体で安全性の検証が十分にされているのかについては、検証が必要である。

ウ　集中管理型システムの安全性

許可必要型などで、コンセンサスアルゴリズムにPBFTを採用して、管理主体にブロック確定などの権限がある場合、ブロックチェーン全体として可用性、冗長性があっても、管理主体のシステムに障害が生じたときに、ブロックチェーン全体に影響が及ぶことになる。

16　前掲**注1**　資料参考

II 暗号資産を支える技術・法制度

エ 時間の経過による安全性の低下

ブロックチェーンは、現在の最新技術によって構築されているが、上述のガバナンス上の問題などから、システムの改変は容易ではない。このため、将来的に、暗号解読技術やコンピュータ性能が向上した場合には、現在の技術では、セキュリティが十分でなくなる事態も想定される。したがって、長期運用する予定の場合、事前に対策を検討しておく必要がある。

(2) 暗号資産交換業者の安全性

ブロックチェーン自体に問題がない場合でも、暗号資産交換業者にセキュリティ上の問題がある場合がある。

平成30年1月に、暗号資産交換業者コインチェックからホットウォレットで管理されていた約580億円相当の暗号資産「NEM（ネム）」が不正アクセスにより流出した事例、また、同年9月には、入出金用ホットウォレットで管理されていた約70億円相当の暗号資産が不正アクセスにより流出した事例が発生し、それぞれ、暗号資産交換業者への不正アクセスが問題となった。このため、セキュリティについて、どの程度の対応が必要になるかが問題となる。

ウェブサイトにおける商品の受注システムの設計等の委託契約を締結したところ、受注者が制作したアプリケーションに脆弱性があり、ウェブサイトで商品を注文した顧客のクレジットカード情報が流出した事案に関し、東京地判平成26年1月23日（判時2221号71頁）は、経済産業省からの注意喚起やIPAからの対策の公表があったことを理由に、受注者に、脆弱性に対する対策を施しておく必要があったとしていることが参考になる。

暗号資産交換業者は、少なくとも、法令等で求められるセキュリティ対策を着実に講じる必要がある。さらに、取り扱っている暗号資産について、公的機関、開発者や専門的な知見を有する関係団体等が必要としているセキュリティ対策については、導入しておく必要がある[17]。

---

17 仮想通貨交換業等に関する研究会「仮想通貨交換業等に関する研究会 報告書」（平成30年12月21日）（https://www.fsa.go.jp/news/30/singi/20181221-1.pdf）参照

(3) ソフトウェアの安全性

スマートコントラクトで導入するアプリケーションにバグがある可能性がある。このような場合、バグを不正に利用される可能性があり、アプリケーションの安全を確保する体制を構築することが必要となる。

(4) 対　策

上記各段階における対策として、セキュリティ・バイ・デザイン[18]が重要となる。具体的には、初期段階を含む設計の全段階で、セキュリティ対策を組み込み、サービス開始前のセキュリティ対策の検査をすることが特に重要となる。

特に、許可不要型のブロックチェーンでは、技術の進展に伴い、最新のシステムを迅速に導入できるように、ガバナンスを設計しておくことが重要となる。

また、既に発生した大規模不正流出事例では、暗号資産の秘密鍵を外部のネットワークと接続されたウォレット（ホットウォレット）で管理していて不正アクセスを受けており、秘密鍵は可能な限り、外部のネットワークと接続されていないウォレット（コールドウォレット）で管理することが求められる（Ⅲ**1**参照）。

9. ブロックチェーンを利用した商取引の問題

(1) どのような法理が適用されるか不明

暗号資産などブロックチェーン上でやり取りされるものは情報（秘密鍵の情報）である。対象は、中央銀行が発行した通貨ではないし、民法上の物権にも債権にも該当せず、民法の適用があるかも明らかでない。情報の利用権として、法律上保護される権利とは考えられるが、法体系上に占める位置付けは不明確である。

このため、許可不要型のシステムでは、現状のままでは、ブロックチェー

18　プライバシー・バイ・デザインの考え方をセキュリティに及ぼしたものと考えると理解しやすい。

II 暗号資産を支える技術・法制度

ン上の取引について問題が起こった場合、法律上の処理としては、一般法理や今後形成される商慣習を基準として、解決を図らざるを得ない[19]。

これに対し、許可必要型のシステムでは、予め約款等を定めることによって、契約上の問題として対応することは可能である。

(2) 最終確定しないこと

PoWを利用したブロックチェーンでは、取引がブロックに格納されても、取引が最終的に確定するわけではない。

たとえばBitcoinでは、合意が覆らないことが保証されるには、当該取引がブロックに格納された後に、おおよそ6ブロック分の取引（所用約60分）がされることが必要とされている。もっとも、いくらブロックが格納されていっても将来的に覆る可能性がゼロではないことからすると、絶対的に確定することはない。

このことは、契約が確定しないことを意味し、取引の安定性を阻害する。

10. スマートコントラクト

(1) 概 要

スマートコントラクトに関してはさまざまな捉え方があり、定まった定義はない。

本項では、ブロックチェーン上で取引を執行するシステムの役割を果たすものであることを想定して、検討する[20]。

19　発生し得る問題が明らかになっていない以上、現時点では、事後的な対応をしていかざるを得ない状況との評価になる。

20　スマートコントラクトによる執行と当事者の意思との関係について、さまざまな考え方があり得る。シンプルに考えると、スマートコントラクトによる取引の執行は、①当事者の意思表示や取引行為が、ブロックチェーン上で実現したものとも考えられる。しかし、このように考えると、たとえば、スマートコントラクトのシステムにバグがあり、当事者の想定しなかった結果が生じたような場合にも、当事者は抗弁を主張できないことになるが、これは、当事者の通常の意思には合致しない。したがって、当事者がブロックチェーン外の抗弁は一切主張しない前提で参加しているなど、特別な事情がない限り、②当事者の合意は別に存在してブロックチェーン上に乗っているのはあくまで証拠であると考えられる。

94

1 ブロックチェーンと情報法

(2) 特 徴

　スマートコントラクトの特徴としては、ブロックチェーン上でデータを自動処理するプログラム（アプリケーション）を動かすことで、一定の条件を満たした場合に、手続や契約を自動的に履行できることが挙げられる。

　自動販売機で、①（販売者が）販売の対象となる商品を提示する、②（購入者が）お金を支払い、商品を選択する、③（商品の売買契約が成立し、）商品が出てくるという過程が人手を介さずに実現されているように、事前に一定の要件と効果を設定しておき、要件が満たされたときに自動的に効果を発生させるものといえる。

　ブロックチェーンが社会基盤としてさまざまな分野で利用されることが想定される中で、スマートコントラクトは、ブロックチェーンの機能を拡張するものとして、応用が期待されている。

(3) 課 題
ア 概 要

　当事者が、スマートコントラクトあるいはコードが実現した内容であれば、想定していなかった事態を含めて全てを受け入れることを同意していると認定できるケースは限定的である。ブロックチェーン外での抗弁が成立することを前提とすると、スマートコントラクトは、当事者による契約を締結し、履行するためのツールにすぎない。

　そのことを前提としても、当事者の意思をスマートコントラクトによって実現するには、それぞれが一致していることが必要となる。もっとも、当事者の意思を反映した法律上の内容について、例外的な場合も想定した上で、プログラムのコード内容と完全に整合させることには困難を伴う。仮に、要素の錯誤がある場合には、取引が無効（民法95条）となる可能性もある。

　また、契約行為をプログラム化して、契約行為を自動的に執行できる仕組みを導入し、当事者が法律効果をもつことに同意したとしても、プ

ログラムにバグが含まれていて、想定できなかった結果が派生した場合などには、当事者の意思に沿っていなかったことを理由に、取引が無効とされる可能性もある。

さらに、バグが含まれる場合でなくても、ブロックチェーンでフォークが生じた場合に、そのことが当事者の意思及びそれに基づく権利義務にどのような影響を与えるかも検討する必要がある。

イ　予測困難性

上述のように、スマートコントラクトを実現するためには、当事者の意思を反映した法律上の内容について、例外的な場合も想定した上で、プログラムのコード内容と完全に整合させる必要がある。

しかし、定型的な契約であっても、例外に該当する全ての場合を想定することは困難である。たとえば、技術革新があり、急激に取引実態が変更される可能性がある他、また、これまで想定していなかった大規模な災害が発生した場合に、特例法などこれまでと異なる法律上の枠組みが導入されることもある。

これらの全ての場合を事前に想定しておくことは困難であり、当然ながら、プログラムのコードにすることもできない。

予測可能性が高い業務内容については、スマートコントラクトの導入を検討することは可能であるけれども、それらについても、スマートコントラクトの内容と実体法上の権利関係に相違が生じる可能性があることは否定できない。現状では、想定外の出来事が生じた場合に、全て司法的な解決が必要となるが、普及に向けては、保険のような枠組みを構築できるのか、検討が必要である。

ウ　約款となることによる問題

許可不要型のブロックチェーンでスマートコントラクトとなることが、約款となることと同様の意味を持つ場合がある。この場合、実体的には、対価の額や約款の内容を規制していることとなるため、事業者が優越的な地位を乱用するおそれがあるという問題が生じる。

さらに、スマートコントラクトの実態によっては、債権法改正により

新たに導入される、定型約款[21]に該当する可能性もあり、内容の表示、変更について、適正に対処するよう注意が必要である。

エ　現行制度との整合性

スマートコントラクトに移行する場合、現行制度との整合性を持たせる必要がある。

たとえば、不動産登記制度をスマートコントラクトの対象とする場合、法務局を中心とした現行の不動産登記制度とは仕組みが大きく変更されるため、法律改正など、大規模な調整が必要となる。

この点、スウェーデンでは、不動産登記や所有権移転に、ブロックチェーン技術を取り入れるための検討を進めている。2018年3月に、初めの取引を数か月以内に実施する予定であると報道され、同年6月には取引のデモンストレーションが実施された。

上記のように、スマートコントラクトに移行することで、現行制度の見直しや新しい仕組みに関する制度整備が必要になる。

オ　国際的な標準の設定

契約法の内容は国別に異なっているところ、スマートコントラクト自体は必ずしも日本国内に限られるものではないため、多国間にわたる取引を実施する場合、法律の適用関係や、国ごとの法制度をどのように整備していくかを検討していく必要がある。

特に、法制度が大きく異なる国がある場合には、どのように処理していくかが問題となり、スマートコントラクトを用いたサービスの適用対象外とされる可能性もある。

このように、スマートコントラクトの標準を検討することは、国際的

21　（定型約款の合意）
第548条の2　定型取引（ある特定の者が不特定多数の者を相手方として行う取引であって、その内容の全部又は一部が画一的であることがその双方にとって合理的なものをいう。以下同じ。）を行うことの合意（…）をした者は、次に掲げる場合には、定型約款（定型取引において、契約の内容とすることを目的としてその特定の者により準備された条項の総体をいう。以下同じ。）の個別の条項についても合意をしたものとみなす。
1　定型約款を契約の内容とする旨の合意をしたとき。
2　定型約款を準備した者（…）があらかじめその定型約款を契約の内容とする旨を相手方に表示していたとき。

に取引方法を決定することに他ならず、日本としても、積極的に議論に参加していく必要がある。

カ　移行の採算がとれること

最後に、スマートコントラクトが普及するためには、自動執行による効率化の利益が、スマートコントラクトへの移行に必要となる費用を上回ることが必要になる。その際には、少額の取引においても利用するメリットがあること、決済手段が準備されていることなどが重要である。

11. ブロックチェーンの標準化

⑴　概　要

ブロックチェーン技術は、さまざまな分野で社会基盤として利用されることが検討されている。このため、技術やデータを標準化しておくことで、相互のブロックチェーン間、アプリケーション間における相互運用性を確保しておく必要性がある。

具体的には、オープンAPI（Application Programming Interface）、データ形式、インターフェースの共通化などが問題となる。

社会基盤として利用されることを想定すると、標準化については、分野横断的に、異なる業界間でも統一しておくことで、将来システムを改変する社会的コストを削減することが可能である。

⑵　国際的な動き

国際的な動きとして、2016年、国際標準化機構（ISO）において、ブロックチェーンと電子分散台帳技術に関する国際規格を開発する専門委員会を含む、3件の専門委員会が新規設立され[22]、日本も参加している。

22　経済産業省News Release「ISOでブロックチェーンの国際標準化についての議論が始まります」
（平成28年10月7日）
（http://www.meti.go.jp/press/2016/10/20161007002/20161007002.pdf）

12. マネーロンダリング対策

　ブロックチェーンでは、プライバシー上の問題から匿名性あるシステムが採用され、またグローバルな取引もされることから、取引の際に相手方の属性などを確認することは困難である。Bitcoinが、当初は、ダークウェブ上の取引で流通し始めたことからも明らかなように、匿名性が高く、マネーロンダリングなどに悪用されるリスクは高い。

　このため、マネーロンダリング対策について、国際的に取り組んでいく必要性がある。たとえば、EUでは、2018年7月、暗号資産も対象とする内容で、第5次マネーロンダリング指令が施行された（本書Ⅰ**3**参照）。

　また、対策のためには、暗号資産交換業者等での本人確認制度を適切に実施していく必要があり、平成28年5月に、暗号資産交換業者を特定事業者に追加する内容で犯罪収益移転防止法が改正され、平成29年4月から施行された。もっとも、本人確認をすることで情報の価値が高まるため、情報漏えい対策も、より適切に実施していく必要がある。

［渡邊　涼介］

III

資金決済法における暗号資産

III 資金決済法における暗号資産

  暗号資産（仮想通貨）交換業者に対する法規制

1 資金決済法の規制

1. 法律上の「暗号資産（仮想通貨）」

(1) 資金決済法及び関連するレギュレーション
ア　暗号資産（仮想通貨）の規制の経緯

　2014年、ビットコインの世界最大規模の取引所を営んでいた株式会社MTGOX（マウントゴックス）の経営破綻に伴い、同社によるビットコインの払い戻しが停止され、大きな社会問題となった。こうした動きを受け、2016年に改正、2017年に施行された資金決済に関する法律（以下「資金決済法」という）により、法律上、「仮想通貨」が定義され、仮想通貨の取引所等が「仮想通貨交換業者」として規制対象となった。さらに、2019年の通常国会では、「情報通信技術の進展に伴う金融取引の多様化に対応するための資金決済に関する法律等の一部を改正する法律」[1]が成立し、資金決済法の仮想通貨に関する規制も改正された。なお、本稿執筆時点では、この法律は未施行であり、本章には、未施行の内容も含むため、ご注意いただきたい（以下、この法律による改正後の資金決済法を「改正法」という）。

　改正法により、法律上の「仮想通貨」の呼称は、「暗号資産」に変更された[2]。変更の理由としては、国際的な議論の場で"crypto-asset"との表現が用いられるようになってきていることや「通貨」という単語を避けることで法定通貨と誤認されるのを防止することなどとされてい

---

[1] 資金決済法の改正に併せて、「金融商品取引法」や「金融商品の販売等に関する法律」等の一部が改正されている。本章では、この改正後の各法律を「金商法」、「金販法」と呼ぶ。なお、施行日は、公布日である2019年6月7日から1年以内とされている。

[2] 呼称の変更に伴い、資金決済法の用語中に含まれる「仮想通貨」の表記も全て「暗号資産」に変更され、「仮想通貨交換業者」も「暗号資産交換業者」となる。

る。以下、本章では、便宜上、改正法施行前の法令やガイドラインも含め、「仮想通貨」の表記を「暗号資産（仮想通貨）」としている。

イ　規制の全体像

　資金決済法上の暗号資産（仮想通貨）に関連する法令としては、「資金決済に関する法律施行令」、「仮想通貨交換業者に関する内閣府令」（以下「仮想通貨府令」という）[3]等の政令・内閣府令も定められている。また、金融庁の定める「事務ガイドライン」は、暗号資産（仮想通貨）交換業者等を監督する際の金融庁及びその出先機関である各地の財務局等における内部的な指針を示したものである。そのため、厳密には、直接に事業者を法的に拘束するものではないが、金融庁の監督を受ける業務を行う以上は、これらも法令に準ずるものとして基本的に遵守すべき内容である。「事務ガイドライン」は、インターネット上で公開されており、監督を受ける事業者にとっても、重要な指針として参照する必要がある。特に、暗号資産（仮想通貨）については、「第三分冊：金融会社関係」の「16　仮想通貨交換業者関係」（金融庁HP、https://www.fsa.go.jp/common/law/guide/kaisya/16.pdf）に詳述されている。

　改正法の施行に伴い、これらの法令やガイドラインも改正・改訂が見込まれるが、本稿執筆時点では、改正案も未公表である。そのため、本稿では、改正法の影響を明らかに受けるところでは改正後の内容に触れつつ、政令・内閣府令・ガイドラインについては、基本的に改正前の内容に基づいて解説しているので、最新情報は金融庁のWebサイト等を参照いただきたい。

ウ　金商法・金販法との関係

　近年、暗号資産（仮想通貨）を用いた新たな取引が登場しており、代表的なものとして、暗号資産（仮想通貨）を原資産とするデリバティブ取引[4]がある。上記アの2019年の改正により、暗号資産（仮想通貨）は、金商法上の「金融商品」（金商法2条24項）に含まれることとなり、こ

3　改正法の施行に伴い、この内閣府令の名称も変更されることが見込まれる。
4　たとえば、暗号資産（仮想通貨）の証拠金取引等

うした暗号資産（仮想通貨）デリバティブ取引も、金商法の規制対象となる。さらに、暗号資産（仮想通貨）交換業者が利用者に暗号資産（仮想通貨）を取得させる行為は、金販法上の「金融商品の販売」（金販法2条1項6号ハ）に該当することとなり、金販法も適用される（詳細は、**Ⅳ3**参照）。

また、ICO（Initial Coin Offering）（**Ⅰ2**参照）のうち、収益分配等を受けることができるトークンを発行する場合、このトークンは「電子記録移転権利」（金商法2条3項）に該当することとなる。この電子記録移転権利は、暗号資産（仮想通貨）の定義から除外されており（改正法2条5項但書）、資金決済法は適用されず、金商法上の開示規制等が課される（詳細は、**Ⅳ3**参照）。なお、電子記録移転権利に該当しないトークンについては、後記(2)の定義に該当すれば、暗号資産（仮想通貨）として、資金決済法の規制を受ける。さらに、電子記録移転権利にも暗号資産（仮想通貨）にも該当しない場合でも、トークンの数量に応じてサービス等を受けられるような場合には、前払式支払手段（後記2.参照）に該当する可能性もある。

(2) **暗号資産（仮想通貨）の定義**

資金決済法では、【図表1】の2種類の暗号資産（仮想通貨）が定義されている。なお、「電子記録移転権利」が、暗号資産（仮想通貨）に該当しないことは前記(1)**ウ**のとおりである。

【図表1】

資金決済法上の条項	要　　件
1号暗号資産（仮想通貨） (2条5項1号)	(a)　物品の購入・仮受、サービス提供の対価の弁済に、不特定者に対して使用できること (b)　不特定者を相手方として、購入・売却できること (c)　コンピュータ等に電子的に記録された財産的価値で、ITシステムにより移転できること (d)　日本国・外国の通貨、通貨建資産（預金、債券等）でないこと
2号暗号資産（仮想通貨） (2条5項2号)	(a)　不特定者を相手方として、1号暗号資産（仮想通貨）と交換できること (b)　コンピュータ等に電子的に記録された財産的価値で、ITシステムにより移転できること

ビットコインは、1号暗号資産（仮想通貨）の代表例である。その他の多くの暗号資産（仮想通貨）（いわゆる「アルトコイン」）は、2号暗号資産（仮想通貨）にあたる。

(3) 暗号資産（仮想通貨）の特徴
ア 不特定者に対する使用

法定通貨には、支払手段として無制限に利用できる強制通用力がある[5]。暗号資産（仮想通貨）には、このような強制通用力はないものの、当事者間で特定の暗号資産（仮想通貨）を支払手段とすることを合意すれば、誰でも使うことができる。

したがって、特定の事業者が発行し、その事業者が認めた範囲内でしか使えないようなものは、1号暗号資産（仮想通貨）に該当しない。一般的な電子マネーは、発行事業者と契約を締結した加盟店等しか、支払手段として使うことができないため、この要件に該当しない。

イ 不特定者との間の購入・売却

暗号資産（仮想通貨）は、取引所等において、売買し、日本円等の法定通貨や他の暗号資産（仮想通貨）と交換できることが前提となっている。

これに対し、多くの電子マネーは、基本的に支払手段に特化したものであって、その財産的価値自体を自由に譲渡することは想定されていない。発行者等が定める利用規約等においても、電子マネー自体の譲渡は禁止されていることが大半である。

なお、前払式支払手段（後記2.(2)参照）に当たる電子マネーについては、発行を廃止する場合等、一定の場合を除いて、現金で払い戻すことはできないのが原則である（資金決済法20条5項）。

ウ 電子データ

法定通貨を授受するには、紙幣や硬貨の交付、銀行送金等の手段がある。

---

5 硬貨については、20枚までに強制通用力が認められる（通貨の単位及び貨幣の発行等に関する法律7条）。

これに対して、暗号資産（仮想通貨）は、電子データであり、このデータにアクセスするための情報（秘密鍵等）は、いわゆる「ウォレット」で管理されている。ウォレットには、「インターネット上のサーバ（取引所やウェブウォレット）」「自分のPCやスマートフォン（ソフトウェアウォレット[6]）」「専用のデバイス（ハードウェアウォレット）」等の種類がある。このウォレット固有のアドレスが、銀行口座の口座番号のように機能することにより、オンライン上で、暗号資産（仮想通貨）を送金できる仕組みとなっている。

2. 電子マネー等との比較

⑴ 電子マネーの概要

　暗号資産（仮想通貨）の誕生以前から、決済を電子的に行うためのいわゆる「電子マネー」は、多数存在する。暗号資産（仮想通貨）が、「日本円」「USドル」「ユーロ」等と並ぶ一種の「通貨」といえるのに対し、電子マネーは基本的に「日本円」等の特定の法定通貨を電子的な決済に用いるための手段である。このような電子マネーは、資金決済法上の「暗号資産（仮想通貨）」の定義に含まれない（1.⑶**ア**参照）。

　電子マネーの具体例としては、Suica、PASMO、WAON、nanaco、楽天Edy、iD、QUICPay等が挙げられる。これらの電子マネーの発行者は、交通機関、流通業者、通信事業者等、様々である。

　電子マネーの残高を示す電子データは、利用者が保有するデバイス（ICカードや携帯電話端末等に内蔵されたICチップ等）に記録されている場合とオンライン上のサーバ等に記録されている場合がある。

⑵ 電子マネーに対する規制の概要

　「電子マネー」という用語自体は、法令上では定義されていないが、

6　端末に保管されることから「クライアントウォレット」、「ローカルウォレット」とも呼ばれる。また、PCで保管するものを「デスクトップウォレット」、スマートフォンで保管するものを「モバイルウォレット」ともいう。

1 暗号資産（仮想通貨）交換業者に対する法規制

法規制の対象となるものもある。

電子マネーには、事前に現金等でチャージしておく「前払い式」、事後にクレジットカード等で精算する「後払い式」があるが、「前払い式」の電子マネーは、基本的に、資金決済法が定める「前払式支払手段」に該当し、その発行者は規制を受ける[7]。なお、「後払い式」の電子マネー自体は、規制対象とならなくても、これと連携するクレジットカードについては、割賦販売法等の規制を受ける。

また、前払式支払手段に当たる電子マネーについては、上記1.(3)**イ**のとおり、現金での払い戻しはできないのが原則だが、法定通貨に交換可能な電子マネーを発行する場合には、資金決済法上の「資金移動業者」として規制を受けるケースもあり得る。

上記の他に、Tポイント[8]等に代表されるポイントサービスのポイントや航空会社のマイレージ等も、商品購入やサービス提供の決済に利用できるという点では、一種の電子マネーとしての役割も担っている。ただし、こうしたポイントのうち、一定の行為（アンケートへの回答やイベントへの参加等）に伴って無償で発行されるポイントや商品・サービス提供の際にオマケとして発行されるポイントについては、資金決済法の規制対象とはなっていない[9]。

(3) 法定通貨・電子マネー・暗号資産（仮想通貨）の比較

代表的な暗号資産（仮想通貨）であるビットコインを法定通貨・電子マネーと比較すると、【図表2】のとおりである。

---

7 有効期限が6か月以内のもの等、例外的に適用が除外されるものもある。

8 カルチュア・コンビニエンス・クラブ株式会社及びそのグループ会社が展開するポイントサービス。当初は、レンタルビデオ店TSUTAYAの会員向けのポイントであったが、現在の提携先は、スーパーマーケットやドラッグストア等の小売店、宿泊施設、飲食店、金融機関、Yahoo Japan等のIT・通信サービス、その他各種のサービス等、多岐にわたる。

9 経済産業省「ポイントサービスに関する資金決済法の取扱いが明確になりました〜産業競争力強化法の「グレーゾーン解消精度」の活用〜」平成28年7月5日（https://www.meti.go.jp/press/2016/07/20160705001/20160705001.pdf）

107

III 資金決済法における暗号資産

【図表2】

	法定通貨 （日本円）	電子マネー （Suica、WAON等）	暗号資産（仮想通貨） （ビットコインの例）
発行・管理	日本銀行[10]	民間事業者等	なし（プログラムによる自動発行）[11] ユーザーが分散管理
発行量の上限	なし （金融政策による調整）	なし （発行事業者による）	あり
価値の変動	物価上昇等に伴いゆるやか （ただし為替相場は変動）	基本的に法定通貨に連動	相場等により大きく変動
信　　用	国家による裏付けで高い 信用力	発行事業者による裏付	ブロックチェーン技術等 による裏付け
使用できる相手	不特定者	特定者 （発行者自身や発行者と 契約した加盟店等）	不特定者
使用できる地域	基本的に国内のみ	国内のみのものが大半	海外でも通用
個人間での送金	可能	不可	可能

⑷　資金決済法の規制の概要

　資金決済法は、暗号資産（仮想通貨）交換業者が規制対象となる以前から、「前払式支払手段発行者」、銀行以外に遠隔地間で少額の資金移動を行う「資金移動業者」を規制対象としている。前払式支払手段の「第三者型発行者」[12]「資金移動業者」「暗号資産（仮想通貨）交換業者」は、いずれも、資金決済法に基づく登録が必要であり、それぞれ【図表3】のような規制を受ける。

10　硬貨は、日本政府が発行する。

11　民間事業者等が発行者となる暗号資産（仮想通貨）も存在する。ただし、一般的に「暗号資産」や「仮想通貨」等と呼ばれるものでも、資金決済法上の「暗号資産（仮想通貨）」の定義に該当しないものもある。

12　前払支払手段には、発行者（またはそのグループ会社等）との間の決済にのみ使用できる「自家型」と第三者との決済にも使用できる「第三者型」があるが、ここでは、一般的な電子マネーに多く見られる「第三者型」を取り上げる。なお、自家型発行者は、基準日における未使用残高が1000万円を超える場合は、届出が必要である。

1 暗号資産（仮想通貨）交換業者に対する法規制

【図表3】

	第三者型発行者	資金移動業者	暗号資産（仮想通貨）交換業者
許認可等	登録	登録	登録
利用者への情報提供等	○	○	○
その他の利用者保護のための措置	―	○	○
名板貸しの禁止	―	―	○
情報の安全管理	○	○	○
委託先に対する指導	―	○	○
利用者保護のための資産確保	保証金の供託等（未使用残高の2分の1以上[13]）	保証金の供託等（送金途中で滞留中の資金の100%以上）	履行保証暗号資産の保有・分別管理
利用者資産の分別管理	―	―	○
苦情処理に関する措置	○	○（ADRに未対応の場合）	○（ADRに未対応の場合）
金融ADR[14]への対応	―	○	○
帳簿書類の作成・保存	○	○	○
報告書の提出	○	○	○
認定資金決済事業者協会による自主規制[15]	○（一般社団法人日本資金決済業協会）	○（一般社団法人日本資金決済業協会）	○（一般社団法人日本仮想通貨交換業協会）

　これらの法令に違反した場合、第三者型発行者、資金移動業者、暗号資産（仮想通貨）交換業者ともに、立入検査、行政指導、行政処分（業務改善命令や登録取消等）の対象となる。さらに、一定の場合には、刑事罰の対象となることもある。

3. 暗号資産（仮想通貨）交換業者に対する資金決済法の規制

(1) 暗号資産（仮想通貨）交換業者
ア　暗号資産（仮想通貨）交換業者の定義

　特定の発行者や管理者が存在しない暗号資産（仮想通貨）も多数存在するため、資金決済法では、暗号資産（仮想通貨）の交換所等を「暗号

13　基準日（毎年3月末・9月末）に、発行済の前払式支払手段の未使用残高が1000万円超の場合
14　裁判外紛争解決手続（Alternative Dispute Resolution）
15　2019年6月現在、「一般社団法人日本資金決済業協会」と「一般社団法人日本仮想通貨交換業協会」が認定資金決済事業者協会として認定されている（資金決済法87条）。

資産（仮想通貨）交換業者」として、規制対象としている。

次のいずれかの行為を公衆に対して反復・継続的に行う事業者が、「暗号資産（仮想通貨）交換業者」に該当する（改正法2条7項）。なお、実際に公衆に対して、下記の行為が反復・継続的に行われていない段階であっても、これらの行為が想定されている場合も規制対象に含まれる。

(a) 暗号資産（仮想通貨）の売買または他の暗号資産（仮想通貨）との交換

(b) (a)の行為の媒介、取次、代理

(c) (a)・(b)の行為に関する利用者の金銭・暗号資産（仮想通貨）の管理

(d) 他人のための暗号資産（仮想通貨）の管理

(a)は、利用者との間で、自ら売買や交換の当事者となる行為であり、(b)は、利用者間の売買や交換を行うためのシステム等を提供する行為である。他の暗号資産（仮想通貨）交換業者の利用者として口座を開設し、その暗号資産（仮想通貨）交換業者を通じて取引しているだけであっても、他人のためにその取引をしている場合は、(b)に該当し得る[16]。

また、暗号資産（仮想通貨）を用いた先物取引には、

・決済時に取引の目的となっている暗号資産（仮想通貨）の現物を受け渡す取引

・取引の目的となっている暗号資産（仮想通貨）の現物を受け渡さずに、反対売買等により、金銭又は取引における決済手段となる暗号資産（仮想通貨）の授受のみで決済する取引（差金決済取引）

があるが、差金決済取引については、上記(a)の「他の暗号資産（仮想通貨）との交換」には該当しない（事務ガイドライン16.Ⅰ-1-2）。

(d)は、暗号資産（仮想通貨）の売買等を行わずに、利用者の暗号資産（仮想通貨）を管理し、利用者の指図に基づき指定されたアドレスに暗号資産（仮想通貨）を移転する行為（以下「暗号資産（仮想通貨）カストディ

---

16 金融庁「広く共有することが有効な相談事例（資金決済に関する法律関係）（平成30年7月13日更新）」Q2

業務」[17]という）が想定されている。ただし、他の法律に特別の規定がある場合[18]は、(d)の行為をしていても交換事業者にあたらない（改正法2条7項4号）。従来、暗号資産（仮想通貨）カストディ業務は、規制対象となっていなかったが、利用者保護の必要性等を踏まえて、改正法により暗号資産（仮想通貨）交換業の定義に追加されたものである。

イ　その他の登録

【図表4】のようなケースに該当する可能性がある場合には、資金移動業者、貸金業の登録の要否についても確認する必要がある（事務ガイドライン16.Ⅰ-1-2）。

【図表4】

検討すべき登録	規制対象となり得る場合
資金移動業者の登録	暗号資産（仮想通貨）の取引所等において、金銭の移動の依頼を受けて、引き受ける場合（為替取引に該当する場合）
貸金業の登録	利用者が暗号資産（仮想通貨）の信用取引を行う際などに、暗号資産（仮想通貨）交換業者が利用者に対して金銭を貸し付ける場合

(2)　登　録

ア　登録の手順

暗号資産（仮想通貨）交換業者を営むには、内閣総理大臣の登録を受ける必要がある[19]（資金決済法63条の2）。登録を受けるには、資金決済法や関連法令・金融庁のガイドラインに対応するための準備が必要である。さらに、改正法の施行後は、認定資金決済事業者協会である一般社団法人日本仮想通貨交換業協会[20]に加入するか、未加入の場合、同協会の自主規制規則に準じた社内規則を整備すること等が登録の要件となるため、いずれにしてもこの自主規制規則への対応も意識する必要がある。自主規制規則の内容は様々であるが、法令の基準以上の規制が加えられている部分もある。

17　「ウォレット業務」と呼ばれる場合もある。
18　たとえば、信託業法に基づく信託等が想定される。
19　2019年5月7日時点で、19社が暗号資産（仮想通貨）交換業者として登録されている。
20　2019年6月現在、暗号資産（仮想通貨）交換業者である第一種会員としては19社が加盟している。

暗号資産（仮想通貨）交換業者の登録を受けようとする場合は、事前に所轄の財務局等[21]に相談し、申請業者の概要、取り扱う暗号資産（仮想通貨）やサービスの概要を説明した上で、登録申請書類のドラフトや質問票の回答書等を提出し、次のような観点から事前審査によるチェックを受けるのが通例となっている。

・申請書の記載内容の過不足

・登録拒否事由に該当しないか

・暗号資産（仮想通貨）交換業を適性・確実に遂行する体制が整備されているか等

具体的には、【図表5】のようなプロセスが想定されている。

【図表5】

主要プロセス	
役員ヒアリング	事業内容、事業計画（システム計画を含む）を確認 （例） ➤自社及び自社グループのビジネスプランが明確か
役員ヒアリング	リスク管理の基本的な考え方を確認 （例） ➤ビジネスプランに応じたリスクの洗い出しや評価を行ったうえで、リスクに応じた内部管理態勢を整備しているか
書面審査	具体的な管理方法・態勢について、書面やエビデンスに基づき検証（その際には自主規制規則も参照） （例） ➤仮想通貨の取扱いに係るリスク管理 ➤経営管理等（内部監査含む） ➤利用者保護措置 ➤利用者財産の分別管理 ➤利用者情報管理 ➤外部委託先管理 ➤システムリスク管理 ➤マネー・ローンダリング及びテロ資金供与対策（AML/CFT）
訪問審査	書面審査の内容を踏まえ、規程の運用状況や管理態勢について、現場での実効性を検証

出典：金融庁「仮想通貨交換業者の登録審査プロセス」

21　北海道・東北・関東・東海・北陸・近畿・中国・四国・九州の財務局、福岡財務支局、沖縄総合事務局

審査においては、形式的に暗号資産（仮想通貨）や暗号資産（仮想通貨）交換業の定義に該当するだけでなく、利用者保護・公益性の観点から、暗号資産（仮想通貨）交換業者が取り扱うものとして適切であることの説明も求められる（事務ガイドライン16.I-1-2）。

この事前審査を受けた後、正式に登録申請書類を提出することとなる。標準的な所要期間としては、役員ヒアリングと書面審査に4～5か月程度、訪問審査に1～2週間程度、申請から登録までに1～2か月程度を要するとされている[22]。

イ　登録申請書類

暗号資産（仮想通貨）交換業者の登録申請のためには、次の書類を提出する必要がある（資金決済法63条の3、仮想通貨府令5条～6条）。

- ・次の事項を記載した登録申請書
  - ・商号・住所
  - ・資本金の額
  - ・暗号資産（仮想通貨）交換業に係る営業所の名称・所在地
  - ・取締役・監査役・執行役・会計参与の氏名
  - ・外国暗号資産（仮想通貨）交換業者の場合は、国内における代表者の氏名
  - ・取り扱う暗号資産（仮想通貨）の名称・概要
  - ・暗号資産（仮想通貨）交換業の内容・方法
  - ・暗号資産（仮想通貨）交換業の一部を第三者に委託する場合は、委託する業務内容、委託先の氏名・商号・名称及び住所
  - ・他に事業を行っているときは、その事業の種類
  - ・分別管理の方法
  - ・利用者からの苦情・相談に応ずる営業所の所在地・連絡先
  - ・加入する認定資金決済事業者協会の名称
- ・登録拒否事由（資金決済法63条の5第1項各号）に該当しない旨の誓

22　「仮想通貨交換業者の新規登録申請の審査等に係るプロセス及び時間的な目安」平成31年1月11日（https://www.fsa.go.jp/news/30/virtual_currency/20190111.pdf）

約書
- 取締役等の住民票の抄本等
- 取締役等の旧姓に関する書面
- 取締役等が資金決済法63条の5第1項11号[23]イ・ロ（成年後見人等）に該当しない旨の官公署の証明書（取締役等が外国人である場合には、別紙様式4号により作成した誓約書）又はこれに代わる書面
- 取締役等の履歴書・沿革
- 株主名簿・定款・登記事項証明書
- 外国暗号資産（仮想通貨）交換業者の場合は、外国での同種類の登録証
- 直近の貸借対照表・損益計算書、会計監査報告書
- 事業開始後3事業年度における暗号資産（仮想通貨）交換業の収支見込み
- 取り扱う暗号資産（仮想通貨）の概要説明書
- 暗号資産（仮想通貨）交換業に関する組織図（内部管理に関する業務を行う組織を含む）
- 暗号資産（仮想通貨）交換業を管理する責任者の履歴書
- 暗号資産（仮想通貨）交換業に関する社内規則等
- 暗号資産（仮想通貨）交換業の利用者との取引で使用する契約書類
- 暗号資産（仮想通貨）交換業の一部を第三者に委託する場合は、委託契約書
- 基本契約を締結する指定暗号資産（仮想通貨）交換業務紛争解決機関の商号・名称、又は、（当該機関が存在しない場合の）苦情処理措置・紛争解決措置の内容
- その他の参考書面

ウ　登録拒否事由

　一定の事由に該当する場合には、暗号資産（仮想通貨）交換業者の登録を受けることができない（資金決済法63条の5第1項）。この登録拒否事由を裏返すと、登録を受けるために満たす必要がある要件というこ

---

23 改正法による改正前は、63条の5第1項10号

とになり、その概要は、次のとおりである。これらの要件は、登録後も維持する必要があり、要件を満たさなくなった場合には、登録取消事由となる（資金決済法63条の17第1項1号）。

- 株式会社又は外国暗号資産（仮想通貨）交換業者
- 外国暗号資産（仮想通貨）交換業者の場合は、国内における代表者を設置
- 暗号資産（仮想通貨）交換業の適正・確実な遂行に必要な財産的基礎
- 暗号資産（仮想通貨）交換業を適正・確実に遂行する体制の整備
- 資金決済法の規定を遵守するために必要な体制の整備
- 認定資金決済事業者協会への加入、または、未加入の場合は、認定資金決済事業者協会が利用者保護等について定める規則に準じた社内規則の制定、その遵守体制の整備（改正法63条の5第1項6号）
- 他の暗号資産（仮想通貨）交換業者が使用する商号・名称と同一の商号・名称、他の暗号資産（仮想通貨）交換業者と誤認されるおそれのある商号・名称を用いないこと
- 5年以内に暗号資産（仮想通貨）交換業者の登録（資金決済法に相当する外国法令により同種類の登録を含む。）を取り消されていないこと
- 5年以内に資金決済法、出資法（同種の外国法令を含む。）違反による罰金刑の執行を受け、又は、その執行を受けないこととなっていない法人
- 公益に反する事業を行っていないこと
- 取締役、監査役、会計参与、外国暗号資産（仮想通貨）交換業者の国内の代表者が、次のいずれかに該当しないこと（外国法令上、下記に相当する場合も含む。）
  - 成年被後見人、被保佐人
  - 破産手続開始の決定を受けて復権を得ない者
  - 5年以内に禁錮以上の刑の執行を受け、又は、その執行を受けないこととなった者
  - 5年以内に資金決済法、出資法、暴力団員による不当な行為の防止等に関する法律違反による罰金刑の執行を受け、又は、その執行を受けないこととなった者

115

・5年以内に暗号資産（仮想通貨）交換業者の登録（資金決済法に相当する外国法令による同種類の登録を含む。）を取り消された法人の取締役等であった者

エ　経過措置

　暗号資産（仮想通貨）が資金決済法の規制対象となる以前から、暗号資産（仮想通貨）の取引所等を営んでおり、登録申請中の事業者については、「みなし暗号資産（仮想通貨）交換業者」として、登録手続が完了していなくても、暗号資産（仮想通貨）交換業者と同様の営業を行うことができる[24]。

　もっとも、2018年1月のコインチェック事件（後記(3)ウ①参照）を契機に、登録審査も厳格化されており、登録申請をしていたみなし暗号資産（仮想通貨）交換業者の多くが、登録を断念して申請を取り下げている[25]。

　また、改正法の施行日以前から暗号資産（仮想通貨）カストディ業務（前記(1)ア(d)の暗号資産（仮想通貨）管理業務）を行っている事業者は、施行日から起算して6か月間（登録申請中の場合は1年6か月間）、暗号資産（仮想通貨）交換業者としての登録が未了であっても、その管理業務を行うことができる[26]。この取扱いはあくまで経過措置であり、業務内容や取り扱う暗号資産（仮想通貨）の変更、新規顧客の獲得等の行為を実施するには、登録を受ける必要があると考えられる。

(3)　暗号資産（仮想通貨）交換業者の義務
ア　規制の概要

　暗号資産（仮想通貨）交換業者には、利用者の保護等を目的に、資金

24　情報通信技術の進展等の環境変化に対応するための銀行法等の一部を改正する法律（平成28年法律62号）附則8条
25　2018年3月時点で16社存在したが、2019年6月時点では12社が申請を取下げ、既に登録を受けた事業者等を除くと、みなし暗号資産（仮想通貨）交換業者は、1社のみとなっている。
26　情報通信技術の進展に伴う金融取引の多様化に対応するための資金決済に関する法律等の一部を改正する法律（令和元年法律28号）附則2条

決済法等に基づき、次のような義務が課される。

(a) 財務的基礎の維持（資金決済法63条の5第1項3号、仮想通貨府令9条）

(b) 暗号資産（仮想通貨）交換業の内容・方法等の変更の事前届出（改正法63条の6）

(c) 情報の安全管理措置（資金決済法63条の8、仮想通貨府令12〜14条）

(d) 委託先の指導（資金決済法63条の9、仮想通貨府令15条）

(e) 広告・勧誘規制（改正法63条の9の2〜3）

(f) 利用者保護、暗号資産（仮想通貨）交換業の適正・確実な遂行の確保に必要な措置（資金決済法63条の10、仮想通貨府令16〜19条）

(g) 利用者から預かる金銭・暗号資産（仮想通貨）の適切な管理、履行保証暗号資産の保有・分別管理（資金決済法63条の11、改正法63条の11の2、仮想通貨府令20〜23条）

(h) 紛争解決に関する措置（資金決済法63条の12、仮想通貨府令24〜25条）

(i) 帳簿書類の作成・保存（資金決済法63条の13、仮想通貨府令26〜28条）

(j) 報告書の作成・提出（資金決済法63条の14、仮想通貨府令29〜30条）

(k) 取引時の本人確認等（犯罪収益移転防止法）（後記**2**参照）

イ 経営管理体制の整備

① 財務的基礎

暗号資産（仮想通貨）交換業者は、暗号資産（仮想通貨）交換業を適正かつ確実に遂行するために必要な財務的基礎を維持する必要がある。

この基準は、(a)最低資本金1000万円、(b)純資産額がマイナス（債務超過）でないこととされている（仮想通貨府令9条）。ただし、実際には、この基準を満たすだけでなく、以下に述べるような暗号資産（仮想通貨）交換業を適正・確実に遂行する体制を整備するには、さらに強固な財務基盤を確保する必要がある。

また、コインチェック等の不正流出事件（後記**ウ**①参照）が相次いで以来、利用者保護の要請は強まっており、今後、最低資本金等の基準が引き上げられることもあり得る。

② ガバナンス体制の整備

コンプライアンスや適正な暗号資産（仮想通貨）交換業の遂行のためには、内部的なチェック機能を含めたガバナンス体制を整備する必要がある。この点について、事務ガイドラインでは、現場の部署の他に、「内部管理部門」、「内部監査部門」の位置付けに触れられている。つまり、金融業者等に求められる次のような3つのディフェンスラインを意識した体制の整備が求められる。

【図表6】

第1のディフェンスライン 業務部門	営業を直接行う部門（フロント部署）
第2のディフェンスライン 内部管理部門	業務部門（フロント部署）の業務運営をサポート、モニタリングするための内部事務管理部門、法務・コンプライアンス部門等
第3のディフェンスライン 内部監査部門	業務部門、内部管理部門から独立して検査、監査を行う部門

③ コンプライアンス（法令遵守）

コンプライアンスを確保し、暗号資産（仮想通貨）交換業を適正に運営するためには、次のような措置が必要となる（仮想通貨府令19条）。

・社内規則の制定

・役員、従業員に対する研修

・コンプライアンスに関する対応状況の定期的な見直し

また、反社会的勢力の排除、マネー・ロンダリングやテロ資金供与への対策（後記**2**参照）のための取り組みも不可欠である。

ウ 情報の安全管理等

① システムリスク管理

暗号資産（仮想通貨）は、ブロックチェーンをはじめとするIT技術によって成り立っており、暗号資産（仮想通貨）交換業においても、高

1 暗号資産（仮想通貨）交換業者に対する法規制

度なITシステムの活用が不可欠と言える。

一方で、このようなシステムには、不正アクセス、システム障害等のリスクが付きまとうため、暗号資産（仮想通貨）交換業者は、システムを十分に管理して、システムで取り扱う情報について、安全管理措置を講じる必要がある（資金決済法63条の8、仮想通貨府令12条）。

2018年1月には、日本最大級の暗号資産（仮想通貨）交換業者であったコインチェックが不正アクセスを受けて、約580億円相当の暗号資産（仮想通貨）「NEM」が流出し、結局、同社は大手証券会社に買収されるに至った。また、その約半年後には、テックビューロが運営する取引所「Zaif」が不正アクセスを受けて、約70億円相当の暗号資産（仮想通貨）が流出する等、不正流出事件が相次いだ。このように、暗号資産（仮想通貨）交換業者にとって、システムリスクは、経営を根幹から揺るがしかねない問題となり得る。

② 社内体制の整備

上記のとおり、暗号資産（仮想通貨）交換業者にとって、システムリスク管理は、最大の経営課題の一つと言えるため、取締役をはじめとする幹部は、その重大性を十分に認識する必要がある。また、システムに関する十分な知識・経験を持つ人材を、システムを統括管理する役員として登用することが望ましい。

また、サイバー攻撃を受けた場合や情報漏えいがあった場合等、緊急時には、機動的に対策を遂行するためのチームを編成できるように、平時から準備しておく必要がある。特に、セキュリティ・インシデントが発生した場合には、CSIRT（Computer Security Incident Response Team）等と呼ばれる専門チームが対応に当たることが望ましい。なお、災害やシステム障害等を含めたリスクシナリオを想定して、コンティンジェンシープラン[27]を策定しておくことも重要である。

27　参考情報として、「金融機関等におけるコンティンジェンシープラン（緊急時対応計画）策定のための手引書」（公益財団法人金融情報システムセンター編）。

119

③ システムリスク対応の基本方針

システムリスク管理のための具体的な方法については、事務ガイドライン16. Ⅱ-2-3-1においても示されており、以下でもその一部を紹介する。ただし、システム対応は、暗号資産（仮想通貨）交換業者の規模・特性等に応じたシステムの種類・規模によっても求められるレベルが異なり、技術の進展等によっても変化し得る。そのため、ガイドラインに示された対応策は、一定の水準を示したものであり、他の対応策等により、利用者保護を図ることも想定される。

暗号資産（仮想通貨）交換業者は、社内規則等により、システムリスク管理の基本方針、セキュリティポリシーを定めておくことが求められる。システムリスク以外のリスクを含む概括的な「リスク管理規程」等を定めている場合であっても、システムリスクについては、技術的で多岐にわたる内容が必要となるため、さらに具体化した規則・マニュアル等を整備することが望ましい。

④ セキュリティ対策

セキュリティ対策としては、一般的には、ファイヤウォール、IDS[28]・IPS[29]、WAF[30]、ウイルス等のマルウェア対策ソフト等を適宜組み合わせる等、サイバー攻撃からの防御を意識したシステム設計・構築が大前提となる。また、ユーザー認証については、ワンタイムパスワードや電子証明書の利用、複数経路による認証、ログインパスワードと取引パスワードの二重の認証等の機能をシステムに実装することも有益である。

その上で、次のような対策を含め、客観的な基準に沿って適切にシステムを運用し、監視する必要がある。特に、暗号鍵、パスワード、クレジットカード情報等の重要な情報については、網羅的に洗い出した上で、重要度やリスクに応じて、対策を行う。

---

28 Intrusion Detection System（不正侵入検知システム）
29 Intrusion Prevention System（不正侵入防御システム）
30 Web Application Firewall

> ・重要な情報の暗号化、マスキング
> ・従業員の担当業務や権限に応じたアクセス制御
> ・不要な内部IDの削除
> ・特定コマンドの実行監視
> ・セキュリティパッチの適用等による脆弱性の解消
> ・アクセスログの保存、検証
> ・定期的なデータのバックアップ等、データの毀損に備えた措置
> ・本番環境と分離したテスト環境でのシステムテストの実施
> ・開発担当者と運用担当者の分離、管理者と担当者の分離等による相互牽制体制
> ・外部記録媒体への保存や外部への持ち出し等の可否や方法等のルール化

　上記は、一般的なセキュリティ対策であるが、暗号資産（仮想通貨）特有の配慮も必要である。たとえば、不正アクセスを受けた場合に、暗号資産（仮想通貨）の流出を防止するために、常時ネットワークに接続されるホットウォレットの利用を一定の場合に限定し、基本的にネットワークから隔離されたコールドウォレットを利用すること（後記**エ**④参照）、暗号資産（仮想通貨）の秘密鍵を分散管理すること（マルチシング）等が挙げられる。なお、コインチェックにおける不正流出は、マルチシングに対応していなかったことが一因とも言われている。

⑤　業務委託先の管理

　大規模なシステムを運用するためには、業務の全部又は一部を外部に委託することも多い。このような場合には、次のような対応も含め、委託先の適切な選定・指導が必要である（資金決済法63条の9、仮想通貨府令15条、事務ガイドライン16.Ⅱ–2–3–1–2(8)）。

> ・選定基準の策定、その基準による評価に基づく委託先の選定
> ・委託先が遵守すべきルールやセキュリティ要件を定めて、業務委託契約書等に反映
> ・委託先からさらに再委託される等、多段階の委託の場合には、より高

度なリスク管理を意識した体制を整備

・委託先（再委託先等を含む）に対する定期的なモニタリング

・重要な委託先に対する監査の実施、委託先の内部統制に関する報告書[31]の入手

・委託先に問題が生じた場合における他の事業者への委託先の変更

⑥　システム評価と監査

システムリスクについても、基本的に、前記イ②と同様に、3つのディフェンスラインによる体制が望ましいと言える。業務部門とは別に、システムリスク管理部門を設置し、随時、システム評価を行うとともに、適宜、定期的な内部監査や外部機関によるシステム監査・セキュリティ診断[32]等の結果も活用して、運用基準・運用方法等の見直しを図っていく必要がある。

⑦　利用者の個人情報の保護

暗号資産（仮想通貨）交換業者は、利用者の個人情報の取扱いについて、個人情報の保護に関する法律（以下「個人情報保護法」）だけでなく、次のような法令、個人情報保護委員会・金融庁のガイドラインを遵守する必要がある。

・資金決済法13条、14条

・個人情報保護法、同法施行令・施行規則

・個人情報の保護に関する法律についてのガイドライン

・金融分野における個人情報保護に関するガイドライン

・金融分野における個人情報保護に関するガイドラインの安全管理措置等についての実務指針

・事務ガイドライン16.Ⅱ-2-2-4-2

31　たとえば、日本公認会計士協会において公表している監査・保証実務委員会実務指針第86号「委託業務に係る内部統制の保証報告書」

32　たとえば、システムに対して実際に侵入を試みて、システムの脆弱性を検証するペネトレーションテスト等

資金決済法14条が規定する「人種、信条、門地、本籍地、保健医療又は犯罪経歴」は、個人情報保護法では、「要配慮個人情報」に該当し、さらに「金融分野における個人情報保護に関するガイドライン」（以下「金融分野ガイドライン」という）においては、要配慮個人情報＋αの情報を「機微情報」として定義している。資金決済法14条は、金融分野ガイドラインにおける機微情報に関する記載内容とほぼ同旨であるが、これを法令レベルで規定したものである。なお、金融分野ガイドラインにおいては、「機微情報」の取得・利用・提供は、適切な業務運営に必要で本人の同意を得た場合等に限って認められる等、要配慮個人情報よりも厳格な取り扱いが求められているため、注意が必要である。

⑧　利用者保護を意識したシステム設計

上記の他、暗号資産（仮想通貨）交換業を行うWebサイト等のシステムについては、たとえば、次のように、利用者保護を意識した設計が求められる。

・Webサイトのリンクについて、利用者が取引相手を誤認するような構成にしない
・利用者がアクセスしているWebサイトが真正なサイトであることの証明を確認できるようなフィッシング詐欺対策を行う
・利用者が、取引の指図内容を送信する前に、指図内容を表示して確認を求める等、利用者が指図内容を容易に確認・訂正できる仕組みにする

なお、暗号資産（仮想通貨）交換業者は、捜査機関等から暗号資産（仮想通貨）の取引が詐欺等の犯罪行為に利用された旨の情報提供を受ける等、犯罪の疑いがある場合は、当該犯罪行為に関連する取引を停止する等の措置をとることとされている（仮想通貨府令18条）。

エ　利用者財産の保全

①　利用者への優先弁済

改正法は、暗号資産（仮想通貨）交換業者が破綻した場合等において、利用者を保護する仕組みを強化している。利用者が暗号資産(仮想通貨)

の管理を暗号資産（仮想通貨）交換業者に委ねる場合、利用者は、暗号資産（仮想通貨）交換業者によって分別管理される一定の暗号資産（仮想通貨）について、他の債権者に優先して弁済を受けることができる（改正法63条の19の2第1項）。また、暗号資産（仮想通貨）交換業者から暗号資産（仮想通貨）の管理の委託を受けた事業者等の関係者に対しては、このような優先弁済が必要な場合に、利用者の権利行使に協力すべき努力義務が課されている（改正法63条の19の3）。ただし、暗号資産（仮想通貨）交換業者が分別管理する暗号資産（仮想通貨）を第三者に移転してしまった場合には、取引の安全が優先される結果、利用者は、優先弁済を受けられない（改正法63条の19の2第2項、民法333条）。

②　履行保証暗号資産

改正法の施行後は、暗号資産（仮想通貨）交換業者は、上記①の優先弁済の原資を確保するために、利用者から預かった【図表8】①−1の暗号資産（仮想通貨）と同じ種類・数量の暗号資産（仮想通貨）を自ら保有しなければならない。この暗号資産（仮想通貨）は、「履行保証暗号資産」と呼ばれ、暗号資産（仮想通貨）交換業者は、履行保証暗号資産とこの他に自ら保有する暗号資産（仮想通貨）とを分別して管理する必要がある（改正法63条の11の2）。

③　利用者の金銭の分別管理

暗号資産（仮想通貨）交換業者は、上記①の優先弁済権を確保する等して利用者を保護するため、利用者の金銭と自己の金銭が混合しないように、利用者の金銭を信託銀行等へ信託する方法により、分別して管理する必要がある（改正法63条の11第1項）。改正法の施行前は、銀行の預金口座等による分別管理も認められていたが、改正後は、信託による管理が必須となる。なお、改正前においても、この信託契約には、次の条件を含む必要がある。

・弁護士等を受益者（利用者）代理人とし、暗号資産（仮想通貨）交換業者の破綻・登録取消等の場合には、代理人が利用者のために権限行使する

・元本補塡

・その他、仮想通貨府令21条に定める条件

④　暗号資産（仮想通貨）の管理方法

　上記③と同様の趣旨から、暗号資産（仮想通貨）交換業者は、利用者の暗号資産（仮想通貨）と自己の暗号資産（仮想通貨）が混同しないように、【図表7】の方法により、分別して管理する必要がある（資金決済法63条の11、仮想通貨府令20条2項）。

【図表7】

管理状況	分別管理の方法
暗号資産（仮想通貨）交換業者自身が管理する暗号資産（仮想通貨）	次の全ての条件を満たす方法 ・利用者の暗号資産（仮想通貨）と暗号資産（仮想通貨）交換業者の固有財産である暗号資産（仮想通貨）とを明確に区分 ・どの利用者の暗号資産（仮想通貨）であるか直ちに判別できる（自己の帳簿により直ちに判別できる方法も可）
第三者に管理させる暗号資産（仮想通貨）	第三者に、上記の条件にしたがって管理させる方法

　また、暗号資産（仮想通貨）交換業者は、不正アクセスによる流出リスク等を回避するために、利用者の暗号資産（仮想通貨）や履行保証暗号資産を、【図表8・9】のとおり、利用者保護に欠けるおそれが少ない方法により管理するのが原則である（改正法63条の11第2項）。なお、

【図表8】

暗号資産（仮想通貨）の区分		管理方法	
		リスクが少ない方法（コールドウォレット等）	その他の方法（ホットウォレット等）
①利用者から預かった暗号資産（仮想通貨）	①-1　利用者の利便確保、暗号資産（仮想通貨）交換業の円滑な遂行に必要として例外的に認められるもの	○	○
	①-2　その他の暗号資産（仮想通貨）	○	×
②暗号資産（仮想通貨）交換業者自身の暗号資産（仮想通貨）	②-1　履行保証暗号資産	○	×
	②-2　その他の暗号資産（仮想通貨）	○	○

III 資金決済法における暗号資産

【図表9】

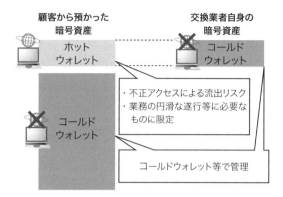

出典：金融庁「「情報通信技術の進展に伴う金融取引の多様化に対応するための資金決済に関する法律等の一部を改正する法律案」説明資料」

具体的な方法については、今後、内閣府令により定められるが、コールドウォレット等の安全性の高い方法が想定される。

⑤ 監　査

暗号資産（仮想通貨）交換業者は、年1回以上、上記②〜④の管理の状況について、公認会計士または監査法人の監査を受ける必要がある（資金決済法63条の11）。

オ　広告・勧誘規制、説明・情報提供義務

① 広告・勧誘規制の導入

暗号資産（仮想通貨）の取引は、決済手段としての機能だけでなく、値上がり益を期待した投機的な側面も強くなってきている。そのため、改正法により、利用者が、暗号資産（仮想通貨）の有するリスクの認識が不十分なまま取引を行って、大きな損害を被ることがないように、広告・勧誘規制が導入されることとなった。

② 広告上の表示義務

暗号資産（仮想通貨）交換業者が、暗号資産（仮想通貨）交換業に関する広告をする場合には、投機的取引の助長の抑止や利用者の誤認防止の観点から、次の事項を表示する必要がある（改正法63条の9の2）。

・商号

・暗号資産（仮想通貨）交換業者であること

・登録番号

・暗号資産（仮想通貨）が日本国又は外国の通貨ではない旨

・利用者の判断に影響を及ぼす暗号資産（仮想通貨）の性質

③　虚偽表示・誇大広告・投機を助長する勧誘等の禁止

　暗号資産（仮想通貨）交換業者やその役員・従業員が広告や勧誘、契約締結をするに際し、次の行為をすることが、禁止される（改正法63条の9の3）。

・虚偽表示

・暗号資産（仮想通貨）の性質等について誤認を招く表示

・支払手段の目的でなく、専ら投機目的での暗号資産（仮想通貨）の取引を助長する表示

・その他、利用者保護に欠け、又は、暗号資産（仮想通貨）交換業の適正・確実な遂行に支障を及ぼすとして内閣府令で定める行為

④　説明・情報提供義務

　暗号資産（仮想通貨）交換業者は、利用者と暗号資産（仮想通貨）の交換等を行う際、暗号資産（仮想通貨）の性質に関する説明を行い、【図表10】の情報を提供する必要がある（改正法63条の10、仮想通貨府令17条）。

　さらに、暗号資産（仮想通貨）交換業者が、利用者に信用を供与して暗号資産（仮想通貨）の交換等（信用取引）を行う場合には、上記の情報提供の他、利用者保護や業務の適正・確実な遂行のために内閣府令で定める措置を講じなければならない（改正法63条の10第2項）。

　なお、情報提供は、書面交付等、適切な方法による必要がある。たとえば、取引形態に応じて、インターネット上の取引の場合には、パソコンの画面上に説明事項を表示した上で、利用者が内容を確認したことを

127

III 資金決済法における暗号資産

【図表10】

提供時点	提供内容
暗号資産（仮想通貨）交換業に関する取引前	・暗号資産（仮想通貨）交換業者の商号、住所 ・暗号資産（仮想通貨）交換業者である旨、暗号資産（仮想通貨）交換業者の登録番号・取引の内容・取り扱う暗号資産（仮想通貨）の概要 ・取り扱う暗号資産（仮想通貨）の価値の変動、その他利用者の判断に影響を及ぼす重要な事由を直接の原因として、損失が生ずるおそれがあるときは、その旨と理由[33] ・分別管理の方法等 ・利用者が支払う手数料・報酬・費用の金額、上限額、計算方法[34] ・利用者からの苦情・相談窓口の連絡先等 ・取引が外国通貨で表示された金額で行われる場合は、日本円に換算した金額、その換算に用いた標準・計算方法 ・紛争解決に関する情報 ・その他、取引の内容に関し参考となる事項[35]
暗号資産（仮想通貨）交換業に関する基本契約の締結時	上記の事項に加えて ・契約期間 ・解約時の取扱い（手数料、報酬、費用の計算方法を含む） ・その他、契約の内容に関し参考となる事項[36]
利用者からの金銭・暗号資産（仮想通貨）の受領時	・暗号資産（仮想通貨）交換業者の商号・登録番号 ・利用者から受領した金銭の額、暗号資産（仮想通貨）の数量 ・受領年月日
暗号資産（仮想通貨）交換業に関する取引を継続・反復して行う時	3ヶ月以内の期間ごとに ・取引の記録 ・管理する利用者の金銭の額、暗号資産（仮想通貨）の数量
暗号資産（仮想通貨）の信用取引を行う場合	・信用取引の契約内容に関する内閣府令で定める情報（改正法63条の10第2項）

画面上のボタンをクリックすることで確認する方法等が考えられる（事務ガイドライン16II−2−2−1−2(1)①）。実務上は、伝達する内容に応じて、書面交付、電子メール、Webサイトへの掲載等が、適宜選択され、

---

[33] たとえば、レバレッジ倍率に比例して高額の損失を被るリスク、サイバー攻撃による暗号資産（仮想通貨）の消失・価値減少リスクを適切に説明することが考えられる（事務ガイドライン16.II−2−2−1−2(2)①）。

[34] 暗号資産（仮想通貨）交換業者以外にも、手数料等を支払う必要がある場合には、その説明も求められる（事務ガイドライン16.II−2−2−1−2(2)②）。

[35] たとえば、暗号資産（仮想通貨）取引に関する金銭・暗号資産（仮想通貨）の預託方法、取引に関する金銭・暗号資産（仮想通貨）の状況確認方法（事務ガイドライン16.II−2−2−1−2(2)④）

[36] たとえば、セキュリティに関する事項、利用者ごとに暗号資産（仮想通貨）交換業者が受け入れられる上限金額（事務ガイドライン16.II−2−2−1−2(2)⑤）

複数の手段が併用されているケースも見られる[37]。

カ　帳簿書類の作成・保管

　暗号資産（仮想通貨）交換業者は、【図表11】の帳簿書類を作成し、保存する必要がある（資金決済法63条の13、仮想通貨府令26 ～ 27条）。

【図表11】

帳簿書類	保存期間
暗号資産（仮想通貨）交換業に係る取引記録 ・取引日記帳 ・媒介・代理にかかる取引記録 ・自己勘定元帳	帳簿の閉鎖日から10年以上
総勘定元帳	
顧客勘定元帳（利用者との間で暗号資産（仮想通貨）交換業に係る取引基本契約を締結する場合） ・利用者勘定元帳 ・暗号資産（仮想通貨）管理明細簿	
利用者の暗号資産（仮想通貨）を管理する場合は、各営業日における数量の記録	帳簿の閉鎖日から5年以上
利用者の金銭を信託により管理する場合は、各営業日における信託財産の額の記録	
分別管理監査の結果に関する記録	

　上記の帳簿書類は、原則として、国内で保存する必要がある。ただし、海外の営業所で帳簿書類が作成され遅滞なく国内でも写しを保存する方法、電子データで帳簿書類を作成し国内の営業所で閲覧できるようにする方法も認められる。

キ　苦情等への対応

　暗号資産（仮想通貨）交換業者は、利用者から苦情を受けた場合や利用者との間に紛争が発生した場合に備えて、【図表12】のような対応を求められる。

37　一般社団法人日本仮想通貨交換業協会「仮想通貨取引についての現状報告」平成30年4月10日（https://www.fsa.go.jp/news/30/singi/20180410-3.pdf）

【図表12】

指定ADR機関がある場合	指定ADR機関（指定暗号資産（仮想通貨）交換業務紛争解決機関）との手続実施基本契約の締結
指定ADR機関がない場合	苦情処理措置 ・暗号資産（仮想通貨）交換業者が苦情処理業務を公正・的確に遂行できる業務運営体制と社内規則を整備・公表し、苦情申出先を周知 ・認定資金決済事業者協会、地方公共団体、国民生活センター等のADR機関等の外部機関による苦情処理 紛争解決措置 ・弁護士会、地方公共団体、国民生活センター等のADR機関等の外部機関による紛争解決

(4) 金融庁による監督

ア 事前届出

　近年、移転記録が公開されず、マネー・ロンダリングに利用されやすい等、問題のある暗号資産（仮想通貨）も登場しているため、改正法は、事前チェックを機能させるための規制を強化する。改正法の施行後は、暗号資産（仮想通貨）交換業者は、取り扱う暗号資産（仮想通貨）の名称、業務の内容・方法を変更する場合、金融庁に対し、事前に届出をしなければならないこととなる（改正法63条の6第1項）。

イ 報告書

　暗号資産（仮想通貨）交換業者は、所定の様式で【図表13】の報告書を作成し、金融庁長官に提出しなければならない（資金決済法63条の14、仮想通貨府令29～30条）。

【図表13】

報告書の内容	対象期間	提出期限	添付書類
暗号資産（仮想通貨）交換業に関する報告書	事業年度ごと	事業年度末から3ヶ月以内	・貸借対照表 ・損益計算書 ・公認会計士又は監査法人の監査報告書
利用者の金銭・暗号資産（仮想通貨）の管理に関する報告書	3ヶ月ごと	各期間経過後1ヶ月以内	・利用者の金銭を管理する信託銀行等の残高証明書 ・利用者の暗号資産（仮想通貨）について電子的に記録された残高情報を印刷したもの等 ・分別管理監査の報告書

ウ　行政処分等

　所管官庁である金融庁（実際の窓口は各地の財務局等）は、必要に応じて、暗号資産（仮想通貨）交換業者に対し、立入検査を実施する等し、不適正な運営状況が発覚した場合には、業務改善命令等の行政処分を行うことができる。さらに、この命令に違反した場合等には、暗号資産（仮想通貨）交換業者としての登録の取消事由となる。

　なお、2018年1月のコインチェックの不正流出事件以後、金融庁は、監督を強化し、事件から数ヶ月間で、10社以上の暗号資産（仮想通貨）交換業者（みなし暗号資産（仮想通貨）交換業者を含む。）が、業務停止を含む行政処分を受けるに至った。

2　犯罪収益移転防止法の規制

1. 犯罪収益移転防止法の概要

　犯罪によって得られた収益について、他人名義の金融機関口座等を転々とさせたり、資産の形態を変えたりして、出所を不明にするマネー・ロンダリング（資金洗浄）は、大きな社会問題となっており、国際的な協調の下に、対応がなされている。日本では、このような動きを受けて、犯罪による収益の移転防止に関する法律（以下「犯罪収益移転防止法」又は「犯収法」という）によって、マネー・ロンダリングやテロリズムへの資金供与に関する対策が行われている。

　具体的には、金融機関、リース業者、宅地建物取引業者、宝石・貴金属等取扱業者等の「特定事業者」に対して、取引の際の本人確認等を義務付けている。

2. 暗号資産（仮想通貨）交換業者に対する規制

　暗号資産（仮想通貨）は、財産的価値であり、マネー・ロンダリングやテロへの資金供与に利用される可能性があるため、国際的にも、FATF（金融活動作業部会）[38]のガイダンス（2015年6月26日公表）において、暗号資産（仮想通貨）をその規制対象に加えるべきとされた。日本では、犯罪収益移転防止法の規制対象となる「特定事業者」に、暗号資産（仮想通貨）交換業者が追加され、金融機関等と同様の規制を受けることとなった（犯収法施行令2条2項31号）。また、FATFは、2018年10月に、カストディ業者を規制対象とすべきとの勧告を採択しており、上記**1**の改正法は、これに対応するものである。

　なお、前払式支払手段発行者は、犯罪収益移転防止法における特定事業者には該当しない。ただし、電子マネーはしばしばクレジットカードと連携して使用されるが、クレジットカード事業者は、特定事業者に該当する（犯収法2条2項39号）。

【図表14】

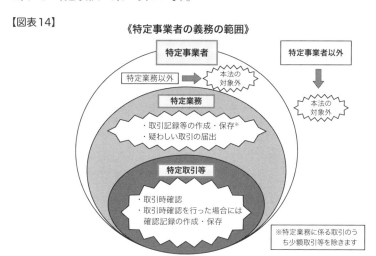

出典：警察庁刑事局組織犯罪対策部組織犯罪対策企画課犯罪収益移転防止対策室「犯罪収益移転防止法の概要」

---

[38] Financial Action Task Force。マネー・ロンダリング、テロ資金対策の国際基準（FATF勧告）を作成するための政府間会合。

1 暗号資産（仮想通貨）交換業者に対する法規制

3. 規制対象

⑴ 対象範囲の概観

　暗号資産（仮想通貨）交換業者については、「暗号資産（仮想通貨）交換業」全体が犯罪収益移転防止法の規制対象になる「特定業務」に指定された（犯収法施行令6条14号）。

　さらに、この特定業務のうち、一定の取引については、その範囲ごとに応じて、規制の内容が定められている。

⑵ 特定取引・ハイリスク取引

　特定業務のうち、取引時確認等の規制対象となる「特定取引」「ハイリスク取引」の範囲は、【図表15・16】のとおりである。

【図表15】特定取引

対象取引 (犯収法施行令7条 1項1号)	⒜　「暗号資産（仮想通貨）の交換等」（次のア〜ウ）（資金決済法2条7項1〜2号）を継続・反復して行うこと 　　ア　暗号資産（仮想通貨）の売買 　　イ　他の暗号資産（仮想通貨）との交換 　　ウ　上記ア・イの媒介、取次、代理 ⒝　上記⒜ア〜ウに関して、利用者の金銭又は暗号資産（仮想通貨）の管理（資金決済法2条7項3号）に関する契約の締結 ⒞　200万円※を超える暗号資産（仮想通貨）の交換等 ⒟　暗号資産（仮想通貨）交換業に関し管理する顧客等の10万円 　　※を超える暗号資産（仮想通貨）を当該顧客等の依頼に基づいて移転させる行為（暗号資産（仮想通貨）の交換等に伴うものを除く。） ※2つ以上の取引を同時または連続で行う場合で、1回当たりの取引金額を減少させるために分割したことが明らかなときは、その合計額で判断する（犯収法施行令7条3項）。
特別の注意を要する 取引 (犯収法施行規則5条)	上記の対象取引以外で ⒠　マネー・ロンダリングの疑いがあると認められる取引 ⒡　同種の取引の態様と著しく異なる態様で行われる取引

133

III 資金決済法における暗号資産

【図表16】ハイリスク取引

なりすまし等の疑いがある取引 (犯収法4条2項1号)	・取引のもととなる継続的契約の締結時に確認された顧客本人(又はその代表者等)になりすましている疑いがある場合の取引 ・取引のもととなる継続的契約の締結時に確認された事項を偽っていた疑いがある顧客(又はその代表者等)との取引
特定国等に居住・所在する者との取引 (犯収法4条2項2号)	マネー・ロンダリング対策が不十分であると認められる特定国等[39]に居住する顧客との取引等
外国PEPsとの取引 (犯収法4条2項3号、犯収法施行令12条3項、犯収法施行規則11条2項)	次の重要な公的地位にある者(PEPs:Politically Exposed Persons)との取引 (a) 外国の元首 (b) 外国において下記の職にある者 ・日本おける次の職に相当する職 ・内閣総理大臣その他の国務大臣・副大臣 ・衆議院・参議院の正・副議長 ・最高裁判所裁判官 ・特命全権大使、特命全権公使、特派大使、政府代表、全権委員 ・自衛隊の正・副幕僚長(統合・陸上・海上・航空) ・中央銀行の役員 ・予算について国会の議決・承認が必要な法人の役員 (c) 過去に(a)または(b)であった者 (d) (a)~(c)の家族 (e) (a)~(d)が実質的支配者である法人

【図表17】

《特定取引とハイリスク取引の関係》

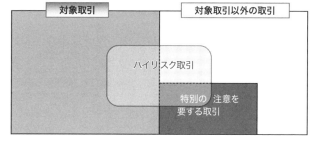

出典:警察庁刑事局組織犯罪対策部組織犯罪対策企画課犯罪収益移転防止対策室「犯罪収益移転防止法の概要」

---

[39] 2019年6月時点では、イラン、北朝鮮(犯収法施行令12条2項)

1 暗号資産（仮想通貨）交換業者に対する法規制

4. 規制内容

(1) **取引時確認**

ア　確認事項

　暗号資産（仮想通貨）交換業者は、特定取引等に際し、【図表18】の事項について、確認する義務を負う（犯収法4条）。

【図表18】

取引の種別	確認事項
通常の特定取引	・本人特定事項[40] 　・個人の氏名、住居、生年月日 　・法人の名称、本店・主たる事務所の所在地 ・取引の目的 ・職業（自然人）、事業内容（法人） ・実質的支配者（法人）
ハイリスク取引	上記に加えて ・資産・収入の状況

イ　本人特定事項の確認方法

　暗号資産（仮想通貨）交換業者が、インターネットを通じて、個人顧客と取引する場合、【図表19】の方法で、本人特定事項の確認を行う。

40　個人の代理人が取引を行う場合や顧客が法人の場合は、取引を担当する自然人の本人特定事項の確認も行う必要がある。

135

【図表19】

取引の種別	本人特定事項の確認方法
通常の特定取引	・本人確認書類[41]の原本または写しの送付を受け、確認記録に添付するとともに、書類に記載された住居宛に取引関係文書を書留等で転送不要郵便物等として送付 ・本人限定郵便による取引関係文書の送付 ・電子証明書及び電子署名付きの特定取引等に関する情報の送信を受ける方法 ・暗号資産（仮想通貨）交換業者が提供するソフトウェアを使用して、一定の情報（顧客の容貌の画像、写真付き本人確認書類の画像やIC情報）の送信を受ける方法、または、これらの画像情報等と他の特定事業者の本人確認記録や振込送金による確認等を組み合わせる方法
ハイリスク取引	

出典：警察庁刑事局組織犯罪対策部組織犯罪対策企画課犯罪収益移転防止対策室「犯罪収益移転防止法の概要」

(2) 記録の作成・保存

　暗号資産（仮想通貨）交換業者は、【図表20】の記録を作成し、保存する義務がある。

41　個人の場合は、運転免許証、マイナンバーカード、パスポート、健康保険証、国民年金手帳、印鑑登録証明書、戸籍謄本・抄本、住民票の写し、その他氏名・住居・生年月日の記載のある官公庁発行書類等。法人の場合は、登記事項証明書、印鑑登録証明書、その他法人名称・本店（または主たる事務所）所在地の記載のある官公庁発行書類等。

1 暗号資産（仮想通貨）交換業者に対する法規制

【図表20】

記録の種類	作成時	内　容	保存期間
確認記録 （犯収法6条）	取引時確認を行った場合	・本人特定事項の内容 ・確認方法等	特定取引等に関する契約終了から7年間
取引記録 （犯収法7条）	特定業務に係る取引を行った場合等	・確認記録を検索するための事項 　（確認記録がない場合は氏名等） ・取引等の日付・種類・価額 ・財産の移転元・移転先の名義等	取引等から7年間

⑶　**疑わしい取引の届出**

　暗号資産（仮想通貨）交換業者は、特定業務において収受した財産が犯罪収益である疑いがある場合、当局に対し、次の事項を届け出る義務がある（犯収法8条）。

・届出を行う暗号資産（仮想通貨）交換業者の名称、所在地

・対象取引の年月日、場所

・対象取引が発生した業務の内容

・対象取引に関する財産の内容

・暗号資産（仮想通貨）交換業者において知り得た対象取引における取引時確認の事項

・届出を行う理由

　届け出た情報は、捜査機関に共有され、捜査に活用されるが、秘密情報として扱われ、届出が事件発覚の端緒となったことも公表されない。

[永井　徳人・櫻井　駿]

資金決済法における暗号資産

2 裁判例にみる暗号資産

1. はじめに

　暗号資産に関する裁判例としては、仮想通貨という呼称の下のものであるが、次の2つが知られている。いずれも、破産手続開始決定を受けた暗号資産交換事業者であるマウントゴックスに関連し、同社破産管財人を被告として提訴されたものである[1]。

2. 東京地判平成27年8月5日（平成26年（ワ）33320号）[2]

(1) 事実の概要

　Zは、IT（情報技術）システムの構築及びコンサルティング、インターネットサイトの運営及び管理等を目的とする株式会社であり、インターネット上において、ビットコインの取引所（本件取引所）を運営しており、X₁は、本件取引所のユーザーであったところ、Zは、平成26年2月25日、本件取引所への利用者のアクセスを停止し、同月28日、東京地方裁判所に対し民事再生手続開始を申し立てた。結果的には、同年4月16日頃には、破産手続が行われることとなり、同月24日、同裁判所から破産手続開始の決定を受けて、Yが破産管財人に選任された。

　X₁は、Yに対し、X₁が所有しており、したがって本件破産会社の破産財団を構成しないビットコイン458.8812618BtCを被告が占有していると主張して、同ビットコインの所有権を基礎とする破産法62条の取戻権に基づき、その引渡しを求めたという事案である。

---

[1] 仮想通貨・暗号資産の倒産法上の取扱いについては、本書Ⅳ **1**（武田典浩）及び **2**（金澤大祐）を参照。中島弘雅「破産債権確定後の破産会社に対する再生手続開始の可否―ビットコイン取引所MTGOXの倒産事件を素材として―」『多比羅誠先生喜寿記念論文集』掲載予定

[2] 高田賢治「仮想通貨交換業者の倒産手続におけるビットコイン返還請求権の処遇」慶応法学42号（平成31年）259頁、松嶋隆弘「仮想通貨に関する法的諸問題～近時の裁判例を素材として～」税理60巻14号（平成29年）2頁

⑵ **判　旨**

　前掲東京地判平成27年8月5日においては、取戻権の判断の前提として、ビットコインが所有権の客体となるかが争点とされた。下記のとおりである。

①　所有権の客体となる物について

　「所有権は、法令の制限内において、自由にその所有物の使用、収益及び処分をする権利であるところ（民法206条）、その客体である所有「物」は、民法85条において「有体物」であると定義されている。有体物とは、液体、気体及び固体といった空間の一部を占めるものを意味し、債権や著作権などの権利や自然力（電気、熱、光）のような無体物に対する概念であるから、民法は原則として、所有権を含む物権の客体（対象）を有体物に限定しているものである（なお、権利を対象とする権利質〔民法362条〕等民法には物権の客体を有体物とする原則に対する明文の例外規定があり、著作権や特許権等特別法により排他的効力を有する権利が認められているが、これらにより民法の上記原則が変容しているとは解されない。）。

　また、所有権の対象となるには、有体物であることのほかに、所有権が客体である「物」に対する他人の利用を排除することができる権利であることから排他的に支配可能であること（排他的支配可能性）が、個人の尊厳が法の基本原理であることから非人格性が、要件となると解される。」

　「X₁は、所有権の客体となるのは「有体物」であるとはしているものの、法律上の排他的な支配可能性があるものは「有体物」に該当する旨の主張をする。X₁のこの主張は、所有権の対象になるか否かの判断において、有体性の要件を考慮せず、排他的支配可能性の有無のみによって決するべきであると主張するものと解される。

　このような考えによった場合、知的財産権等の排他的効力を有する権利も所有権の対象となることになり、「権利の所有権」という観念を承認することにもなるが、「権利を所有する」とは当該権利がある者に帰

属していることを意味するに過ぎないのであり、物権と債権を峻別している民法の原則や同法85条の明文に反してまで「有体物」の概念を拡張する必要は認められない。したがって、上記のような帰結を招くX₁の主張は採用できない。

また、X₁は、法的保護に値する財産性を有すれば民法85条の「物」すなわち「有体物」に該当するとの趣旨の主張もするが、法的保護に値するものには有体物も無体物もあるから、法的保護に値するか否かは、民法85条の「物」に該当するか否かを画する基準にはならないというべきである。したがって、この主張も採用できない。」

「以上で述べたところからすれば、所有権の対象となるか否かについては、有体性及び排他的支配可能性（本件では、非人格性の要件は問題とならないので、以下においては省略する。）が認められるか否かにより判断すべきである。」

② ビットコインについて

前掲東京地判平成27年8月5日は、ビットコインにつき、次のとおり述べる。

「ビットコインは、「デジタル通貨（デジタル技術により創られたオルタナティヴ通貨）」あるいは「暗号学的通貨」であるとされており…、本件取引所の利用規約においても、「インターネット上のコモディティ」とされていること…、その仕組みや技術は専らインターネット上のネットワークを利用したものであること…からすると、ビットコインには空間の一部を占めるものという有体性がないことは明らかである。」

「(ア)　ビットコインネットワークの開始以降に作成された「トランザクションデータ」（送付元となるビットコインアドレスに関する情報、送付先となるビットコインアドレス及び送付するビットコインの数値から形成されるデータ等）のうち、「マイニング」（ビットコインネットワークの参加者がトランザクションを対象として、一定の計算行為を行うこと）の対象となった全てのものが記録された「ブロックチェーン」が存在する[3]。ビットコインネットワークに参加しようとする者は誰でも、

インターネット上で公開されている電磁的記録であるブロックチェーンを、参加者各自のコンピューター等の端末に保有することができる。したがって、ブロックチェーンに関するデータは多数の参加者が保有している。

(イ)　ビットコインネットワークの参加者は、ビットコインの送付先を指定するための識別情報となるビットコインアドレスを作成することができ、同アドレスの識別情報はデジタル署名の公開鍵（検証鍵）をもとに生成され、これとペアになる秘密鍵（署名鍵）が存在する。秘密鍵は、当該アドレスを作成した参加者が管理・把握するものであり、他に開示されない。

(ウ)　……口座Aから口座Bへのビットコインの送付は、口座Aから口座Bに「送付されるビットコインを表象する電磁的記録」の送付により行われるのではなく、その実現には、送付の当事者以外の関与が必要である。

(エ)　特定の参加者が作成し、管理するビットコインアドレスにおけるビットコインの有高（残量）は、ブロックチェーン上に記録されている同アドレスと関係するビットコインの全取引を差引計算した結果算出される数量であり、当該ビットコインアドレスに、有高に相当するビットコイン自体を表象する電磁的記録は存在しない。

　上記のようなビットコインの仕組み、それに基づく特定のビットコインアドレスを作成し、その秘密鍵を管理する者が当該アドレスにおいてビットコインの残量を有していることの意味に照らせば、ビットコインアドレスの秘密鍵の管理者が、当該アドレスにおいて当該残量のビットコインを排他的に支配しているとは認められない。」

③　結　論

「上記で検討したところによれば、ビットコインが所有権の客体となるために必要な有体性及び排他的支配可能性を有するとは認められな

3　ブロックチェーンについては、河合健＝早坂晃司「ブロックチェーンの技術と可能性」LIBRA2017年4月号18頁

III 資金決済法における暗号資産

い。したがって、ビットコインは物権である所有権の客体とはならないというべきである。」

「ビットコインは所有権の客体とならないから、X₁が本件ビットコインについて所有権を有することはなく、本件破産会社の管理するビットコインアドレスに保有するビットコインについて共有持分権を有することもない。また、寄託物の所有権を前提とする寄託契約の成立も認められない。したがって、X₁は本件ビットコインについてその所有権を基礎とする取戻権を行使することはできない。」

3. 東京地判平成30年1月31日金判1539号8頁[4]

○事実の概要

X₂は、平成27年5月28日、Z社（マウントゴックス社）の本件破産事件において、ビットコインの返還請求権及びこれに付帯する遅延損害金請求権として、次の各破産債権を届け出た[5]ところ、Z社の破産管財人Yは、破産債権①のごく一部（元金2564円及び損害金30円）を認めたものの、破産債権②～⑦の全部を認めなかった。そこでX₂は、平成28年6月24日、東京地方裁判所に対し、その届出どおりの破産債権の査定の申立てを行ったが、平成29年3月2日に下された同裁判所の査定決定の内容は、Yの認否と同様の判断（破産債権②～⑦については、0円と査定）であった（原決定）。それらは、次の表記載のとおりである。

		X₂の届出	Yの認否及び原決定
破産債権①	元金	1251万4530円	2564円
	損害金	14万8118円	30円
破産債権②	元金	7508万7180円	0円
	損害金	88万8703円	0円
破産債権③	元金	2億3927万7813円	0円
	損害金	283万2000円	0円

---

4 松嶋隆弘・判批・税務事例50巻6号87頁～93頁
5 債権認否一覧表の掲載が省略されていたため、各届出債権額、認否額及び査定額については、囲み記事の記載（金判1539号13頁）に拠った。

破産債権④	元金	2億6530万8036円	0円
	損害金	314万0084円	0円
破産債権⑤	元金	1億5017万4360円	0円
	損害金	177万7406円	0円
破産債権⑥	元金	1億1513万3676円	0円
	損害金	136万2678円	0円
破産債権⑦	元金	8億9453万8604円	0円
	損害金	1058万7415円	0円

　「ビットコインは、仮想通貨であり、物品を購入し、若しくは借り受け、又は役務の提供を受ける場合に、これらの対価の弁済のために不特定の者に対して使用することができ、かつ、不特定の者を相手方として購入、売却及び交換を行うことができる財産的価値を有する電磁的記録であって、電子情報処理組織を用いて移転することができるものである。ビットコイン（電磁的記録）を有する者の権利の法的性質については、必ずしも明らかではないが、少なくともビットコインを仮想通貨として認める場合においては、通貨類似の取扱いをすることを求める債権（破産法103条2項1号イの「金銭の支払を目的としない債権」）としての側面を有するものと解され、同債権（以下「コイン債権」という。）は、ビットコイン（電磁的記録）が電子情報処理組織を用いて移転したときは、その性質上、一緒に移転するものと解される。X₂は、X₂がZに対してビットコインの返還請求権を有するとして、破産債権の届出をしたものであるが、ビットコイン自体は電磁的記録であって返還することはできないから、X₂は、コイン債権について、破産法103条2項1号イの「金銭の支払を目的としない債権」として、破産手続開始時における評価額をもって、破産債権として届け出たものと解される。X₂が主張するようにZの代表者がX₂のビットコインを引き出して喪失させたのであれば、既にビットコインは他に移転し、同時にコイン債権も他に移転したことになるから、破産手続開始時において、X₂はZに対し、コイン債権を有しなかったことになる。」

4. 両判決に関する検討

(1) 前掲東京地判平成27年8月5日と最判昭和43年7月11日民集22巻7号1313頁との対比

前掲東京地判平成27年8月5日における取戻権の判断枠組みは、一見するところ、問屋（証券会社）の破産に関する最判昭和43年7月11日民集22巻7号1313頁の判断枠組みと酷似する。そこで、ここで両者を対比してみたい。

① 前掲最判昭和43年7月11日について

前掲最判昭和43年7月11日は、証券会社が破産した場合において、委託者が、同会社の破産管財人に対し、取戻権を行使したという事例である。判旨は、下記のとおり。

「問屋が委託の実行として売買をした場合に、右売買によりその相手方に対して権利を取得するものは、問屋であつて委託者ではない。しかし、その権利は委託者の計算において取得されたもので、これにつき実質的利益を有する者は委託者であり、かつ、問屋は、その性質上、自己の名においてではあるが、他人のために物品の販売または買入をなすを業とするものであることにかんがみれば、問屋の債権者は問屋が委託の実行としてした売買により取得した権利についてまでも自己の債権の一般的担保として期待すべきではないといわなければならない。されば、問屋が前記権利を取得した後これを委託者に移転しない間に破産した場合においては、委託者は右権利につき取戻権を行使しうるものと解するのが相当である。」

② 若干の検討

このように、前掲最判昭和43年7月11日においては、大要、証券会社が委託の実行としてした売買により権利を取得した後これを委託者に移転しない間に破産した場合には、委託者は、右権利につき取戻権を行使することができる旨判示した。同判決の理論構成の当否については、学説上議論があるものの[6]、同判決の帰結それ自体については、ほぼ異

論がみられない。要は、証券会社は、顧客の指示の委託に従い買い入れた株式を、きちんと分別管理しているべきであり、そうであるとすれば、当該株式は、同会社の破産財団を構成せず、委託者からの取戻権の対象とされるべきとするものである。これを受けてか、現在の金融証券取引法には、金融商品取引業者等（証券会社もこれに含まれる。）の分別管理義務が規定されている（同法43条の2）[7]。

これに対して、前掲東京地判平成27年8月5日では、そもそも、ビットコインは所有権の対象ではないとして、前提である取戻権の対象性が否定されてしまっている。ただ、前述のとおり、改正資金決済法によれば、ビットコインもその1つである暗号資産については、分別管理義務が要求されるので（改正資金決済法63条の11第2項）、こと分別管理という点では、同一である。そして、本件では、原告の本人訴訟であった点が影響したのかもしれないが、取戻権の対象は、所有権に限られない[8]。

分別管理がなされていたのであれば、取戻権を認めるという選択もありえたように思われ[9]、その意味で、ビットコインが「所有権」の対象になるか否かに争点が集約してしまったことが惜しまれる。

⑵ 前掲東京地判平成27年8月5日と前掲東京地判平成30年1月31日との対比

① ビットコインに関する物権法的アプローチと債権法的アプローチ

前掲東京地判平成30年1月31日において、X₂の破産債権（コイン債権）届け出を(a)「通貨類似の取扱い」をすることを求める非金銭債権（破産法103条2項1号イ）としての側面を有すると理解した上で、(b)ビッ

---

6 伊藤眞『破産法・民事再生法（第3版）』（平成26年）421頁、江頭憲治郎『商取引法（第7版）』（平成25年）255頁、中島弘雅『体系倒産法Ⅰ〔破産・特別清算〕』（平成19年）425頁

7 山下友信＝神田秀樹編『金融商品取引法概説（第2版）』（平成29年）410頁〔神田秀樹〕

8 取戻権は、目的物に対して第三者が持つ対抗力ある実体法上の支配権で、破産手続開始の効力によって影響を受けないものを意味し（伊藤・前掲**注6**書418頁）、債権であっても、場合によっては、取戻権の基礎となりうる（伊藤・前掲**注6**書420頁）。

9 例えば、明文規定はないものの、信託法25条1項を準用し、分別された仮想通貨保有者の財産として取扱い、同種同量の仮想通貨を返還すべきとする見解も主張されているところである。片岡義広「仮想通貨の私法的性質の論点」LIBRA2017年4月号17頁

トコイン（電磁的記録）が電子情報処理組織を用いて移転したときは、その性質上、一緒に移転する旨判示する。

② コイン債権としての破産債権（(a)について）

裁判所のかかる判断は、X_2の破産債権届け出に即した記述であるにすぎず、前述の②の帰結を導くための前提判断にすぎない。

ここに破産法103条2項1号イの非金銭債権とは、「物」の引渡請求権や代替的作為請求権等、財産上の請求権を意味し、破産手続開始時を基準時として、破産債権者自らが評価をなし、債権届出を行い、本来の債券とその評価額について調査及び確定がなされるものである。かかる構成は、債権法的アプローチといいつつ、ビットコインを「物」に見立て、その「返還」を請求しようとする点で、取戻権構成をとる前掲東京地判平成27年8月5日と親和性を有するといえよう。ただ、破産債権としての構成が、これに限られるわけではないと解される。例えば前述の分別管理義務違反により、ビットコインが利用不能になったことによる損害賠償請求権として構成することも可能であろう。この場合には、(b)の記述とは切り離され、ビットコインの移転にかかわらず、X_2の破産債権の存在を主張することができよう。

③ ビットコインの移転と債権の移転の連動（(b)について）

次いで(b)についてである。この記述が注目されるのは、コイン「債権」でありながら、電子情報処理組織を用いたビットコインの移転に伴い、コイン債権も移転するという部分である。この判示を受け、裁判所は、Zの代表者によるX_2のビットコイン引き出しに伴い、それに応じた部分につき、X_2は破産債権者ではなくなるものと捉えている。このようにコイン「債権」でありながら、ビットコインと債権が一体として移転するものとする「理論」的根拠につき、本判決は必ずしも明らかにしないが、おそらく、前述した「ビットコインの仕組み」からくるものと推測される。ビットコインが依拠する分散型台帳技術、すなわちブロックチェーンは、従前からある中央集権管理型データベースと異なるだけでなく、分散型データベースとも、(i)トランザクションの順番を一元的に

決定するサーバに位置する存在がない点、(ii)（分散型データベースが、データベースの他にそれを処理するアプリケーションソフトを必要とするのに対し）データベースであるブロックチェーンそのものが取引情報を記録する台帳である点で、顕著な違いを有する。そして、ブロックチェーンにおいては、かかるデータ台帳でもあるブロックチェーンを、参加者「全員」の力で管理しているという設計になっているのである。

従って、(iii)ブロックチェーンに含まれる個々のデータにつき、特定の者の排他的支配性は強く否定されると同時に、(iv)その反面として、全員で管理している以上、個々人は、「全員」の一構成員として、応分の「自己責任」を負うことになる。そしてさらには、(v)全員の承認を経てブロックチェーンに書き込まれた後は、その情報に基づき権利関係を認識するという構造にならざるを得ない。

前掲東京地判平成27年8月5日では、(iii)の側面から、X_1の取戻権行使が否定され、前掲東京地判平成30年1月31日では、(v)の側面から、X_2のコイン債権届け出の大部分が否定されたとみることができよう。

ただ、ブロックチェーン上の権利関係に、ビットコインそのものだけでなくコイン債権の帰属をも連動させる(b)の判示は、金銭につき所有と占有を常に一致させるという金銭の所有権についての通説と類似する。仮想「通貨」であるビットコインの権利関係が、通貨である「金銭」の所有関係に類似するのは、皮肉であるが、②の記述は、ビットコインそのものの権利関係を超え、コイン「債権」についてまで、かかる処理をしようとしている。台帳であるブロックチェーンの管理に自己責任を求める(iv)の影響がここでも看取されるように思われる。

5. 両判決の先にあるもの〜仮想通貨・暗号資産の強制執行[10]

(1) はじめに

暗号資産の取引に当たっては、利用者（Q）の多くは、暗号資産交換

---

10 仮想通貨・暗号資産の強制執行につき詳しくは、本書**IV5**（嶋田英樹）を参照。

業者を通じ、暗号資産を購入したものの、当該暗号資産を当該業者に預けているだけであるのが通常であろう。これらの利用者は、暗号資産のネットワークに参加しているわけでもなく、秘密鍵を保有しているわけでもない。この場合、実際に、ネットワークに参加し、秘密鍵を保有するのは、暗号資産交換業者（R）である[11]。

　このことを前提とし、暗号資産の強制執行に関しては、債権者（P）が、債務者（Q：利用者）に対する債権を保全すべく、Qが保有し、Rに預けてある暗号資産を差し押さえるケースが、第一に想定されうる（Case 1）。

　また、Case 1とは逆に、第三者（S）による暗号資産に対する差押えに対し、Qが、異議（例えば第三者異議：民事執行法38条）を述べるというケースも想定されうる（Case 2）。

(2)　債権者が、債務者（利用者）に対する債権を保全すべく、債務者が保有し、暗号資産交換業者に預けてある暗号資産を差し押さえるケース

　公表されている事案は、申立代理人執筆の論文によると、暗号資産を勧誘ないし販売する会社や買取業者を名乗る者ら（Q）が、暗号資産に全く知識がない70代の高齢被害者（P）に対し、「転売すれば利益を得ることができる」などと次々に劇的に勧誘し、暗号資産リップル（XRP）につき、あたかも適正価格であると誤信させたまま、実勢価格の約30倍の単価にて、訪問や振込の方法で、老後の生活資金1500万円を暴利で騙し取ったという組織的詐欺事件とのことである（東京地判平成28年10月14日公刊物未登載）[12]。Pによる差押えの申立てに対し、東京地裁は、差押え命令を発した[13]。新聞報道によると、この他にも、同種

11　本文記載のように非公開鍵を保有するネットワーク参加利用者（仮想通貨取引業者）とネットワーク非参加利用者を区別して議論する見解として、加毛明「仮想通貨の私法上の法的性質―ビットコインのプログラム・コードとその法的評価―」金融法務研究会『仮想通貨に関する私法上・監督法上の諸問題の検討』（平成31年）7頁、岩原紳作「仮想通貨に関する私法上の諸問題」同書81頁

12　藤井裕子「仮想通貨等に関する返還請求権の債権差押え」金法2079号（平成29年）6頁によると、本案判決では、詐欺の悪質性が認定され、被害者（P）が得た1/30の価値の仮想通貨・暗号資産については損益相殺が否定され、弁護士費用を含めた勝訴判決が下され、同判決は確定しているとのことである。

の事例で、さいたま地裁が、平成29年7月と平成30年4月の2回にわたり債権差押えを発しているが、この2つの差押命令に対しては、暗号資産交換業者Rが、「ウォレットは当社で管理していない。技術上、二重払いの危険があり、返還できない」との理由から対応せず、結果として、差押えが功を奏していないとのことである[14]。

ネットワーク非参加利用者である利用者（Q）が、ネットワーク参加利用者である暗号資産交換業者（R）を介し、暗号資産の取引を行うに際しては、QR間において、約款（定型約款：民法548条の2）を用いた、何らかの「契約」[15]を締結しているはずであり、利用者（Q）が暗号資産交換業者（R）提供に係るネットワーク上のアカウント・ウォレット等にて、購入した暗号資産を管理している場合、利用者（Q）は、暗号資産交換業者（R）に対し、少なくとも、契約上、当該暗号資産に関する「返還請求権」を有しているものと解される[16]。

公表された事例では、債権差押命令を発令した東京地裁は、当該「返還請求権」を「金銭の支払を目的とする債権」であると理解しているようである。

しかしながら、暗号資産それ自体が法貨としての通用力を有しているわけではないので、暗号資産の返還請求権が即金銭債権というわけにはいかない。また、暗号資産の「返還請求権」において、債権者が債務者に対し求めるのは、基本的にはアドレス内の暗号資産の移転（送信）に伴うデータ処理に留まり、自動的に金銭の取立てを伴うわけではない[17]。このような見地からすると、暗号資産の「返還請求権」が、金銭の支払を目的とする債権とされうるのは、金銭の取立てに関する合意が含まれ

13　債権差押命令については、藤井・前掲9頁を参照。

14　日本経済新聞平成30年6月14日

15　売買、交換、両替、寄託等さまざまな法的構成が考えられる。詳細に分析するものとして、岩原・前掲86頁

16　藤井・前掲7頁、堀天子『実務解説資金決済法（第3版）』（平成29年）352頁、本多健司「仮想通貨返還請求権の差押えをめぐる実務上の諸問題」金法2111号（平成31年）8頁。なお、返還請求権を定める利用約款の例として、堀・前掲書346頁参照。

17　本多・前掲10頁

ている場合に限られる。

そうすると、消去法ではあるが、暗号資産の「返還請求権」を、民執法143条の「債権」ではなく、「その他の財産権」であると捉え、「その他の財産権に対する強制執行」（民執法167条1項）であると理解することになるように思われる[18]。「その他の財産権に対する強制執行」は、債権執行ではないが、執行方法は、原則として債権執行の方法によるとされている（民執法167条1項）。従って、差押債権者（P）による金銭債権の取立て（民執法155条）の他、譲渡命令・売却命令（民執法161条1項）による換価といった方法が採られる。取立てできないから「その他の財産権に対する強制執行」になるわけなので、結局、譲渡命令・売却命令の方法が採られることとなる[19]。

(3)　第三者（S）による暗号資産に対する差押えに対し、債務者が、第三者異議（民事執行法38条）を述べるというケース

第三者異議の訴えの異義事由とされる実体的権利として挙げられるのは、所有権以下の物権が典型である[20]。買主、賃貸人、寄託者、委任者等が有する目的物の債権的引渡請求権が異議事由たり得るかについては、見解が分かれており、通説は、目的物が債務者の責任財産に属しないときに限り、債権的引渡請求権も第三者異議の訴えの異議事由たり得ると解している[21]。

前掲東京地判平成27年8月5日における取戻権というX_1の主張は、強制執行においては、債務者（Q）による、暗号資産という「モノ」の所有権を異議事由とした第三者異議の訴えの主張ということになる。前記のとおり、前掲東京地判平成27年8月5日は、そもそも暗号資産の所有権という概念を否定した。

18　本多・前掲10頁
19　本多・前掲14頁
20　中野貞一郎＝下村正明『民事執行法』（平成28年）283頁
21　中野＝下村・前掲書296頁、中西正＝中島弘雅＝八田卓也『民事執行・民事保全法』（平成22年）100頁

他方、前掲東京地判平成30年1月31日におけるX$_2$の主張を前提としても、前記のとおり、通説は、一定の要件の下、債権的引渡請求権を異議事由とする第三者異義の訴えを許容するので、第三者異義の訴えの主張をすることが考えられうる。ただ、前掲東京地判平成30年1月31日は、「「コイン債権」が電子情報処理組織を用いたビットコインの移転に伴い移転する」と判示しており、結局のところ、「一定の条件」をクリアするかどうかは、暗号資産の権利移転の仕組みに大きく左右される。

［松嶋　隆弘］

Ⅳ

暗号資産の利用に際してかかわる諸法制

IV 暗号資産の利用に際してかかわる諸法制

暗号資産の利用と決済法との接点

1. 総　説

　本節においては仮想通貨・暗号資産（以下ではとりあえず「仮想通貨」と総称する。「暗号資産」への名称変更は投機的側面に焦点が当てられていたからであり、本節の議論は本来的利用の局面の議論であるため、仮想「通貨」と総称しても問題なかろう）と決済法の接点ということで、その名のとおり決済手段として利用される際に生じ得る問題点と、それへの解決策に関する近時の議論を紹介する。仮想通貨の法的位置付けを考察する際、「仮想通貨に対して公法的観点からいかなる規制が加えられるのか」を考える公法的位置付けと「仮想通貨により当事者間にどのような権利義務が生じ、それが清算されるのか」を考える私法的位置付けとに分離することが可能である。前者については、本書において、主に資金決済法における仮想通貨の位置付けの問題として議論されている（Ⅲ）ので、本節においてはむしろ後者に焦点を当てて議論をする。

　なお仮想通貨の私法上の位置付けに関し実際に論点とされた事件としてマウントゴックス事件[1]がある。ビットコイン取引所を運営する会社が破産し、アカウントを取得して同社とビットコイン取引を行っていた者が、当該ビットコインは自己が所有し、同社が占有していると主張し、同ビットコインの所有権を基礎として破産法62条の取戻権に基づき、

---

[1] 東京地判平成27年8月5日判例集未搭載【LEX/DB 25541521】。本件については、鈴木尊明「判批」新・判例解説Watch19号59頁（2016）、松嶋隆弘「仮想通貨に関する法的諸問題〜近時の裁判例を素材として〜」税理2017年11月号2頁。なお、本件について、総論的説明はⅢ-2において松嶋隆弘教授により、倒産法的考察はⅣ-2において金澤大祐講師により、それぞれ分析がなされる。なお、平成27年判決に関連して①破産債権確定に既判力は発生するか、②民事再生申立棄却事由である清算価値保障原則の適用如何など、倒産法上の問題点も存在しており、この議論については、高田賢治「仮想通貨交換業者の倒産手続におけるビットコイン返還請求権の処遇」慶應法学42号259頁（2019）、中島弘雅「破産債権確定後の破産会社に対する再生手続開始の可否―ビットコイン取引所MTGOXの倒産事件を素材として―」『多比羅誠先生喜寿記念論文集』掲載予定を参照。

その引渡しを求めた事案である。東京地裁は、所有権の客体となるためには、有体物性（液体、気体及び固体といった空間の一部を占めるもの）、排他的支配可能性が要件となる（非人格性も要件とされるが本件では問題とはならない）が、そのいずれも有するとは認められないとして、ビットコインは物権である所有権の客体とはならないとし、原告は、所有権を基礎とする取戻権を行使することはできないとした。本件では、原告が所有権を基礎とする主張をしたのであるから上記のような判示をしたまでである[2]ので、それ以上の法的性質の議論はいまだ解決をみていない。そこで以下では、私法上の位置付けに関する学説状況を概観する。

2. 暗号資産の私法的位置付け

仮想通貨の私法的位置付け[3]を議論する際に、①仮想通貨それ自体の法的評価の問題と、②仮想通貨の帰属・移転に関する規律の問題とを分離して議論することが適切であるとの指摘があり[4]、以下では2つに分けて説明する。

(1) 仮想通貨それ自体の法的評価の問題

仮想通貨それ自体をどのように法的に評価するかについては、以下の3つの見解が対立している。

---

[2] 得津・後掲**注3**「日本法」154頁。松嶋・前掲**注1** 9頁では、本件が、ビットコインが「所有権」の対象になるか否かの争点に集約してしまい、その他財産権の法的性質の認定のための議論が展開されなかったことが惜しまれるとしている。

[3] 仮想通貨の私法的位置付けについて検討する論文は多く公表されている。本稿執筆に際し主に参照したものは以下のとおりである。森下哲朗「Fintech時代の金融法のあり方に関する序説的検討」江頭憲治郎先生古稀記念『企業法の進路』（有斐閣、2017）、森田宏樹「仮想通貨の私法上の性質について」金法2095号14頁（2018）、片岡義広「再説・仮想通貨の私法上の性質」金法2106号8頁（2019）、得津晶「日本法における仮想通貨の法的諸問題：金銭・所有権・リヴァイアサン」法学（東北大学）81巻2号151頁（2017）（以下、得津「日本法」で引用）、同「仮想通貨の消費者被害と法的問題」現代消費者法42号19頁（2019）（以下、得津「消費者」で引用）、本多正樹「仮想通貨の民事法上の位置付けに関する一考察(1)」民商法雑誌154巻5号921頁（2018）、「同(2・完)」154巻6号1194頁（2019）、末廣裕亮「仮想通貨の法的性質」法教449号52頁（2018）、金融法委員会「仮想通貨の私法上の位置付けに関する論点整理」（2018）（http://www.flb.gr.jp/で利用可）。

[4] 金融法委員会・前掲**注3** 7頁。以下の記述は、同報告書の整理に依存している。

まず、ネットワーク参加者の「合意」により説明する方法である[5]。これは、仮想通貨の発生・移転等についてはネットワーク参加者によるプログラム・コードに対する「合意」の上に成り立っているので、その「合意」を基準に法律関係を構築していることは、制度運営からしても正しいとの考え方である。

確かに、「合意」アプローチは魅力的ではあるが、プログラム・コードに対する「合意」は、コードによって一定の行為が制約され又は可能となり、そのような無意識な受容を含むものであり、「意思と意思との合致により成立しそれにより法律効果が発生する」という伝統的な「合意」概念よりも希薄な「合意」を想定しているため、本来の意味の「合意」と同様の拘束力を認めることができるかは理論的な問題として残るとの指摘がある[6]。また、ここでいう「合意」の意味を法律的に考えると、それにより仮想通貨の価値が初めて発生するのか、それとも、(無主のものとはいえ)権利は既に存在し、それが「合意」により当事者間によりその存在が認められるに過ぎないのかと、解釈の仕方は2つありえると思われ(有価証券法における「設権証券」か「宣言証券」かの区別[7]に相当するだろう)、おそらく、この「合意」アプローチをとるならば、前者の見解を採る必要がある(要するに設権性がある)ように思われるが、このように考えても、やはり、希薄な「合意」にそこまでの効力を認めて良いのか疑わしい。

次に、仮想通貨を財産権として認定すべきであるとの見解がある[8]。この見解の出発点となるのは、現行民法では、有体物以外に所有権を観念することができないが、有体物以外の財産についても排他的帰属関係を認定し、同関係が侵害されたときには、所有権侵害と類似した回復請求を認めることができないかどうかとの点にある[9]。そこで、「法令の

---

5 末廣・前掲**注3** 54頁。
6 末廣・前掲**注3** 55頁。
7 例えば、高窪利一『現代手形・小切手法 三訂版』(経済法令研究会、1997)25頁。
8 森田・前掲**注3** 15頁以下。
9 このような議論の嚆矢は、我妻栄「権利の上の所有権という観念について」『民法研究III物権』(有斐閣、1966)163頁以下である。

範囲内において目的物を自由に使用・収益・処分をする」(民法206条)
という「所有権」概念は目的物の客体面から捉えたものに対し、人が財
産を排他的に帰属する関係という目的物を主体面から捉える概念を「財
産権」と称し、所有権以外の財産権についても、①所有権移転を同様の
規律を妥当させ、②財産権について自己に帰属していることを理由に、
第三者に対して準占有を排除し、権利行使が可能な状態の回復を請求す
ることを可能とさせ、所有権に基づく返還請求権と同様の規律を妥当さ
せる、との見解が主張されている。この見解によると、仮想通貨という
バーチャルなものについても財産権概念を適用し、それについて所有権
法規律を適用すると考える。

　これに対し、仮想通貨は「財産権」ではなく、「財産」であるとの見
解も存在する。同説の要点は、法的根拠がないところに「権利」なるも
のは存在せず、それゆえ仮想通貨は「財産」に過ぎないと考える点にあ
る[10]。しかし、そもそも我妻栄博士が「財産権」概念を定立したのは、
財産に対する排他的支配に対する法的保護策を案出するためであり、「財
産権」そのものよりも「財産権」への保護策を法的に構築できればそれ
で十分ではないだろうか。また、同説によると、仮想通貨は「財産」で
あるため、物権法理をそのまま適用できないが、「条理」を根拠として
物権法理を類推適用することを認める[11]。しかし、これでは物権法定主
義に反することになろう。それならば、「財産権」概念を定立し、そこ
から演繹的に物権法的保護策の存在を認めたほうが概念的に整理され
る。我妻博士や森田教授はその点を想定しているのではないだろうか。

　以上からして、「財産権」として考える見解が妥当であると考えるが、
問題は、その財産権についてどのような具体的法理が適用されるのかで
ある。それが次の(2)の議論である。

10　片岡・前掲**注3**　9頁。なお、片岡弁護士の見解の全体像は、片岡義広「ブロックチェーンと
　　仮想通貨をめぐる法律上の基本論点」久保田隆編『ブロックチェーンをめぐる実務・政策と法』(中
　　央経済社、2018) 156頁以下参照。
11　片岡・前掲**注3**　12頁。

IV 暗号資産の利用に際してかかわる諸法制

(2) 仮想通貨の移転・帰属に関する問題

ア 問題設定

　仮想通貨の性質は一種の財産権であるとしても、次に問題となるのは、その財産権の内容、すなわち、仮想通貨がどのように移転し、どのように権利者に帰属するかである。これについては具体的な事例を想定して議論してみよう。

　一般的に、仮想通貨の移転と帰属については、以下のような具体的事例において問題となりうる[12]。

【事例1】A（買主）とB（売主）との間で売買契約が締結され、BはAに目的物を引き渡したが、代金支払前にAが破産した。Aの破産手続においてBはいかなる請求権を行使できるか。

【事例2】AはBに仮想通貨を引き渡した後、契約が解除され、その後Bが破産した場合、Bの破産手続においてAはいかなる請求権を行使できるか。

【事例3】Bが秘密鍵をハッキングすることにより、Aの仮想通貨を自己のアドレスに対して不正に移転した場合、原所有者Aは盗取者Bに対してどのような権利を有するのか。

【事例4】Bが秘密鍵をハッキングすることにより、Aの仮想通貨を自己のアドレスに対して不正に移転し、その仮想通貨を利用して、自己のCに対する債務を弁済した場合、原所有者Aは転得者Cに対してどのような権利を有するのか。

　上記4つの事例につき、得津准教授は、それぞれにつき、①金銭のアナロジー、②物のアナロジー、③単なる役務提供契約の3つの視点より分析をし、【事例1】と【事例2】については、いずれも破産債権化にするにすぎず、救済策がそれほど変わらないが、【事例3】と【事例4】の盗難事例においては、②物のアナロジーでは被害者保護に厚くなり、①金銭のアナロジーよりも③役務提供契約のほうが取引安全に資すると整

---

[12] 以下の事例については、得津・前掲注3「日本法」155頁をベースとして若干アレンジしている。なお、本多・前掲注3（2・完）1207頁もほぼ同様の事例を挙げている。

158

理している[13]。

イ 金銭のアナロジーによる解決の可能性

(ア) 金銭のアナロジーで解決される理由

しかし、仮想通貨が決済手段として活用されている局面について議論するならば、同じ決済手段として活用されている金銭のアナロジーで議論することが自然であるかのように思える。では、仮想通貨についても、金銭と同様に占有＝所有理論を適用させる根拠はどこにあるのか。森田教授によると、仮想通貨が有する「限定された債務免責力」にその根拠を見出すようである。

「決済方法」とは、金銭債務を弁済により消滅させるという価値的機能である「支払単位」と、その「支払単位」が組み込まれたものとして合意され、価値帰属を実体的に追跡することができるような媒体である「通貨媒体」との組合せによって把握される。決済手段として実際に我々の手で授受されるものは「通貨媒体」であるが、現実的に金銭債務を消滅させているものは「通貨媒体」に組み込まれている「支払単位」である。ただ、この「支払単位」はまったく個性のない観念的・抽象的存在であり、「物」としての特定は観念しえず、それゆえ、「通貨媒体」を占有している者のみがそれを行使することができ、その結果、金銭は占有者が所有者となるとする。これが、金銭「占有＝所有理論」の根拠であるという[14]。すなわち、金銭の「物」としての側面ではなく、「物」に媒体されている「価値」が根源であると解するのであろう。

そして、仮想通貨は現金通貨において有体物が通貨媒体として果たしていた機能を、ブロックチェーン上の電子的記録に代替させたものとして捉えられるとする[15]。

ただ、仮想通貨については、法定通貨の支払単位よりも債務免責力が認められる範囲が限定されている（ビットコインについて金銭で支払う

---

13 得津・前掲**注3**「日本法」163頁、同「消費者」26頁。
14 森田・前掲**注3** 18頁。
15 森田・20頁。

ことは可能だが、金銭に対しビットコインで支払うことは、代物弁済の合意がなければできない）。よって、仮想通貨は「通貨」としては認められない。このような限定された債務免責力があったとしても、先述の支払単位は保有者に排他的に帰属するのであるから、仮想通貨の帰属・移転について、通貨としての法的性質を反映した規律が妥当すると解するのである[16]。

　近時、機能的分析が進み、法的性質論のような総論的議論を立て、そこから演繹的に議論を展開する必要性は乏しいとの見解も多くなりつつある。しかし、仮想通貨のような未知の世界のものを、我々の既存の法的知識に近づけて理解していくためには、やはり法的性質論を固めて議論していくべきではないか。その点で、上記森田教授の見解は有益な示唆を与えるように感ずる。

　よって本稿では、先ほどの得津准教授の分類でいうところの、金銭のアナロジーで分析していきたい[17]。

　【事例1】においては、一方未履行の双務契約上の請求権であり、かつ、破産手続開始決定前の原因に基づく財産上の請求権であることから、破産債権となる（破産法2条5項）。

　【事例2】においては、買主Aが有するのは、不当利得返還請求権として破産債権となる（破産法103条2項1号ロ）。

　【事例3】と【事例4】の説明の前提として、まずは金銭の法的地位・金銭占有＝所有権理論について詳説しておきたい。

(イ)　金銭の法的地位

　金銭を盗取されたりした者が、加害者に対しその返還を請求することができるか否かが問題となる[18]。被害者は通常、不当利得返還請求権や損害賠償請求権などにより保護されるが、それらは金銭債権であるため、とりわけ加害者が破産したときには破産手続上で按分弁済を受けうるに

16　森田・22、23頁。
17　以下の説明は得津・前掲**注3**「日本法」154頁、同「消費者」25頁に依存している。
18　以下の記述は、能見善久「金銭の法律上の地位」星野英一編集代表『民法講座別巻1』（有斐閣、1990）101、102頁以下に依存している。

過ぎない。そこで、被害者に金銭の所有権に基づく返還請求権を認めることはできないかどうかが問題となっている。

　この点につき、日本法においては、金銭の占有が移転すれば所有権も移転するという、「占有＝所有権理論」と呼ばれる立場が有力となっている。これは、①現実の支配（占有）から遊離した単なる支配の可能としての所有権では貨幣を現実に流通過程のうちに入れることはできない、そして、②貨幣は直接にそのもの自体が交換現象の中に飛び込むときにのみ貨幣としての機能を果たすのであるから、現実の占有を離れて金銭の所有権は成り立たない[19]といった理由により、金銭は占有している者に所有権が存在するとの理論である。判例は、「占有＝所有権理論」を採用しているといわれてはいる。ところが、騙取金銭を用いた弁済事例において、弁済の受益者が騙取の事実につき善意であれば受益者の利得は法律上の原因があるので不当利得とはならないが、悪意または重過失があるときには被害者から受益者に対する直接的な不当利得返還請求を認めており[20]、この判例の位置づけが問題となる。

　さて、このような金銭の「占有＝所有権理論」には2つの側面から制限があると考えられている[21]。

　第一には金銭の追及効の問題である。具体的には、BがAより窃取した金銭をCへの弁済にあてたとき、AはCに対して直接的に返還請求をすることができるかという問題である。「占有＝所有権理論」を徹底すれば、現在、金銭を占有しているCが金銭所有権を有しており、AがCに対して所有権に基づく金銭の返還請求を行うことは当然にできないこととなる。ところが、既述のとおり判例では、Cが窃取の事実につき悪意・重過失であるときには、Aは直接的にCに対して不当利得返還請求

19　末川博「貨幣とその所有権」『民法論集』（評論社、1959）25、29頁、川島武宜『新版所有権法の理論』（岩波書店、1987）178頁。ただし、末川理論に比べ川島理論のほうが「占有＝所有権理論」の範囲は広い。

20　最判昭和42年3月31日民集21巻2号475頁、最判昭和49年9月26日民集28巻6号1243頁。

21　加藤雅信『財産法の体系と不当利得法の構造』（有斐閣、1986）668頁、能見・前掲**注18**116頁。

権を行使することを認めている。これは、物権的請求権ではなく、不当利得返還請求権であるため、法律構成は異なるとはいえ、Ｃの金銭に対する占有に制限をする結果と同様となる。

第二には、債権の優先的取扱いの可否の問題である。Ｂに対してはＣも金銭債権を有している際に、ＡがＢに対して窃取された金銭の返還請求権は優先的地位が付与されるかどうかである。Ａ、Ｃともに金銭債権であれば平等の地位にあるにすぎず、特にＢ破産の場合にはお互いに按分弁済を受けるに過ぎない。これにつき、Ａに物権的請求権類似の請求権を認める立場からすれば、Ｂの破産手続においてはＡには取戻権が与えられ、Ｂが当該金銭をＤに処分したときには、処分対象財産に対し代償請求権が与えられると理論構成できる。しかし、この結論を採るとＣやＤに不測の損害が生じ、金銭取引の安全が害される。よって、優先的取扱いについては、判例の立場からすると否定的に解されるようである[22]。

(ウ)　金銭の法的地位の議論の仮想通貨へのあてはめ

さて、仮想通貨の説明へと戻ろう。

【事例3】と【事例4】は、仮想通貨を盗取された被害者による無権限者に対する回復請求の法的性質の問題である。この問題については、「占有＝所有権理論」を応用する可能性が指摘されている。すなわち、ブロックチェーン上の記録を離れた「本来の権利」がさすものやその帰属・移転のための規律が明確ではなく、さらに、ブロックチェーン上の記録に加えて何らかの要素がないと権利が移転しないというのは、流通性を有する仮想通貨の実態を反映したものとは言えないとし、「占有＝所有権理論」と同じように、仮想通貨を支配しているものが真の権利者であるとする考え方は合理的であると指摘されている[23]。それゆえ、被害者は無権限者に対して不当利得返還請求権を行使しうるだけで、物権的請求権は行使することができないとされる。ただ、さらに事例を拡大させ、

22　能見・前掲**注18**　124頁注（41）。

23　末廣・前掲**注3**　56頁。先述の通り、末廣弁護士は合意アプローチを採用しているが、金銭占有＝所有権理論をも採用している。

仮想通貨を窃取した無権限者がその債務の弁済のため、仮想通貨を利用した場合はどうなるのか。おそらく、金銭論のときと同様に、悪意・重過失の受益者に対しては不当利得返還請求権を行使することができ、それがある意味「占有＝所有権理論」の例外をなすのであろう。

よって、以上からすると、【事例3】については、AはBに対して盗取について不当利得返還請求権ないし損害賠償請求権を行使できるにすぎず、仮にBが破産した場合には、それが破産債権化されるにすぎない。物の回復に与えられる特別な取戻権などは認められない。【事例4】については、転得者Cの主観的要件に依存する。Cが仮想通貨盗取の事実について悪意・重過失である場合には、AはCに対し直接的に不当利得返還請求権を行使することができる。これに対し、Cが盗取の事実について善意・無重過失である場合には、不当利得返還請求権を行使することはできないとの結論となる。

なお、仮想通貨が資金決済手段となる財産権であると認定されるということは、他者との間で売買や交換等の取引を行うことができる性質のものであるため、民事執行法との関係においても「財産権」の客体たり得るとの解釈をなしうる[24]。この点については、**Ⅳ5**を参照のこと。

3. まとめに

最後に、本節内容の射程範囲について軽く言及しておきたい。

当初、仮想通貨は金銭に代わる決済手段としての利用が想定され、導入されたが、その利用はほとんど投機の手段となってしまった。決済の基本的手段は依然として金銭であり、それを仮想通貨に変更させるという発想の転換がほぼ生じず、その結果、たとい仮想通貨を保有していても結局は金銭との交換を欲するのであり、その結果、仮想通貨と金銭との価格差を利用して投機手段となってしまうのは必然的であろう。この

---

24 中野貞一郎＝下村正明『民事執行法』（青林書院、2016）778頁注（6）、菅野百合＝髙田和貴「仮想通貨と債権保全・回収に関する実務的考察」NBL1131号35、39頁（2018）、本多健司「仮想通貨返還請求権の差押えをめぐる実務上の諸問題」金法2111号6、10頁（2019）を参照。

163

IV 暗号資産の利用に際してかかわる諸法制

ことは、法定通貨との連動をうたうステーブルコインであっても、やはり価格変動は生じてしまう[25]ので、結果としては同じことになる。このような仮想通貨を投機の手段として利用する際の問題点[26]の解決策として金融商品取引法が改正された点については、本書 **Ⅳ 3** における鬼頭准教授による解説を参照してほしい。

［武田　典浩］

25　河村賢治「仮想通貨・ICO に関する法規制・自主規制」金融商品取引法研究会研究記録第67号（日本証券経済研究所、2019年）5頁。

26　詳しくは仮想通貨交換業等に関する研究会報告書（平成30年12月21日）、及び、同研究会における各種資料（ともに https://www.fsa.go.jp/news/30/singi/kasoukenkyuukai.html で利用可能）を参照。

2 暗号資産の利用と倒産法との接点

1. はじめに

　ある者が暗号資産を現金と交換するためには、暗号資産のシステム外で購入希望者を探し出し、交換金額につき交渉をして折り合いをつける必要があるが、個人でそのようなことを行うのは困難である。そのため、暗号資産と現金とを交換する暗号資産の取引所が必要となる。もっとも、顧客が暗号資産の取引所に現金を支払い、暗号資産を購入したところ、当該取引所が倒産してしまったとする。実際に、マウントゴックスの事例ではそのような事態が生じている。そのような場合、顧客の暗号資産自体は、資金決済に関する法律（以下「資金決済法」という）における他の電子マネーと異なり、取引所によって供託などされているわけではないため、取引所倒産時の顧客保護が求められ、暗号資産と倒産法とが接点を有することとなる。

　本節では、暗号資産の取引所が破産した場合における取引所の顧客の保護につき、2.で、資金決済法における『暗号資産』と『暗号資産交換業者』を概観した上で、3.で、暗号資産交換業者破産時における顧客の暗号資産交換業者に対する請求権を参照し、4.で、資金決済法の改正による暗号資産交換業者倒産時の顧客保護について紹介していくこととする。

2. 資金決済法における『暗号資産』と『暗号資産交換業者』

　仮想通貨は、インターネットで電子的に取引され、通貨的な機能を持つ財産的価値であり、近時、その利用が拡大した。もっとも、仮想通貨に関する私法上の性質については未だ議論があり[1]、法律上の取扱いに

---

[1] 森田宏樹「仮想通貨の私法上の性質について」金法2095号（2018年）14頁以下、片岡義広「再説・仮想通貨の私法上の性質—森田論文を踏まえた私見（物権法理の準用）の詳説—」金法2106号（2019年）8頁以下参照

ついても不明確な点があるところ、資金決済法においては、仮想通貨を『暗号資産』と定義し、暗号資産を取り扱う取引所を『暗号資産交換業者』と定義し、規制を設けている。そのため、仮想通貨の取引所が倒産した場合の顧客保護については、資金決済法の制度を参照する必要がある。

そこで、以下で、資金決済法における『暗号資産』や『暗号資産交換業者』について、概説していくこととする。

(1) 資金決済法上の『暗号資産』の定義

令和元年改正資金決済法においては、国際的な動向を踏まえ、現行資金決済法における『仮想通貨』という用語を『暗号資産』と改めているが[2]、定義自体の変更はなされていない。

資金決済法における『暗号資産』の定義は、①「物品を購入し、若しくは借り受け、又は役務の提供を受ける場合に、これらの代価の弁済のために不特定の者に対して使用することができ、かつ、不特定の者を相手方として購入及び売却を行うことができる財産的価値（電子機器その他の物に電子的方法により記録されているものに限り、本邦通貨及び外国通貨並びに通貨建資産を除く）であって、電子情報処理組織を用いて移転することができるもの」（資金決済法2条5項1号）、②「不特定の者を相手方として前号に掲げるものと相互に交換を行うことができる財産的価値であって、電子情報処理組織を用いて移転することができるもの」（資金決済法2条5項2号）をいう。

暗号資産の定義①に示された要件は、(i)物品やサービスの対価として不特定の者に対して使用できること、(ii)不特定の者を相手方として購入及び売却できるものであること、(iii)電子的方法で電子機器等に記録された財産的価値であること、(iv)コンピューターを用いて移転することができるものであること、(v)本邦通貨・外国通貨・通貨建資産でないものである。

---

2 仮想通貨交換業等に関する研究会報告書31頁（金融庁ウェブサイト：https://www.fsa.go.jp/news/30/singi/20181221-1.pdf）（平成30年12月21日）

このうち、(i)の要件は、不特定の者に対して使用できることを求める
ものとなっている。また、(ii)の要件により、いわゆるポイントなど、特
定の相手方に対してのみ、利用できるものは除外されることとなる。(ii)
の要件のうち、不特定の者を相手方として購入又は売却できるという点
は、通貨と同様に流通することが予定されているものを暗号資産とする
ための要件であり、譲渡できないものは(ii)の要件を満たさず、暗号資産
には含まれないと考えられる。(iii)の要件に、電子的方法で電子機器等に
記録されているのであれば、1つのコンピューターにおける記録、分散
型台帳における記録のいずれであっても要件を満たすようになってい
る。また、(iii)の要件における「財産的価値」という文言より、民法上の
物権又は債権である必要はないし、何らかの財産価値を有していれば、
(iii)の要件を満たすことになる。(iv)の要件は、コンピューターにおける記
録を通じて、価値の帰属主体を変更することが可能なシステムであるこ
とを要求している。

これに対して暗号資産の②の定義は、物品やサービスの購入には利用
できないが、暗号資産とだけ交換できるようなものを想定している。

(2) 資金決済法上の『暗号資産交換業』と『暗号資産交換業者』

令和元年改正資金決済法では、『仮想通貨』という用語を『暗号資産』
という用語に変更したことに伴い、現行資金決済法における『仮想通貨
交換業』という用語も『暗号資産交換業』に改められることとなった。

一般的に、仮想通貨の取引所とされている業者が当該業務を行うこと
は、資金決済法上の『暗号資産交換業』に該当し得る。

資金決済法における『暗号資産交換業』とは、①暗号資産の売買又は
他の暗号資産との交換、②その媒介、取次ぎ又は代理、③①②に掲げる
行為に関して、利用者の金銭の管理をすること、④他人のために暗号資
産の管理をすることのいずれかを業として行うことをいう（資金決済法
2条7項）。

暗号資産交換業の定義における「売買」や「交換」は、民法上の売買（民

法555条）や交換（民法586条1項）に該当するものだけでなく、経済的に、法定通貨を用いて暗号資産を取得したり、暗号資産を用いて法定通貨等を取得していると評価できるような取引をも含むと考えられている[3]。

そして、資金決済法63条の2は、「暗号資産交換業は、内閣総理大臣の登録を受けた者でなければ、行ってはならない。」と規定しており、暗号資産交換業は登録制となっており、同法による登録を受けた者を『暗号資産交換業者』という（資金決済法2条8項）。

資金決済法63条の5第1項1号において、「株式会社又は外国暗号資産交換業者（国内に営業所を有する外国会社に限る。）でないもの」は、登録できないこととされている。また、資金決済法63条の5第1項2号より、外国暗号資産交換業者が暗号資産交換業を登録するためには、国内における代表者であって国内に住所がある者を置いていることが必要となる。

暗号資産交換業の登録に際しては、暗号資産交換業を適正かつ確実に遂行するために必要と認められる財産的基礎を有すること（資金決済法63条の5第1項3号）、暗号資産交換業を適正かつ確実に遂行する体制を整備すること（資金決済法63条の5第1項4号・5号）も求められている。そして、暗号資産交換業者は、その取り扱う暗号資産と本邦通貨又は外国通貨との誤認を防止するための説明、手数料その他の暗号資産交換業に係る契約の内容についての情報の提供等により、暗号資産交換業の利用者の保護を図ることも必要となる（資金決済法63条の10）。

3. 暗号資産交換業者破産時における顧客の暗号資産交換業者に対する請求権〜マウントゴックスの事例より〜

(1) 取引所が破産した場合の顧客の権利

暗号資産の保有者は、暗号資産交換業者を介して暗号資産の売買を

3　森下哲朗「FinTech時代の金融法のあり方に関する序説的検討」江頭憲治郎先生古稀記念『企業法の進路』（有斐閣、2017年）794頁

行っていることが多いと思われる。

　もっとも、暗号資産交換業者について破産手続開始決定が下された場合、顧客の暗号資産交換業者に対する権利はどのように取り扱われるのであろうか。

　顧客が破産した暗号資産交換業者に対して暗号資産の返還を求める請求権は、一般的には、破産債権となり、破産手続においては破産債権たる非金銭の請求権は、金銭化されることになると考えられている[4]。そのため、顧客は、取引所の破産時の破産債権の届出に際し、破産手続開始決定時を基準時として金銭評価額を届け出ることとなり（破産法103条2項1号イ、111条1項等）、債権調査を経て、破産債権の存否をおよびその金銭評価額等が確定する(破産法115条1項以下)。これに対して、民事再生法には、非金銭債権の金銭債権化の規定がないため、非金銭債権として取り扱われることになる[5]。

　以下で、仮想通貨の取引所が破産した場合に、顧客の取引所に対する権利が破産債権とされた事例（東京地判平成30年1月31日金判1539号8頁）について概観する。

ア　顧客の取引所に対する債権が破産債権とされた事例

㈠　事案の概要

　訴外Z（株式会社MTGOX）は、仮想通貨交換事業等を業とする株式会社であり、インターネット上の仮想通貨であるビットコインの交換取引所（以下「本件取引所」という）を運営し、ビットコイン又は通貨（ビットコイン以外の日本円や米ドル等の各国の通貨）の預かり業務や本件取引所の利用者間のビットコインの売買や仲介業務を行っていた。そうしたところ、東京地方裁判所は、平成26年4月24日、訴外Zにつき破産手続開始決定をし（以下「本件破産事件」という）、同日、

4　小林信明「仮想通貨（ビットコイン）の取引所が破産した場合の顧客の預け財産の取扱い」金法2047号（2016年）43頁
5　田中幸弘＝遠藤元一「分散型暗号通貨・貨幣の法的問題と倒産法上の対応・規制の法的枠組み（上）―マウントゴックス社の再生手続開始申立て後の状況を踏まえて―」金法1995号（2014年）60頁

暗号資産の利用に際してかかわる諸法制

破産管財人として、Yが選任された。Xは、本件取引所を利用していた者である。

Xは、平成27年5月28日、本件破産事件において、ビットコインの返還請求権及びこれに付帯する遅延損害金請求権として、各破産債権を届け出たところ、Yは、破産債権①のごく一部（元金2564円及び損害金30円）を認めたものの、破産債権②～⑦の全部を認めなかった（【図表1】届出債権等一覧表参照）。そこで、Xは、平成28年6月24日、破産裁判所に対し、その届出どおりの破産債権の査定の申立てを行ったが、平成29年3月2日に下された同裁判所の査定決定の内容は、Yの認否と同様の判断（破産債権②～⑦については、0円と査定）であった（原決定。【図表1】届出債権等一覧表参照）。

【図表1】届出債権等一覧表

		Xの届出	Yの認否及び原決定
破産債権①	元金	1251万4530円	2564円
	損害金	14万8118円	30円
破産債権②	元金	7508万7180円	0円
	損害金	88万8703円	0円
破産債権③	元金	2億3927万7813円	0円
	損害金	283万2000円	0円
破産債権④	元金	2億6530万8036円	0円
	損害金	314万0084円	0円
破産債権⑤	元金	1億5017万4360円	0円
	損害金	177万7406円	0円
破産債権⑥	元金	1億1513万3676円	0円
	損害金	136万2678円	0円
破産債権⑦	元金	8億9453万8604円	0円
	損害金	1058万7415円	0円

Xは、原決定の送達を受けた日から1月の不変期間内である平成29年4月3日、原決定の変更を求め、破産債権査定異議の訴えを提起した。これに対し、東京地裁は、下記のとおり判示し、原決定を認可した。

　(イ)　判　旨

「Xは本件届出債権の全てを有していると主張するところ、後述のとおり、Xが破産債権①を有することは認められるものの、本件届出債権のうちのその他の債権についてXが有することを認めるに足りる証拠はない。また、破産債権①についても、2564円及びこれに対する遅延損害金30円を超える金額をXが有することを認めるに足りる証拠はない。」

「Xは、Zの代表者によって本件取引所からビットコインの不正な引出しが行われて本件取引所からビットコインが喪失した旨主張するが、仮にX主張の事実が認められるとしても、本件届出債権の性質、内容からすれば、このような事実は本件届出債権の存否及び額の判断には影響を及ぼさないから、Xの主張を採用することはできない。

ビットコインは、仮想通貨であり、物品を購入し、若しくは借り受け、又は役務の提供を受ける場合に、これらの対価の弁済のために不特定の者に対して使用することができ、かつ、不特定の者を相手方として購入、売却及び交換を行うことができる財産的価値を有する電磁的記録であって、電子情報処理組織を用いて移転することができるものである。ビットコイン（電磁的記録）を有する者の権利の法的性質については、必ずしも明らかではないが、少なくともビットコインを仮想通貨として認める場合においては、通貨類似の取扱いをすることを求める債権（破産法103条2項1号イの「金銭の支払を目的としない債権」）としての側面を有するものと解され、同債権（以下「コイン債権」という。）は、ビットコイン（電磁的記録）が電子情報処理組織を用いて移転したときは、その性質上、一緒に移転するものと解される。Xは、XがZに対してビットコインの返還請求権を有するとして、破産債権の届出をしたものであるが、ビットコイン自体は電磁的記録であって返還することはできない

から、Xは、コイン債権について、破産法103条2項1号イの「金銭の支払を目的としない債権」として、破産手続開始時における評価額をもって、破産債権として届け出たものと解される。Xが主張するようにZの代表者がXのビットコインを引き出して喪失させたのであれば、既にビットコインは他に移転し、同時にコイン債権も他に移転したことになるから、破産手続開始時において、XはZに対し、コイン債権を有しなかったことになる。本件届出債権は、XがZに対してコイン債権を有することを前提とするものと解されるところ、その前提を欠くことになるから、Xの上記主張は、結論を左右するものとはいえない。」

イ　本判決の検討

本判決は、マウントゴックスの破産に伴う、破産関連訴訟の1つであり、顧客の取引所に対するビットコインの返還請求権が破産債権として届出された事例である。

本判決は、Zが保有する本件取引所の利用者のアカウント情報が記録されたデータベースを検索することによって得られる特定のアカウントのビットコインの残高について、信用性を認めた上で、Xが主張する本件届出債権につき、YがXの主張するアカウントの有無及びビットコインの残高を確認したところ、破産債権①については2564円相当が確認されたが、破産債権②ないし⑦については、そもそも、Xが主張するアカウントが確認できなかったことから、破産債権②ないし⑦については認めていない。

その上で、本判決は、Zの代表者によって本件取引所からビットコインの不正な引出しが行われて本件取引所からビットコインが喪失した旨のXの主張に対し、本件届出債権の性質、内容からすれば、仮にそのような事実が認められたとしても、本件届出債権の存否及び額の判断に影響はないとする。本判決は、本件届出債権につき、①「通貨類似の取扱い」をすることを求める非金銭債権（破産法103条2項1号イ）としての側面を有するコイン債権と理解した上で、②ビットコイン（電磁的記録）が電子情報処理組織を用いて移転したときは、その性質上、一緒に移転す

るため、Zの代表者によるXのビットコイン引き出しに伴い、それに応じた部分につき、Xはコイン債権を有しなくなるものと捉えている。

まず、①における破産法103条2項1号イの非金銭債権とは、「物」の引渡請求権や代替的作為請求権等、財産上の請求権を意味し、破産手続開始時を基準時として、破産債権者自らが評価をなし、債権届出を行い、本来の債権とその評価額について調査及び確定がなされるものである[6]。

次に、②については、コイン「債権」でありながら、電子情報処理組織を用いたビットコインの移転に伴い、コイン債権も移転することを認めている。ブロックチェーン上の権利関係に、ビットコインそのものだけでなくコイン債権の帰属をも連動させる②の判示は、金銭につき所有と占有を常に一致させるという金銭の所有権についての通説と類似するとの指摘や台帳であるブロックチェーンの管理に自己責任を求めることの影響との指摘もある[7]。本判決では、Zの代表者によって本件取引所からビットコインの不正な引出しが行われて本件取引所からビットコインが喪失したとの事実は認定されていないが、仮にそのような事実が認定されていれば、届出債権につき、ビットコインが利用不能になったことによる損害賠償請求権として構成することも考えられよう[8]。

(2) 破産法における取戻権行使のための法律構成

取引所に対して暗号資産を預けている顧客の取引所に対する請求権は、破産手続が開始されると、基本的には破産債権として取り扱われることとなる。もっとも、それでは、資金決済法で規定されている他の電子マネーに比して、顧客の保護が弱いこととなる。そこで、取引所に対して暗号資産を預けている顧客の取引所に対する請求権を取戻権として構成できないかが問題となる。

6　伊藤眞『破産法・民事再生法（第3版）』（有斐閣、2014年）267頁
7　松嶋隆弘「判批」税務事例50巻6号（2018年）91-92頁
8　金判1539号11頁囲み記事

取戻権は、破産手続のみならず、民事再生手続（民事再生法52条1項）及び会社更生手続（会社更生法64条1項）においても認められているが、解説の都合上、破産手続における取戻権に限定し、破産法上の取戻権の一般について解説した上で、現在、主張されている取戻権行使のための法律構成を解説していくこととする。

ア　破産法上の取戻権

取戻権とは、その目的物が破産財団等に属さないことを主張する権利である。取戻権には、目的物について第三者が実体法上の支配権に基づいて主張する①一般の取戻権と実体法上の支配権とは別に破産法が特別の考慮から創設した②特別の取戻権とがある。

一般の取戻権については、その支配権について対抗要件が具備されていることが必要とされ、所有権などの物権的な権利は一般の取戻権の基礎となる権利となる。取戻権の行使は、訴訟上又は訴訟外を問わず、また、抗弁としても用いることができる。なお、破産管財人が価額が100万円を超える物の任意の引渡しを承認する場合には、裁判所の許可が必要となる（破産法78条2項13号・3項1号）。

債権的請求権は、一般的には破産債権（破産法2条5項）となるが、破産者が転借していた物について、転貸人が転貸借の終了を理由として取戻権を主張する場合など、破産管財人の支配権を否定し、自己への引渡しを求めうる内容の権利である場合には、取戻権の基礎となる。

ある財産が信託財産とされると、受託者について破産手続が開始されても、信託財産は、破産財団に属せず（信託法25条1項）、破産手続の開始に伴って受託者の任務が終了し（信託法56条1項3号）、新受託者が選任されれば（信託法62条1項）、新受託者は、受託者の破産管財人に対し、信託財産に関する取戻権を行使することができる。信託財産を根拠として、取戻権の行使を認めた判例に、最判平成14年1月17日民集22巻7号1462頁がある。最判平成14年の事案は、公共工事の請負者が保証事業会社の保証のもとに地方公共団体から支払を受けた前渡金につき、明示的に信託という法的構成を採っていなかったが、最高裁は、

合意に基づく信託の設定を認め、前渡金を原資とする預金債権は、請負人の破産財団に組み入れることなく、地方公共団体に帰属するとして、破産管財人の金融機関に対する前渡金残額の支払請求を棄却している。また、最高裁は、対抗要件がない財産であっても、一般財産から分別管理され、特定性をもって保管されていれば、対抗要件を具備することなく、信託財産に属することを第三者に対抗できるとしている。

　問屋が委託者のために物品を買い入れた後に破産手続開始決定がされた場合に、委託者に目的物の取戻権が認められるかが問題となる。この点につき、最高裁は、問屋が委託の実行として売買をした場合に相手方に対して取得した「権利は委託者の計算において取得されたもので、これにつき実質的利益を有する者は委託者であり、かつ、問屋は、その性質上、自己の名においてではあるが、他人のために物品の販売または買入をなすを業とするものであることにかんがみれば、問屋の債権者は問屋が委託の実行としてした売買により取得した権利についてまでも自己の債権の一般的担保として期待すべきではないといわなければならない」として、委託者に目的物の取戻権を認めている（最判昭和43年7月11日民集22巻7号1462頁）。

イ　暗号資産についても物権法の適用を認める見解

　暗号資産についても物権法の適用を認める見解は、資金決済法は、暗号資産に財産的価値があることを認めており、また、特に業者に分別管理を求めたことは暗号資産保有者の権利は物権的保護に値する権利であること認めたことを理由とする[9]。

　かかる見解は、暗号資産の帰属や移転については、一時的には帳簿や台帳の記録を手掛かりとしつつ、そこで権利者として記録されている者が本来の権利者ではない場合には、本来の権利者に帰属させることとし、また、暗号資産の取引については、暗号資産を物や証券と同じように考えたうえで、暗号資産に関する当事者間の契約関係により、売買や寄託

9　森下・前掲**注3**　807頁

と同様に扱うべき場合や消費寄託と同様に扱うべき場合とを判断することになる。暗号資産も物権の客体となり、取引所と顧客の契約関係が、売買や寄託と同様に扱われると、顧客は、取引所の破産時に、取戻権の行使が可能となろう。

　また、かかる見解は、交換所等を介して取引を行っている顧客は、自分はビットコインを所有しており、自分が所有するビットコインを交換所に預けていると考えるのが通常であり、そういった顧客の素直な理解に照らしても、顧客と交換所との間の契約で別途合意されているような場合を除き、顧客と交換所との間の関係は、秘密鍵を顧客が直接管理しているかどうかにかかわらず、寄託や混蔵寄託あるいはそれに類似したものと把握すべきとする[10]。かかる見解によると、顧客と交換所との間の関係は、秘密鍵を顧客が直接管理しているかどうかにかかわらず、寄託等となる。

ウ　暗号資産に信託関係上の権利を認める見解

　顧客を委託者兼受益者、暗号資産の交換所等を受託者とする信託契約の成立を認定することができるとする見解が示されている[11]。

　暗号資産を信託的に捉えて取戻権の行使を認める見解は、前述の最判平成14年を暗号資産の取引所と顧客との関係に適用しようとするものである。

　平成14年判決は、対抗要件がない財産であっても、一般財産から分別管理され、特定性をもって保管されていれば、対抗要件を具備することなく、信託財産に属することを第三者に対抗できるとしている。そのため、暗号資産が信託財産としての倒産隔離が認められるためには、顧客の暗号資産が取引所の暗号資産と分別管理されており、特定していることが必要とされることになる。

10　森下・前掲**注3**　803頁
11　田中幸弘＝遠藤元一「分散型暗号通貨・貨幣の法的問題と倒産法上の対応・規制の法的枠組み（下）―マウントゴックス社の再生手続開始申立て後の状況を踏まえて」金法1996号（2014年）72頁、小林・前掲（注4）44–45頁、末廣裕亮「仮想通貨の法的性質」法教449号（2018年）57頁

エ　問屋が委託者のために物品を買い入れた場合と同様に考える見解

取戻権を認めるための理論構成としては、暗号資産の取引所を金融商品の取引所と同様に考え、前述の最判昭和43年7月11日を適用するとする見解がある[12]。

「問屋の債権者は問屋が委託の実行としてした売買により取得した権利についてまでも自己の債権の一般的担保として期待されるべきではない」とした最判昭和43年の理由付けは、暗号資産の取引所にも妥当するといえよう。

そして、最判昭和43年と同様の構成を採用すると、対抗要件の具備を問題とせずに、取戻権の行使が可能となる。

また、問屋が委託者のために物品を買い入れた場合には、取戻権行使の対象となる財産が問屋の一般財産に混入してしまい特定できないと、取戻権の行使は困難ではないかという問題がある（なお、最判昭和43年の事案では株券番号が特定されており、この点は問題となっていなかった。）。この問題に対して、現在の金融商品取引法には、金融商品取引業者等（証券会社もこれに含まれる。）の分別管理義務が規定されており（同法43条の2）、証券会社は、顧客の指示の委託に従い買い入れた株式を、分別管理しており、取引所の財産に混入することはない。資金決済法においても、ビットコイン等の暗号資産については、分別管理義務が要求されており（資金決済法63条の11第2項）、金融商品の取引所と同様に、取戻しの対象となる財産が問屋の一般財産に混入してしまうことがないようになっている。したがって、取引所と顧客との関係については、暗号資産については、金融商品の取引所と同様に、顧客財産の分別ができているといえよう。

オ　小　括

以上のように、取引所が破産した場合に、顧客に暗号資産の取戻権行使を認めるための法律構成としては、様々なものが主張されている。

12　松嶋隆弘「暗号資産に関する法的諸問題～近時の裁判例を素材として～」税理60巻14号（2017年）9頁

IV 暗号資産の利用に際してかかわる諸法制

　もっとも、暗号資産の私法上の性質が明らかでないことから、立法による取引所の顧客の保護が求められていた。

4. 資金決済法の改正による暗号資産交換業者倒産時の顧客保護

(1) 平成28年改正

　前述した暗号資産の取引所であったマウントゴックスの破綻という事態を踏まえて、仮想通貨資産交換業者が破綻した際の利用者保護の観点から、仮想資産交換業者は、仮想通貨交換業に関して、仮想通貨交換業の利用者の金銭又は仮想通貨を自己の金銭又は仮想通貨と分別して管理しなければならず、また、仮想通貨交換業者は、管理の状況について、定期に、公認会計士又は監査法人の監査を受けなければならないとの規制を受けるようになっている（平成28年改正資金決済法63条の11第1項・2項）。資金決済法上の前払式支払手段については、前払式支払手段発行者が破産した場合の利用者保護の観点から、発行保証金の供託が必要となっているが（資金決済法14条1項）、仮想通貨については供託ができないことから、仮想通貨交換業者と顧客の資産の分別管理にとどまっている。そして、仮想通貨交換業者の分別管理の方法としては、仮想通貨交換業者の資産と顧客資産を明確に区分し、直ちに判別できる状態にしておく区分管理の方法となっているが、それ以上に具体的な区分管理方法については指定されていない。

　顧客が仮想通貨交換業者より、ビットコインなどの仮想通貨を購入する場合、自らがウォレットを開設して秘密鍵を管理する場合もあれば、仮想通貨交換業者が提供するアカウントに購入したビットコインを預けている場合もある。前者の場合であれば、顧客は、交換所を介することなく、自らビットコインの取引を行うことが可能であるが、後者については、取引所を介しないとビットコインの取引を行うことができない。そして、仮想通貨交換業者等が顧客から仮想通貨を預かる場合には、仮想通貨交換業者自身のアドレスに仮想通貨の送付を受ける方が一般的な

取扱いとされている[13]。そのような場合、顧客は、取引所において、アカウントを開設及び保有するが、取引所が個々の顧客の仮想通貨を自己の帳簿上で管理するため、顧客のアカウント上の仮想通貨の残高は必ずしもブロックチェーン上の記録そのものではないことになる。仮想通貨交換業者がそのような方法を用いるのは、顧客全体の仮想通貨の総量はブロックチェーン上で記録されているが、同じ取引所内の顧客同士の取引を取引所の帳簿における残高の増減のみで処理することによって、取引コストの削減や事務の効率化のメリットを図ることができるためとされている。

(2) 令和元年改正

平成28年改正により、仮想通貨交換業者には、顧客毎の財産を直ちに判別できる状態で管理することができる状態で管理することが求められているが、仮想通貨交換業者が適切に分別管理を行っていたとしても、受託仮想通貨について倒産隔離が有効に機能するか定かではない[14]。また、受託仮想通貨について、倒産隔離の観点から、仮想通貨交換業者に対し、顧客を受益者とする信託義務を課すことも考えられるが、現時点で、全種・全量の受託仮想通貨の信託を義務付けることは困難である[15]。

そこで、令和元年改正においては、まず、暗号資産交換業者は、利用者の金銭を自己の金銭と区別し、信託会社等に対し信託することが求められる（資金決済法63条の11第1項）。次に、暗号資産交換業者は、利用者の暗号資産を原則として、利用者の保護に欠けるおそれが少ない方法で分別管理しなければならないとされている（資金決済法63条の11第2項）。その上で、暗号資産交換業者は、利用者の暗号資産と同種同量の暗号資産（以下「履行保証暗号資産」という）を自己の財産として保有し、利用者の保護に欠けるおそれが少ない方法で分別管理しなけ

13　小林・前掲注4　42頁、末廣・前掲注11　56–57頁参照
14　前掲注2　報告書6頁
15　前掲注2　報告書6頁

ればならず（資金決済法63条の11の2第1項）、利用者は、暗号資産交換業者が破産した場合などにおいては、暗号資産交換業者が管理する利用者の暗号資産及び履行保証暗号資産について、他の債権者に先立ち弁済を受ける権利を有することとなる（資金決済法63条の19の2）。

　以上の改正により、暗号資産交換業者が破綻した場合における顧客の保護については、改正前に比べ各段に強化されたといえよう。

　本稿脱稿後、高田賢治「仮想通貨交換業者の倒産手続におけるビットコイン返還請求権の処遇」慶應法学42号（2019年）259頁に接した。

［金澤　大祐］

3 暗号資産の利用と金商法との接点

　本節では、暗号資産を利用するにあたって法制度上の問題を発生させ得る金融商品取引法（以下、「金商法」という）との接点に焦点を当てて検討する。まず、金商法の適用対象を明らかにした上で、暗号資産に対する金商法上の規制内容を整理する。

1. 金商法の適用対象

　金商法は、有価証券の発行や売買などの金融取引を公正なものとし、投資家の保護や経済の円滑化を図るために定められた法律である。金商法の適用対象は、有価証券とデリバティブ取引に大別され、かかる範囲は開示規制等、各種規制の及ぶ範囲とリンクしている。つまり、暗号資産がそのいずれかに該当する場合には、金商法の定める開示規制等、各種規制が及ぶことを意味する。

　暗号資産の定義は金商法には置かれておらず、資金決済法に置かれている。資金決済法2条5項の定める「暗号資産」の定義は以下のとおりである。

> **（資金決済法2条5項）**
> 　この法律において「暗号資産」とは、次に掲げるものをいう。ただし、金融商品取引法（昭和23年法律第25号）第2条第3項に規定する電子記録移転権利を表示するものを除く。
> 一　物品を購入し、若しくは借り受け、又は役務の提供を受ける場合に、これらの代価の弁済のために不特定の者に対して使用することができ、かつ、不特定の者を相手方として購入及び売却を行うことができる財産的価値（電子機器その他の物に電子的方法により記録されているものに限り、本邦通貨及び外国通貨並びに通貨建資産を除く。次号において同じ。）であって、電子情報処理組織を用いて移転することができるもの
> 二　不特定の者を相手方として前号に掲げるものと相互に交換を行うことができる財産的価値であって、電子情報処理組織を用いて移転することができるもの

181

金商法は2条に有価証券を限定列挙している。同条では、市場の流動性の多寡に応じて有価証券概念を、有価証券（いわゆる「第1項有価証券」）とみなし有価証券（いわゆる「第2項有価証券」）に大別していることなどから、有価証券の位置付け及び範囲を認識することが各種規制を理解する上で重要となろう。

また金商法2条24項は、デリバティブ取引の原資産として金融商品概念を用いており、金商法によって規律されているデリバティブ取引を理解する上で有価証券概念の理解と同様に重要と思われる。

これらが暗号資産と関係を有するものになるのかどうか、以下、有価証券とデリバティブ取引に分けて検討したい。

2. 金商法上の有価証券とは

(1) 金商法上の有価証券となるには

民商法上、有価証券とは権利が表章された証券であり、その権利の移転や行使は証券によってなされている。

これに対して、金商法上の有価証券は、いわば「投資性のある金融商品」を対象にしている。

これは、すべての金融商品を横断的に規制する「金融サービス法」の制定を後の課題とし、金商法は投資性のある金融商品について横断的なルールを定めようとした結果であるが、権利の流通性を問題としないため、上記民商法上の有価証券との差異がより明確となっている。

金商法では、規制対象となる投資商品を(ア)金銭の出資や金銭等の償還の可能性を持ち、(イ)資産や指標などに関連して、(ウ)より高いリターン（経済的効用）を期待してリスクをとるもの、とする基準が設定されている。

以下では、金商法が有価証券をその流動性の多寡に応じて有価証券（2条1項）、有価証券表示権利（同条2項前段）、有価証券表示権利以外の権利のみなし有価証券（同項後段）に分けて規定しているため、それぞれの規定ごとに分けて、その定義につき解説する。

⑵　2条1項の有価証券

　1項に規定される有価証券は、証券・証書の発行が予定されている流動性の高いものを挙げている（ただし、5号の社債券、9号の株券等は、「社債、株式等振替法」により電子化され、原則不発行となっていることに注意が必要である）。

（金商法2条1項　有価証券）

①国債証券（1号）、②地方債証券（2号）、③特殊法人債券（3号）、④特定社債券（4号）、⑤社債券（5号）、⑥特殊法人出資証券（6号）、⑦優先出資証券（7号）、⑧資産流動化法優先出資証券（8号）、⑨株券または新株予約権証券（9号）、⑩投資信託・法人等受益証券（10号）、⑪投資信託・法人等投資証券（11号）、⑫貸付信託受益証券（12号）、⑬特定目的信託受益証券（13号）、⑭受益証券発行信託の受益証券（14号）、⑮コマーシャルペーパー（15号）、⑯抵当証券（16号）、⑰外国証券（17号）、⑱外国信託受益権等（18号）、⑲カバードワラント（19号）、⑳外国預託証券等（20号）、㉑政令指定証券（21号）

　改正資金決済法は、暗号資産の定義から金商法の定める電子記録移転権利（収益分配を受ける権利等のうち、電子情報処理組織を用いて移転することができる財産的価値（電子機器その他の物に電子的方法により記録されるものに限る。）に表示されるもの）を除外している（資金決済法2条5項）。

　一方、改正金商法は、かかる電子記録移転権利を事実上多数の者に流通する可能性があることを理由に第1項有価証券とした（金商法2条3項・8項）。かかる権利を有価証券とすることで企業内容等の開示制度の対象とするとともに、電子記録移転権利の売買等を業として行うことを第一種金融商品取引業に係る規制の対象としている（金商法3条、28条）。

　こうした一連の対応は、決済を前提とする暗号資産と投資を前提とする暗号資産を区別し、前者を「暗号資産」として資金決済法によって、後者を「電子記録移転権利」として金商法によって、それぞれ規制しよ

Ⅳ　暗号資産の利用に際してかかわる諸法制

うとするものである。資金決済法の適用から除外された電子記録移転権利は、具体的には収益分配を受ける権利が付与されたICOトークンが念頭に置かれている。ICOについては本節6にて述べるが、ICOトークンは事実上多数の者に流通する可能性があることから、かかるトークンを第1項有価証券として金商法の規制対象としている。

(3)　2条2項前段の有価証券

　1項が証券・証書の発行を予定している有価証券を規定しているのに対し、2項前段は有価証券に表示されるべき権利、すなわち有価証券表示権利について、たとえ証券・証書が発行されていない場合であっても当該権利を有価証券とみなす、と規定している。

　具体的に有価証券表示権利については、1項1号から15号までに掲げる有価証券、外国証券（抵当証券の性質を有するものを除く）、外国信託受益権に表示されるべき権利並びに抵当証券、外国証券（抵当証券の性質を有するものに限る）及び1項19号から21号に掲げる有価証券であって内閣府令で定めるものに表示されるべき権利とされる。

　1項に規定されるような紙媒体の有価証券は、発行や管理の際に多額のコストが発生する。そのため、このような実務上のコストをカットするため、近時、株券の電子化や電子記録債権法の制定等、紙媒体の有価証券から電子媒体の有価証券（有価証券表示権利）へ各種方向転換が図られている。

(4)　2条2項後段のみなし有価証券

　2項後段は、証券又は証書に表示されるべき権利以外の権利であっても有価証券とみなして金商法の適用範囲に含める規定である。2項後段に規定される有価証券は第1項有価証券のように流動性は高くなく、また、本来有価証券でないものを有価証券とみなすことから、みなし有価証券と呼ばれる。具体的には以下のとおり7つ列挙されている。

（金商法2条2項後段　みなし有価証券）
①信託受益権（1号）、②外国信託受益権（2号）、③持分会社社員権（3号）、
④外国持分会社社員権（4号）、⑤集団投資スキーム（ファンド）持分権
（5号）、⑥外国ファンド持分権（6号）、⑦政令指定権利（7号）

　5号に規定されている、いわゆる集団投資スキーム持分権とは、組合
契約、匿名組合契約、投資事業有限責任組合契約または有限責任事業組
合契約に基づく権利、社団法人の社員権その他の権利（外国の法令に基
づくものを除く。）のうち、当該権利を有する者が出資または拠出をし
た金銭を充てて行う事業から生ずる収益の配当または当該出資対象事業
に係る財産の分配を受けることができる権利をいう。

　以上のとおり、金商法では有価証券を、市場での流動性の多寡に応じ
て本来の有価証券（2条1項）、有価証券表示権利（同条2項前段）、み
なし有価証券（同項後段）の3つに分けて規定するとともに、それぞれ
の適用範囲の拡大を図っている。

⑸　出資あるいは拠出された暗号資産は金銭とみなされる

　改正金商法2条の2は、収益分配を受ける権利を有する者が出資した
暗号資産等を金商法2条2項5号にいう金銭（上記⑷⑤参照）とみなし
て、金商法の規定を適用することとした。

（金商法2条の2）
　暗号資産は、前条第2項第5号の金銭、同条第8項第1号の売買に係
る金銭その他政令で定める規定の金銭又は当該規定の取引に係る金銭と
みなして、この法律（これに基づく命令を含む。）の規定を適用する。

　これは、いわゆる集団投資スキーム持分権を取得するためになされた
出資あるいは拠出が、資金決済法2条5項のいう決済型の暗号資産でな
された場合、かかる暗号資産を金銭とみなしたうえで金商法を適用する
規定である。

次に、もう一つの金商法の適用対象となっているデリバティブ取引を検討したい。なお、デリバティブ取引を構成する金商法上の概念として金融商品・金融指標が定義されているため、同概念についても解説することとしたい。

3. 金商法上のデリバティブとは

金商法は、2.において触れた有価証券のほかに、投資性のある金融商品・金融取引としての性格を有するデリバティブ取引を幅広く金商法の対象としている。

そのため、金商法は投資性のある商品については、有価証券とデリバティブ取引の2つを規制することとなる（投資性のある商品の基準については2.(1)参照）。

また、金商法はデリバティブ取引に対しても有価証券概念と同様に、対象範囲を広くとらえて規律している。

(1) デリバティブ取引とは

デリバティブ取引とは派生取引とも呼ばれる。これは、デリバティブ取引が原資産から派生した権利等を取引することに由来している。

実務上、デリバティブ取引はリスクヘッジのためになされることが多いが、最近では仕組債のようにデリバティブを債券に組み込んだカバード・ワラントが数多く登場している。また、暗号資産をデリバティブ取引の原資産や参照数値とすることで新たな取引形態を作り出すことも可能である。

そのようなデリバティブ取引に対して金商法は、デリバティブ取引が行われている場所（取引所）によって区分けを行った上で、取引の対象によってさらに区分けを行う。つまり、金商法では両者の組み合わせによってデリバティブ取引が分類されることとなる。

⑵　デリバティブ取引の種類

　金商法2条20項によって、デリバティブ取引は取引がなされる場所によって以下のとおり、ア.市場デリバティブ取引（2条21項）、イ.店頭デリバティブ取引（同条22項）、ウ.外国市場デリバティブ取引（同条23項）の3つに分類されている。それぞれにつき解説していくこととしたい。

ア　市場デリバティブ取引（2条21項）

　市場デリバティブ取引とは、金融商品市場において、金融商品市場を開設するものの定める基準及び方法に従い行う取引である。

　具体的には、①金融商品先物取引（1号）、②金融指標先物取引（2号）、③金融商品等オプション取引（3号）、④金利等スワップ取引（4号）、⑤クレジット・デリバティブ取引（5号イ・ロ）、⑥政令指定条項（6号）、である。

イ　店頭デリバティブ取引（2条22項）

　店頭デリバティブ取引とは、金融商品市場及び外国金融市場によらないで行う取引である。

　具体的には、①金融商品先渡し取引（1号）、②金融指標先渡し取引（2号）、③金融商品等店頭オプション取引（3号）、④金融指標店頭オプション取引（4号）、⑤金利等スワップ取引（5号）、⑥クレジット店頭デリバティブ取引（6号）、⑦政令指定条項（7号）、である

ウ　外国市場デリバティブ取引（2条23項）

　外国デリバティブ取引とは、外国金融商品市場において行う取引であって、市場デリバティブ取引と類似の取引である。

⑶　デリバティブ取引の内容を規定するもう一つの要素

　金商法におけるデリバティブ取引は、取引がなされる場所による区別のほか、取引の対象物によっても区別されている。

　すなわち、デリバティブ取引の対象物に応じて、㈠現物取引の対象となる原資産を対象とする取引、㈡現物取引の対象にはならない参照数値

を対象とする取引、(ウ)それら以外を対象とする取引、が存在する。

　金商法では、(ア)の原資産を金融商品とし、(イ)の参照数値を金融指標とし、それらを包括的に規定することでデリバティブ取引自体の内容を広範に規定している。

ア　金商法上の金融商品

　金商法上の金融商品とは、2条24項に掲げるものをいう。具体的には以下の7つである。

（金商法2条24項　金融商品）

①有価証券（1号）、②預金契約に基づく債権その他の権利又は当該権利を表示する証券若しくは証書であって政令で定めるもの(2号)、③通貨(3号)、④暗号資産（3号の2）、⑤商品（3号の3）、⑥1〜3の3のほか、同一の種類のものが多数存在し、価格の変動が著しい資産であって、当該資産に係るデリバティブ取引について投資者の保護を確保することが必要と認められるものとして政令で定めるもの（4号）、⑦1、2、3の2、4号のうち内閣府令で定めるものについて、金融商品取引所が、市場デリバティブ取引を円滑化するため、利率、償還期限その他の条件を標準化して設定した標準物（5号）

　改正金商法によって金融商品概念に上記④のとおり暗号資産が加えられた（3号の2）。上記各要素は、金商法の適用対象となるデリバティブ取引の範囲を決定づけるために設けられた概念である。そのため、平成13年に施行された金融商品販売法（以下、「金販法」という）上の金融商品と金商法上の金融商品は、前者が金融商品の販売を念頭に置いているのに対して、後者はあくまで後述するデリバティブ取引の原資産として位置づけられており、両者の性質が異なる点に注意が必要である。

　なお、金商法によって新たに規制対象に加えられた金融商品・金融取引は、金販法を改正することにより、同法の適用対象にも加えられる（金販法2条1項6号）。

3 暗号資産の利用と金商法との接点

イ　金商法上の金融指標

　金商法上の金融指標とは、2条25項に掲げるものをいう。具体的には以下のとおりである。

> **（金商法2条25項　金融指標）**
>
> ①金融商品の価格又は通貨を除いた金融商品の利率等（1号）、②気象庁その他の者が発表する気象の観測の成果にかかる数値（2号）、③その変動に影響を及ぼすことが不可能若しくは著しく困難であって、事業者の事業活動に重大な影響を与える指標又は社会経済の状況に関する統計の数値であって、これらの指標又は数値に係るデリバティブ取引（デリバティブ取引に類似する取引を含む。）について投資者の保護を確保することが必要と認められるものとして政令で定めるもの（商品取引所法第2条5項に規定する商品指数を除く。）（3号）、④ ①～③に掲げるものに基づいて算出した数値（4号）。

　②については、いわゆる天候デリバティブを念頭に設けられた規定であり、新たなデリバティブ取引を包括的に金商法の中へ取り込もうとする姿勢がみてとれる。

　さらに③は、金融商品と同様に政令指定によって機動的に新しい金融指標を規制することができる旨を定めている。デリバティブ取引を構成する金融商品と金融指標をより広く規定することで、デリバティブ取引自体の内容の包括化が図られている。

　ただし、金商法2条25項3号によって商品取引所法2条5項に規定する商品指標については金商法では政令指定ができない点に留意が必要である。

4. 暗号資産はデリバティブ取引の原資産および参照数値となる

　上記のとおり、金商法ではデリバティブ取引の対象を金融商品あるいは金融指標を用いて規定している。

　金商法改正により、暗号資産はデリバティブ取引の原資産である金融

189

商品概念に加えられることとなった（金商法2条24項3号の2）。また、金融商品の価格や利率は金融指標にもなるため、金融商品である暗号資産の価格や利率はデリバティブ取引の金融指標ともなる（金商法2条25項1号）。したがって、暗号資産を用いたデリバティブ取引は金商法の規制対象となる。

　なお、有価証券が権利を表示するものであるのに対して、デリバティブ取引は行為として認識される。そのため、デリバティブ取引には有価証券に課される開示規制が課されず、書面交付義務などの行為規制が課されることとなる。

　つまり、有価証券が発行される際には、その適正性を担保するものとして開示規制が存在し、その適正になされた開示情報を元に投資者が自己の投資行動を決定するのに対して、デリバティブ取引にはそのような開示規制が課せられていないことから、情報提供による投資者保護については行為規制（ないし業規制）の側面から担保されている。

　まず、暗号資産を用いたデリバティブ取引や資金調達取引を業として行う場合は金融商品取引業の登録、業務の内容および方法の変更に係る事前の届出等が必要となる（金商法29条の2、29条の4、31条）。そのうえで、かかる業者に対しては以下のような行為規制が課せられることとなる。

（金融商品取引業者に課せられる行為規制）

①誠実公正義務（36条）、②標識掲示義務（36条の2）、③名義貸しの禁止（36条の3）、④社債の管理の禁止（36条の4）、⑤広告規制（37条）、⑥取引態様の事前明示義務（37条の2）、⑦契約締結前の書面交付・説明義務（37条の3）、⑧契約締結時の書面交付義務（37条の4）、⑨保証金の受領に係る書面の交付（37条の5）、⑩書面による解除（37条の6）、⑪虚偽説明の禁止（38条1号）、⑫断定的判断提供の禁止（38条2号）、⑬不招請勧誘の禁止（38条4号）、⑭勧誘受諾意思不確認の禁止（38条5号）、⑮再勧誘の禁止（38条6号）、⑯損失補てんの禁止（39条）、⑰適合性原則遵守義務（40条1号）。

3 暗号資産の利用と金商法との接点

　また、改正金商法は暗号資産につき、上記各行為規制のほかにも、不正行為の禁止（185条の22）、風説の流布、偽計、暴行又は脅迫の禁止（185条の23）、相場操縦行為の禁止（185条の24）等の禁止規定、暗号資産の性質に関する業者側の説明義務や契約締結・勧誘時に顧客を誤認させるような表示を禁ずるといった説明義務に関する規定を新たに整備した（金商法43条の6）。

5. 暗号資産を組み込んだ金融商品販売時の問題

　暗号資産を（金販法上の）金融商品として投資家に販売する場合には、金販法の内容も問題となる（金販法2条1項各号）。改正金販法は、金融商品の販売の定義に暗号資産を取得させる行為を追加した（金販法2条1項6号ハ）。

　金販法は、金融商品販売業者が金融商品販売時に、顧客に対して取引内容につき説明しなければならない義務を明文で規定するものであり、かかる説明をしなかったこと等によって当該顧客に損害が生じた場合には、金融商品販売業者に損害賠償責任などを課している。

　金融商品販売業者に対する規制は、主だったものを挙げると以下のとおりである。

> **（金融商品販売業者に課せられる金販法上の規制）**
> ①顧客に対する説明義務（3条）、②断定的判断の提供等の禁止（4条）、③損害賠償責任（5条）、④損害額の推定（6条）、⑤勧誘の適正の確保（8条）。

6. ICO（Initial Coin Offering）に対する規制

　近時、暗号資産を用いることで資金調達などを目的としたICO（Initial Coin Offering）が行われている。

　ICOとは、会社が株式を発行し、その株式を引き受けた出資者（投資家）から資金を募る新規株式公開（IPO）とは異なり、会社が暗号資産（トークン）を発行し、その暗号資産を投資家などに購入してもらうこ

191

とで資金を調達する仕組みとなっている。したがって、ICOによって発行される暗号資産（トークン）が収益分配を受ける権利が付与されているものである場合は、IPOにおける株式とその性質は極めて類似するため、ICOはIPOにおいて発行される株式を暗号資産に単に置き換えたものと評価することもできる。

しかし、IPOについては金商法（や各種取引所規則）が適用され、企業内容の開示と、それに応じた企業の態勢整備が必要とされているのに対し、ICOについては金商法の適用がなく、各種規制の対象とはなっていなかった。株式と暗号資産との間で市場流通性に差は存在すると思われるものの上記のとおりIPOとICOの性質は類似しており、ICOを用いた詐欺的な事案や杜撰な事業計画に基づく事案の発生懸念などとも相まって、かかる規制の不均衡状態に対する批判は大きかった。

そこで、ICOによって発行される暗号資産（トークン）を資金決済法2条5項の定める決済型の暗号資産と区別することにした。これにより、かかるトークンを念頭に、収益分配を受ける権利等のうち、電子情報処理組織を用いて移転することができる財産的価値を有するものを金商法上の新たな概念である電子記録移転権利とした（金商法2条3項）。同権利は金商法2条1項有価証券として金商法の規制対象となるため（金商法2条3項括弧書き）、かかる規制を通じて一定の投資家保護が図られることとなる。なお、収益分配を受ける権利等のうち、電子情報処理組織を用いて移転することができる財産的価値を有するものであっても、流通性その他の事情を勘案して内閣府令で定める場合には電子記録移転権利には該当しないため（金商法2条3項括弧書き）、その場合は金商法2条2項有価証券として規制されることとなる。また、ICOを行おうとする者には金商法が適用されることとなるため、発行者には業登録が課され、広告・勧誘規制やトークン表示権利の内容等についての説明義務等の行為規制も課されることとなる（有価証券・デリバティブに対する金商法の規制内容については本節2.～4.を参照）。

法令上の区分け・名称	根拠条文
決済型暗号資産 **暗号資産** （資金決済法がカバー。金商法上は**金銭とみなす**。デリバティブ取引の原資産および参照数値となる。）	資金決済法2条5項、金商法2条の2
投資型暗号資産 ①**電子記録移転権利**（流通性の高いもの） ⇒第1項有価証券 ②みなし有価証券（流通性の低いもの） ⇒第2項有価証券	金商法2条1項、3項 金商法2条2項、3項括弧書き

　現状、ICOに対する規制につき世界に目を向けてみると、経済秩序の安定確保などを理由にICOを全面禁止している国（中国や韓国）、暗号資産を有価証券概念に取り込み規制の対象としようとする国（アメリカやイギリス）、そして立法によって暗号資産を新たに規律しようとしている国（フランス）が存在する。

　ICOに対する法規制の態様・姿勢に違いは存在するものの、多くの国がICO規制の強化に乗り出していることは明らかであり、かかる世界的な流れを受けてか近年ICOによる資金調達は減少傾向にある。ただ、暗号資産を活用しつつ既存の法規制（証券関係法規等）に従って資金調達を行うSTO（Security Token Offering）という手法も採られ始めており、引き続き暗号資産・ICOに対する法規制の動向につき注視する必要がある。

［鬼頭　俊泰］

Ⅳ 暗号資産の利用に際してかかわる諸法制

暗号資産と相続

1. 相続の概要と暗号資産

(1) 相続の開始と相続の対象・法定相続人

　民法は「相続人は、相続開始の時から、被相続人の財産に属した一切の権利義務を承継する」と定めており、被相続人の一身に専属したもの以外はすべて相続人が承継する（民法896条）。したがって、所有権その他の物権や、債権、債務等のほか、明確な権利義務といえないものでも財産法上の法的地位といえるものは、すべて包括的に相続の対象となる。よって、暗号資産については、その法的性質を巡る見解の対立があるものの、いずれの見解に立っても相続の対象となる。

　被相続人の遺言がなかった場合、民法は相続人の順位を定めている。法定相続人としては、配偶者が常に第1順位となり（同法890条）、併せて被相続人の子が第1順位（同法887条。子が相続開始前に死亡等したときはその者の子が代襲相続する）、被相続人の直系尊属が第2順位（同法889条1項1号）、被相続人の兄弟姉妹が第3順位（同項2号）となっている。そして、これらの相続人の相続分も民法で定められている（同法900・901条）。

(2) 単純承認、限定承認と相続放棄

　これに対して相続人が採ることのできる選択肢としては、単純承認、限定承認、相続放棄の3つがある。相続人は、自己のために相続の開始があったことを知った時から3か月以内に、相続について、単純承認、限定承認又は放棄をしなければならない。ただし、この期間は、利害関係人又は検察官の請求によって、家庭裁判所において伸長することができる（同法915条1項）。

　単純承認とは、無限に被相続人の権利義務を承継するものであり、相

続人のプラス財産よりマイナス財産の方が大きければ、相続人の財産で弁済できない債務については相続人が自己の財産をもって弁済しなければならなくなる。相続人が、単純承認の意思表示をしなくとも、①相続財産の全部又は一部を処分したとき（ただし、保存行為や短期賃貸借を除く）や②相続の開始があったことを知った時から3か月以内に限定承認や相続放棄をしなかったとき、③相続人が限定承認や相続放棄をした後であっても、相続財産の全部又は一部を隠匿し、私にこれを消費し、または悪意でこれを相続財産の目録中に記載しなかったとき（当該相続人の放棄によって相続人となった者が相続の承認をした後を除く）には、相続人は単純承認をしたものとみなされる（同法921条）。後記のとおり、被相続人は相続財産に暗号資産が含まれていることを知らないこともあるので、この場合、相続財産の目録中に記載しなかったときでも上記③には該当しないであろう。

　次に、限定承認は、相続によって得た財産の限度においてのみ被相続人の債務及び遺贈を弁済すべきことを留保して、相続の承認をすることである（同法922条）。これは、被相続人が多額の債務を負っていた場合に、前記の単純承認による損害を相続人が負わないで済むための制度である。もっとも、限定承認は、相続人が数人あるときは、法律関係の複雑さを回避するため、共同相続人が共同して行わなければ認められない（同法923条）。

　相続放棄は、相続により権利義務の承継を生じさせないという相続人の意思表示である。民法は、相続の放棄をしようとする者は、その旨を家庭裁判所に申述しなければならないと定めており（同法938条）、家庭裁判所は、審判により、相続放棄が本人の真意によるものかを確認したうえでこれを受理する。

　相続の放棄をした者は、その相続に関しては、初めから相続人にならなかったものとみなされる（同法939条）。この場合、仮に相続放棄がなかった場合に他の共同相続人がいれば当該他の共同相続人が相続することになるし（ただし、当該共同相続人が配偶者のみの場合を除く）、配偶者以外の共同相続人がいない場合には、民法887条及び889条の定

める順位に従って相続放棄者の次順位の者が相続人になる。

　もっとも、相続放棄者は、放棄によって相続人となった者が相続財産の管理を始めることができるまで、自己の財産におけると同一の注意をもって、その財産の管理を継続しなければならない（同法940条1項）。例えば、暗号資産のパスワード（秘密鍵）を当該相続人が把握できていた場合には、相続放棄をしても、当該放棄によって相続人となった者が暗号資産の管理を始めることができるまで、当該パスワードを保管しておかなければならない。

2. 暗号資産の相続の手続その他の方法

(1)　暗号資産に関する情報の相続人による把握の困難性と必要性

　上記のとおり、暗号資産も相続財産であるが、不動産や預貯金債権に比べると、財産の把握が困難になりやすい。例えば、不動産の場合には権利証や登記識別情報、登記事項証明書や固定資産税関係書類等により、また、預貯金等の場合には、通帳、金融機関からの電話や郵便物等により、その財産の存在及び内容を比較的把握しやすい（それでも、遺産分割協議完了後に預金が発見されるというリスクはある）。

　他方、デジタル金融の場合の大半は、取引や残高証明もデジタルで行われ、郵便や電話でのやりとりがないため、その存在にすら気がつきにくい。被相続人が、暗号資産を取引所で購入していた場合には、銀行から購入金を振込送金していれば、銀行口座の当該送金履歴から暗号資産の購入を把握することもできるかもしれないが、この把握方法が常に採れるとも限らない。

　このような状況により、相続人が遺産分割時には暗号資産が把握できなかったが、協議成立後に存在が判明した場合には、既に終了している遺産分割に多大な影響を与える可能性がある。また、暗号資産についてFX取引（外国為替証拠金取引）を行っていた場合には、相続人が、当該取引により損失が生じていることも把握できずに単純承認をしてしまっていれば、相続により債務を負ってしまうというリスクもある。

　加えて、国税庁が平成30年11月に公表した「仮想通貨に関する税

4 暗号資産と相続

務上の取扱いについて（FAQ）」19頁によると、「仮想通貨については、決済法上、『代価の弁済のために不特定の者に対して使用することができる財産的価値』と規定されていることから、被相続人等から仮想通貨を相続若しくは遺贈又は贈与により取得した場合には、相続税又は贈与税が課税されることにな」る。そして、暗号資産が被相続人の財産に含まれていることを相続人が把握できていなくとも暗号資産を「相続…により取得した」に該当し相続税課税の対象となると解されており、このような場合、相続人は少なからぬリスクを負うことになる。さらには、相続税の申告期限は相続開始を知った日の翌日から10カ月以内であり（相続税法27条）、この期限内に暗号資産の存在と残高を把握できなければ、延滞税が発生するおそれがある。

　そこで、相続財産に暗号資産が含まれていることとその内容を相続開始時に相続人が確実に把握できるための方策が必要となる。

⑵　**被相続人による暗号資産に関する情報の生前保管と相続人による確認**

　この点、暗号資産を保有している本人が、生前に、取引所名やメールアドレス・パスワード（秘密鍵）などの情報を残しておいたり、日常においてオンラインで管理していることの情報を家族と共有しておいたりすることが有益である。

　もっとも、暗号資産保有者の中には、生前は、暗号資産を購入していること自体を家族にも知られたくない場合がある。そのような場合には、相続開始までは、家族であっても内容を確認できないような方法による情報保管を考える必要がある。

　例えば、遺言には、原則として自筆証書遺言、公正証書遺言及び秘密証書遺言の3種類があるが（民法967条本文）、このうち自筆証書遺言は、民法改正により改正前に比べて煩雑性の軽減等が図られている。

　すなわち、自筆証書遺言は、遺言者が、原則としてその全文、日付と氏名を自書し、これに印を押さなければならないが（同法968条1項）、相続財産が多岐に亘ったり多数に及んだりする等の場合には、財産の表

示を自書で行うのが煩わしいし、写し間違いがあったりする。そこで、民法改正により、遺言書に相続財産目録を添付する場合には、当該目録は自書である必要はなくなり、パソコンで作成することができるようになった（同条2項。ただし、目録の各ページに署名捺印が必要である）。

また、自筆証書遺言は保管場所等が指定されていないため、相続開始時に遺言書が一切見つからなかったり、あるいは、先に作成された遺言書のみが見つかり、後に作成されたものが見つからなかったり、相続人が隠蔽・破棄したりという問題が生じる。

そこで、平成30年7月に「法務局における遺言書の保管等に関する法律」（以下、「遺言書保管法」）が制定され、自筆証書遺言については法務局での保管が認められるようになった（令和2年7月施行）。すなわち、遺言作成者の遺言書保管を法務局に申請すると（同法4条）、遺言書保管官が遺言書を保管しその画像情報等の遺言書に係る情報を管理することになる（同6条1項、7条1項）。もっとも、遺言作成者は保管の申請を撤回することができる（同法8条）。遺言者の生存中は、遺言者以外の者は遺言書の閲覧等を行うことはできないが、相続開始後は、相続人は、遺言書が遺言書保管所に保管されているか否かの照会と、保管されている場合には遺言書の画像情報等を用いた証明書（遺言書情報証明書）の交付請求と遺言書原本の閲覧請求をすることができる（同法9条、10条）。

この制度を利用すると、通常の自筆証書遺言では必要である家庭裁判所での検認手続（民法1004条1項）が不要となるため（同法11条）、遺言書の内容確認までに要する時間を短縮できるようになる。

そして、この自筆遺言書に、暗号資産の特定と相続に必要な情報（ウォレットの場合には秘密鍵を含む）を全て記載しておけば、相続人による暗号資産の把握と相続がスムースに進むようになる。

(3) 被相続人が暗号資産を取引所に預けていた場合
ア 残高の確認と払い戻し手続
前記のとおり、暗号資産は、相続の対象となるだけでなく相続税の課

税対象になるところ、従前は、相続税申告に必要な書類である、相続時における暗号資産の残高証明の発行について統一的な手続が整備されていなかった。そこで、国税庁は、平成30年に仮想通貨関連団体等の出席・協力を得て「仮想通貨取引等に係る申告等の環境整備に関する研究会」を数回に亘り開催し、暗号資産利用者の利便性を高めるための税務申告の簡素化に係る取り組みを行った。その一環として相続税申告の簡素化の取り組みもなされ、これに伴い、暗号資産の相続に関する手続が整備されるようになってきている。

　暗号資産交換業者はHPにおいてその手続を公開しているが、その手続の一例は以下のとおりである。すなわち、①共同相続人全員が、取引所所定の相続届に必要事項（代表相続人の指定を含む）を記入の上、②①と、そこに記入されている相続人が相続人全員であることを証する書面等を送付すると、③取引所が確認の上、必要な手続を実施し、④被相続人の預かり金残高を記載した残高証明を代表相続人に送付し、⑤内容に疑義がなければ代表相続人の金融口座に返還し、被相続人のアカウントを閉鎖したうえで、⑥取引所が代表相続人に手続完了の通知を実施する。

　なお、上記の②については、被相続人の除籍謄本（場合によっては改製原戸籍等も必要となる）と相続人全員の戸籍謄本を提出して、相続関係を証明する必要がある。しかし、相続人にとっては、このような多数に及びうる謄本類を、被相続人が取引をしていた金融機関等に個別に提出することは相当煩雑である。そのような負担を回避するためには、平成29年より実施されている「法定相続情報証明制度」を利用することが有用である。同制度は、相続人が、登記所（法務局）に上記戸籍除籍謄本類と相続関係を一覧に表した図（法定相続情報一覧図）を提出すれば、登記官がその一覧図に認証文を付した写しを無料で交付してもらえるので、これを暗号資産取引所に提出すれば、上記謄本類の提出は不要となる（不動産登記規則37条の3、247条）。

イ　各相続人による払い戻し請求の可否

　預貯金債権については、民法改正により各相続人による払い戻しを認

める制度が創設された（民法909条の2）。すなわち、各共同相続人は、遺産に属する預貯金債権について、同条に定める計算式に従って算出された額の債権については、単独で権利を行使することができ、当該共同相続人は、遺産の一部の分割によりこれを取得したものとみなされる。しかし、上記のとおり当該制度は「預貯金債権」に限定して認められるものであるため、暗号資産については、その法的性質についていずれの見解をとったとしても、当該制度は適用対象とならない。

　また、相続財産に属する家庭裁判所の判断による仮分割の仮処分は、葬儀費用等の相続財産に属する債務の弁済や配偶者の生活費等、相続財産に属する債務の弁済や相続人の生活費の支弁等に必要な費用を払うために認められるものであるが（家事事件手続法200条3項）、これも「預貯金債権」という限定があるため、暗号資産には適用されない。

⑷　被相続人が暗号資産をウォレットに保管していた場合

　ウォレットの形式としては、一般的には、Web上のウェブウォレット、パソコン上のデスクトップウォレット、スマートフォンのモバイルウォレット等が多いので、相続人としては、被相続人のパソコンやスマートフォンを調べて、同人が暗号資産の取引を行っていたかどうかを確かめる必要がある。しかし、被相続人がこれらをロックしており解除できない場合には、データ復旧業者等に依頼してもロックを解除できない場合がある。さらには、ウォレットに入るためには、アドレスやパスワード（秘密鍵）が必要となるため、相続人がこれらを知らなければ、たとえ残高があっても使えないという状況に陥る。

　このような事態を避けるため、被相続人としては、生前に、パソコンやスマートフォンのロック解除方法や、ウォレットのアドレスやパスワードを記録したメモを残し、遅くとも相続開始時には相続人が確認できる場所に保管しておくことが必要である（なお、前記2.⑵参照）。

〔石井　美緒〕

暗号資産の利用と民事手続法との接点

1. 手続法一般との接点

(1) はじめに

　暗号資産を利用するにあたり、第三者が任意に協力しないのであれば、手続法に従い、強制的に利用の実現を図る必要がある。以下では、暗号資産を請求する上での権利の内容、請求のあり方、さらには、保全を中心として検討を加えたい。

(2) 暗号資産把握の場面における性質の影響

　民事手続においては、自らの有する請求権をいかに実現するか、という視点で考えることとなる。金銭債権など典型的な権利を除けば、最初にまずは自らがいかなる内容の権利を、どれだけ有しているかを正確に把握する必要があり、暗号資産の場合、把握する際に性質の影響を受ける。

　説明の便宜のため、例えば相続を参考にすると、まずは被相続人の保有していた財産の全容の把握から始めるのが通常と思われる。金銭債権の中でも典型的な、金融機関に対する預金債権自体も目には見えないため、被相続人の自宅及び関係先をくまなく捜し、預金債権を記録している通帳類を探し、仮に全ての通帳を発見することができなかったとしても、発見した通帳から別の金融機関との取引が浮かんだなら、その金融機関に対して弁護士会照会を実施するといった方法でその全体像を把握していくことになる。

　これに対し、暗号資産の場合、預金債権であれば存在する「通帳」という形態の資産の現在状態を明示するものが存在しない。暗号資産の場合、唯一記録として存在するブロックチェーンは、ノードに記録される取引履歴に他ならず、「ウォレット」を利用することで現在の暗号資産の残高を把握することは可能であるものの、ブロックチェーンには残高

の記録・記載はなく、ウォレットを用いて過去の全取引履歴から自らの
アカウントが絡んだ取引を抽出し、残高把握が可能となるに過ぎない。
仮に各暗号資産を取り扱う交換業者が取引報告書を発行している場合、
その取引報告書記載の日付時点での暗号資産の保有状態を把握すること
はできる。ただし、交換業者によっては、オンライン上で閲覧すること
を選択した場合に、紙ベースの取引報告書が交付されないケースがあり
うる。こうして被相続人がオンライン手続きによる取引報告書の閲覧を
選択していた場合、被相続人が、当該業者に有していたアカウントを把
握した上でログインをしないと取引報告書すら把握できない。しかも被
相続人がオンラインで暗号資産の交換業者とのやりとりをすることを選
択していたならば、交換業者とのやりとりは、電子メールを利用してい
たであろうから、最初に被相続人の電子メールのやりとりを調査するこ
とを要し、被相続人が日常的に利用していたメールアカウント及びその
パスワード、さらには、情報端末類（パソコン、タブレット、スマート
フォンなど）にアクセスするためのID及びパスワードなどを調査する
ことが不可欠となる。

　それ ばかりか被相続人は、後日において家族を含めた第三者がその内
容を確認をすることを前提として各情報端末を日常的に利用していたと
は限らないから、突然被相続人が死亡し、それら情報端末へのアクセス
が第三者にとって困難になれば、暗号資産へのアクセスを完全に失うこ
とになりかねない為、将来的にそうしたトラブルを予防する観点からは、
終活（いわば彼岸に渡る前の身辺整理、財産整理などを含めた活動）の
際には、遺族が混乱しないようアカウントやパスワードについて視覚的
に把握可能な形で整理しておく必要があろう。そうした整理をしないま
ま被相続人が彼岸に渡ると、遺族は暗号資産を保有していたことに気が
つかない上、仮に気がついたとしても解読用のソフトウェアや専門業者
を利用してパスワードの調査をすることを要する。実際、暗号資産の交
換業者の代表者自身が亡くなり、しかも、同人が交換業者として保有す
る暗号資産に関する情報を何一つ残していなかったため、交換業者の有

5 暗号資産の利用と民事手続法との接点

していた暗号資産が一切利用できなくなった、というケースが生じている。具体的には、カナダの最大手の暗号資産の交換業者クアドリガCXの創業者が急死し、暗号資産を管理するための秘密鍵の情報を把握していたのが当該創業者ただ一人であったため、顧客11万5千人分で資産額にして1億9千万ドル（200億円相当）を引き出せなくなり、急死した創業者の妻が秘密鍵を調査するため専門家を雇ったものの把握できず、会社が破産を申し立てた（2019年2月5日　NHK「NewsWeb」（文中、暗号鍵を秘密鍵と修正））。

2. 民事手続において想定される問題点

(1) 民事手続と暗号資産

　以上のとおり、暗号資産に関する権利を民事手続で実現する場合、暗号資産としての性質（ブロックチェーンには取引履歴が記載されるのみで、保有者が管理しているにしても公開鍵と秘密鍵）により、民事手続も影響を受けることになる。一般に民事手続きということで想定されるのは、

　　① （暗号資産に絡んだ）訴訟上及び訴訟外の請求

　　② （暗号資産に絡んだ）民事保全

　　③ （暗号資産に絡んだ）民事執行

の三種類である。これらの手続中で暗号資産をどのように扱い、又は扱われるか、といった点の検討を要する。なお、暗号資産が財産権たりうるか、相続においてどのように扱われるべきか、さらには、破産手続における取扱いの点については、本書の別項を参照いただくとして、以下では、以上①～③の手続きにおいていかに暗号資産を手続きに載せるか、という観点から検討したい。

(2) 暗号資産は資産を表章しているのではないこと

　暗号「資産」といっても、何らか資産を表章している訳ではなく上述したとおり交換又は取引可能な情報（電子的な記録）に過ぎない。暗号

203

Ⅳ 暗号資産の利用に際してかかわる諸法制

資産の取引履歴はブロックチェーンに記録されるものの、特定の暗号資産の保有者及びその保有額が明示されているのではない。しかも暗号資産を保有する者も、せいぜい公開鍵及び秘密鍵の情報を保有するに過ぎない。こうした特性が民事手続法との接点を考える上で、大きく影響する。

(3) 訴訟上及び訴訟外で請求する場合について
ア 取引を分類する必要性

暗号資産に関する請求にあたり、その暗号資産が、交換業者における取引と交換業者外の取引のいずれにより取得されたものかで様相を異にするから、以下で整理して検討する。

イ いわゆる交換業者における取引の場合
(ア) 実際に問題となるケースは限定されると思われること

我が国で暗号資産を取引しようとする場合、海外の業者を利用するのでなければ、我が国の仮想通貨交換業者を利用することになる。利用希望者は、口座開設の際に円貨を入金し、その後いわゆる現物取引を実施する場合、交換業者のシステム上、入金した範囲内での取引及び保有中の暗号資産の範囲内での取引のみが可能という制限があるなら（いくつかの取引所の説明を見る限り、システム的にそのようにしているケースが多いと思われる）、取引したのに、決済できないというフェイルには至らず、システムトラブルで本来想定していた価格では約定しなかったというケースに問題が事実上限られよう。ただしシステムトラブルを原因として約定が成立しなかったのであれば、交換業者に対し債務不履行を理由とした損害賠償を求めることとなり、それは金銭債権をいかに実現するかという問題であるから、暗号資産であることは請求原因の内容を構成するものの、請求そのものに暗号資産特有の問題が存する訳ではない。

(イ) 販売所取引（交換業者との取引）と取引所取引（市場）による違い

販売所取引の場合、業者との相対取引となるから、取引に問題を生じたとしても相手方は業者となる。過誤取引が起きたとしても、金融商品

取引同様の訂正取引が行われる限り、それ以外の損害を生じた旨主張して投資家側で積極的に争う場合を除けば、損害賠償の問題を生じにくい。

　他方で取引所取引の場合、相手方は、取引所を運営している当該業者の別ユーザーとなる。その場合、交換業者のシステムの仕様にもよるが、システム上、約定にあたり（取引所取引といっても、交換業者の内部でユーザー同士の暗号資産及び預け入れ金の範囲で、その付け替えが行われるに過ぎないため）、当該システムが適切に機能している限り、約定成立の段階で決済も含めて取引に必要な行為は終了してしまい、暗号資産が引き渡されない又は代金を支払ってもらえないことを理由とした民事手続の働く場面を想定する余地は殆どないように思われる。なお、交換業者のシステムに問題を生じ、取引所において取引ができなくなったという場合、これは取引の相手方との問題ではなく、販売所取引と同様に交換業者に対し、予定していた取引ができなかったことにより損害を被ったことを理由とした損害賠償請求の問題となろう。

ウ　交換業者以外との取引の場合

㋐　暗号資産は所有権の対象にならないとした東京地裁判決とその論理的帰結

　特定の相手方から暗号資産を購入し、対価として金銭を支払ったにもかかわらず、相手が暗号資産を引き渡さない（移転しない）ので、改めて引渡しを求める場合が典型である。暗号資産については所有権の対象にならない、との判決（東京地裁平成27年8月5日判決　判例秘書L07030964）の論理に従うならば、相手方の保管する暗号資産に対し、当該暗号資産の所有権を根拠とした引渡請求の形で出訴しても認容され難いと思われるため、訴訟外における請求時点から、相手方に対し、「所定量の暗号資産を引き渡せ（又は、「原告に暗号資産所定量を移転する手続をせよ」）」と求めることにならざるを得ないと思われる。

㋑　損害賠償請求の範囲と予見可能性

　なお暗号資産そのものの引渡しを求める方法もさることながら、暗号資産には相場があり、価格は常に変動するから、引渡し債務を履行して

いない間に相場の騰落を生じれば、損害賠償に転化した場合賠償範囲はどこまでか、という問題を生じるので、注意を要する。暗号資産の場合、価格変動のリスクがあり（これまでの相場を見る限りボラティリティは相当に大きい）、かつ、そうしたリスクについては、暗号資産の取引を始めるにあたって交換業者が作成した取引説明書などに記載され、かつ、その記載を理解して取引しているという前提が成り立つと思われるから、我が国の交換業者を利用して取引をした経験を有するならば暗号資産の騰落を予見することは可能であった、として予見可能性について肯定されやすいのではないか。

(ウ) あえて暗号資産の引渡しを求める理由

その他、暗号資産を対価として目的物の移転を受ける取引において、暗号資産を移転（QRコードで読み取って、自らのウォレットから送る）するなど、自らの債務を履行したにもかかわらず、目的物の引渡しを受けられなかった場合、相手の債務不履行を理由に解除の上、暗号資産の引渡しを求めることが可能であり、その際に「特定量の暗号資産を原告に引き渡せ」という趣旨の請求を行うことになろうが、相手方のめぼしい財産が暗号資産に限られている、という状況にない限り、損害賠償請求権（金銭債権）に転じたとして、暗号資産に関わらない請求を行う方が保全や執行を考えた場合には容易であろう。

エ　海外と暗号資産の取引を行う場合の注意点

海外の取引業者を利用して取引をした場合や、海外の相手方と取引した場合、そうした相手にいかに権利を実現するかということとなるが、その業者の作成した利用約款に現地法を準拠法とし、現地の裁判所が専属的な管轄裁判所として指定されていれば、権利の実現にあたり、現地法に基づき、海外の裁判所における手続を要することとなるので、費用と手間は、我が国内での手続よりも確実に増加するし、海外の相手に手続を進めるには基本は相手の所在地での手続を要しよう。そうなると、投資した金額次第ではあるものの、現実には泣き寝入りを余儀なくされるケースが多いのではないかと思われる。

5 暗号資産の利用と民事手続法との接点

3. 保全及び執行

⑴ 保全を検討する上での視点

　民事手続における保全は、債務者の有する財産に対する債務者の任意の処分を禁じ、債権者による強制執行に備える手続きであり、暗号資産の場合には、この資産の性質を踏まえた保全を行う必要がある。暗号資産の場合、保全をいかに実現するかに大きな困難を抱えている反面、保全が成功裏に進めば、執行（換価又は移転）は比較的容易と思われることから、以下で保全の手段を中心に述べたい。

　さて繰り返しになるが、暗号資産を保有するとは、上述したとおり、公開鍵と秘密鍵の両方を保有／管理することである。以下では暗号資産について、取引態様に即して検討する。

　① 交換業者において取引したケース
　② 交換業者以外の者と取引したケース

⑵ 各類型毎の検討

ア ①の交換業者において取引したケース

　暗号資産の購入にしても、売却にしても、取引の時点で債権債務は確定し、当事者のいずれかが暗号資産又は金銭を準備できないならば決済は完了せず、紛争が生じる。この内、交換業者に対して暗号資産を売却した場合には、金銭債権の回収の問題として処理できるので本稿では触れない。交換業者から暗号資産を購入したものの、購入者側に暗号資産が移転されないケースが問題であるが、システムトラブルによって移転ができず、かつ、交換業者の資産に特段の不足がなければ、交換業者において過誤取引として、本来の取引の時点で暗号資産を取引していたならば購入者が入手していた分の暗号資産を訂正時に引き渡す、とすることで処理が終わり、保全の問題に発展しないと思われる。

　他方でシステムトラブル以外で交換業者が任意に暗号資産を引き渡さない場合とは、交換業者の資産が乏しく引渡しが困難となっている場合

207

であろうから、交換業者が破産申立済みの場合には本書の破産の項を参照いただくとして、交換業者が破産申立てをしていない場合、購入者は、自らが購入した分に相当する暗号資産を、交換業者が第三者に移転しないよう保全を求めることとなる。

　保全の方法として、被保全権利が金銭債権であること（又は返還請求権）を前提とすると、方法は仮差押となり、実際に暗号資産の差し押さえを認めた事例も存するようである（藤井祐子　「仮想通貨等に関する返還請求権の債権差押え」金法2079号（平成29年）参照）。交換業者に対する権利がいかなる性質か、果たして金銭債権か、という点については、日本仮想通貨交換業協会の定める規則を参照すると、暗号資産は顧客から「預託」されているとされ、その場合、交換業者の自己のウォレットとは別のウォレットで管理するとともに、帳簿で管理するよう義務付けられ（「利用者財産の管理に関する規則」第5章以下）、この規則を受け、各交換業者においては、顧客から暗号資産を預かり、かつ、顧客からの請求に基づき暗号資産を移転する義務を負うという内容の契約であることを前提として以下述べたい。裁判所が、暗号資産の保全にあたり、被保全権利を金銭債権であると常に解しているかは不明であるものの、預託している暗号資産の引渡しが困難となれば、損害賠償請求権に転化することから、金銭債権として理解することが可能と思われるし、実際に問題になるのは保全命令が発令されたとして、いかに保全を実効性あらしめるかにある。

　ところで仮差押といっても、命令の内容がブロックチェーンに書き込まれる訳ではないため、暗号資産を現実かつ確実に保全する方法を考える必要がある。暗号資産が交換業者に預託されている場合、仮差押においては、第三債務者に弁済を禁じる命令を発することとなり、暗号資産における第三債務者の弁済禁止を実現するには、預託されている暗号資産について、その保有者の請求に応じて、当該保有者に移転できないよう交換業者において方法を講じることになる。ところが、交換業者において顧客の暗号資産は、一括してウォレットで管理され、個々の顧客に

5 暗号資産の利用と民事手続法との接点

対する持ち分は、帳簿上で管理しているに過ぎないと思われるから、その帳簿において仮差押えが行われたことを示し、顧客から預託されている暗号資産の移転に応じないように対応するとしても（それ自体システム修正のための投資を要する）、暗号資産が確実に別個に保管される訳ではないので、保全の状態が交換業者の暗号資産の預かり高に左右されかねない。もちろん交換業者において秘密鍵を管理しているのであれば、交換業者の管理する秘密鍵の管理の移転を受けることで以後の処分を確実に抑止することが可能であるものの、交換業者がそのサーバー上や、ハードウェアウォレットで顧客分の暗号資産全部を管理しているとすると、その移転を制限するには秘密鍵の使用の制限を伴うため、ウォレット自体の使用を窮屈にし、交換業者の他の取引に影響を与えかねない。これでは交換業者の負担が重すぎる。

　そこで、試論であるが、保全を申し立てられたと同一種類で同一量の暗号資産について、交換業者において保全に対応した専用口座を設け、その口座に暗号資産を移転し、公開鍵及び暗号鍵については、別途作成したハードウェアウォレットを執行官保管（実際上は、自動車の差押などと同様に差押債権者による保管という名目で、裁判所の紹介する業者が保管することになろう）することとして、これを資金決済法87条に基づく暗号資産に関する認定団体である日本仮想通貨交換業協会において、加入する交換業者に対し、自主規制ルールの策定などにより事実上義務付けるのはどうか。それにより交換業者ごとに取扱いが区々となる事態を防止することも可能となろう。また仮に取引業者が仮に秘密鍵を入手しても、無断で暗号資産を移転したなら、取引履歴を容易に確認可能であるので牽制も働き、さらに刑法犯の対象（刑法96条以下）たり得る上、そのような役職員の行動を招くならば、内部管理体勢の問題として行政処分の対象にもなりえよう。法令上も、弁済禁止という命令への対応として、そのように各交換業者において自主規制として措置するのであれば、実効性を保ちつつ、かつ法令改正も要しないと思われる。

209

イ ②の交換業者以外の者と取引したケース

　暗号資産が、交換業者に預託されているならば、**ア**の①で述べたのと同じ扱いが有効である。他方で、交換業者以外の者が自らのウォレットで管理している暗号資産は、その者が暗号資産を保有している事実を発見する上での難度が高いばかりか、仮に暗号資産を保有していることを把握したとしても、その者が秘密鍵の使用／提供を拒むと暗号資産の移転ができず、これまで数々の識者が指摘しているように差押えが不可能な、言い換えれば、国家の管理を逸脱する資産の存在を認めかねない（もともと暗号資産の成り立ち自体に、中央銀行による管理を不要とする取引手段の構築を目指したこともあり、その観点からは以上の結論が導かれるとしても）。

　最終的には立法を待つ他ないのかもしれないが、現行法で可能な範囲での対応を模索するとすれば、暗号資産の保全は、金銭債権の保全ではあるものの、自らのウォレット（ウェブ上か、情報端末上か、ハードウェアウォレットかペーパーウォレットのいずれか）で保管しているため第三債務者が存在しないから、申立及び発令の段階では、暗号資産の管理状態が不明であり、実際の管理状態に応じた対応を要する。そこで、対象が動産の場合の例を参考に、①で述べたと同様、予め作成した公開鍵と秘密鍵の情報を収納したハードウェアウォレットを準備して暗号資産の保有者のところに出向き、家屋に立ち入り、保有者の暗号資産の管理の方法の如何を問わず、その管理する暗号資産の内、保全の対象となる分について作成した公開鍵（ウォレットアドレス）に移転の上、ハードウェアウォレットという有体物の物理的な占有を執行官に移転するのはどうか。中央管理者は存在しないというのが暗号資産の特徴であるから、こうした扱いとしなければ前述したとおり差押不可能な財産を許容しかねず、他方でブロックチェーンそのものには何ら影響を与えず、かつ、保全の対象となる暗号資産を保有する者において負担のできる限り少ない方法は、以上の方法に限られよう（例えばパソコン、タブレット、スマホなどの端末そのものの占有を執行官に移転することも保全に伴う処

分として可能とは思われるものの、債務者側の負担が大き過ぎるように思われるし、各ウォレットが保全の対象となる暗号資産の量のみを管理しているとは限らないので、ウォレットそのものの使用に制限を加えることは保有者にとっての負担が大きすぎる。）

　もっとも暗号資産の保有者がウォレット（特に秘密鍵）の提供を渋る場合が少なくなかろうから、応じない保有者に対するサンクションを何らか立法化する必要はあるかもしれない。動産など物理的かつ強制的に保管者の占有を排除することのできる財産と異なるという性質を踏まえつつ、かつブロックチェーン自体に何ら影響を与えないという点の両方を充足するとなると、罰則により実効性を確保する以外の方法では、暗号資産保全の実効性は上げにくいように思われる。

4. 暗号資産に関する請求手続に絡む問題点

　最後に、暗号資産の交換業者の注意義務違反を基礎として請求する場合について述べたい。暗号資産の取引は、FX（外国為替証拠金取引）などと同様、またはそれ以上にボラティリティが高い。投資における大前提は自己責任であるものの、交換業者の側でも顧客の証拠金のレベルに関する警告のためのアラートメールの制度、顧客が一定以上に損失を被らないようロスカットなどの損害限定のための制度を設けている。こうした制度があるにせよ、暗号資産は、刻々と変動する相場を相手とするので、例えばアラートメールをリアルタイムで通知できたとしても、取引が成立するかは、市場での取引の場合不確実であるという性質上、損失の回避が必ず間に合う保証はなく、さらにはシステムトラブルによりそうした損害軽減のための制度が機能せず、過誤取引として補填が認められる場合を除けば、取引により損失を被ったとしても交換業者に対し責任を追及し難い。

　こうして交換業者相手に請求を検討する際、投資家保護の制度が有名無実であったというケースを除けば、交換業者の不作為が正面から争点になるケースが多いと思われるが、ボラティリティの高い取引にそれと

知りつつ参加したということは、裏を返せば投資者の知識、経験、財産、目的に照らして適合性をクリアしていたことを意味するため、交換業者の説明内容が一般人を基準にしても誤解しかねないといった、例えば対面取引のように直接的な説明が誤解を招くようなものであった場合で無い限り、責任を追及するとしても立証を含め相当にハードルは高いものとなろう。暗号資産取引の場合、基本はオンラインでの取引になると思われることから、営業員による説明の際、確認書に署名捺印しているものの、実際には営業員の説明を含め、顧客が全く理解できていないなど、対面取引で有効たりうる主張・立証が困難なためである。

なお、交換業者が取引審査にAIを活用し、顧客が一般的な取引から乖離した取引に及んでいる場合にリアルタイムで抽出可能であるなら、そうした取引を止めないのは交換業者としての注意義務・顧客保護義務に抵触する、と抽象的には言えなくもないが、そもそも抑止されるべき取引の判断が容易ではなく、現状では、ロスカットのような投資家保護措置が図られている限り、交換業者の責任を追及するのは容易ではないように思われる。

[嶋田　英樹]

V

仮想通貨・暗号資産に関する税務・会計

仮想通貨・暗号資産に関する税務・会計

 仮想通貨・暗号資産に関する税務

1. 概　説

(1) **はじめに**

　仮想通貨を巡る経済的な利益に関する税務申告は、現状、平成30年11月付「仮想通貨に関する税務上の取扱いについて(FAQ)」(以下「FAQ」という。) および平成31年度税制改正で整備された法令が拠り所となっている。

　国税庁が最初にまとまった見解を示したのは、平成29年12月1日付「仮想通貨に関する所得の計算方法等について（情報）」(個人課税課情報4号)（以下「情報4号」）であり、上述のFAQはこの情報4号をさらに充実させたものである。本稿では、FAQその他国税庁が示す公的見解を中心に紹介し[1]、平成31年度税制改正で創設された税法の規定についても示す。

　なお、平成31年改正資金決済法は、「仮想通貨」の呼称を「暗号資産」にする旨を定めたが、本稿では、原則として執筆時点における税に関する法令や国税庁が用いる「仮想通貨」の呼称を用いている。

(2) **「仮想通貨」の範囲**

　ビットコインのような「ブロックチェーン技術」を用いた電磁的な経済的価値の移転手段を、すべて「仮想通貨」と呼ぶならば、その範囲は相当に広い。しかし、税法上の「仮想通貨」の範囲は、平成31年度税制で明確化され、資金決済の定義を引用して定められた。(所法48の2①、法法61①)。

　また、会計基準「資金決済法における仮想通貨の会計処理等に関する

---

[1] https://www.nta.go.jp/information/release/kokuzeicho/2018/faq/index.htm

当面の取扱い」では、「資金決済法上の仮想通貨で自社が発行するもの
は除く。」と定めており、資金決済法上の仮想通貨の中から自社発行の
ものを除く旨を明示している。

　資金決済法の「暗号資産（仮想通貨）」の定義規定は概念的であり[2]、
実務上、ある仮想通貨が本当に資金決済法上の暗号資産（仮想通貨）に
当たるのか否かを判断することは難しい。しかし、初めて聞く名称の仮想
通貨が資金決済法上の「暗号資産（仮想通貨）」に当たるのか否かは、税
法上の「仮想通貨」に当たるか否かの分岐点となるから重要である。この
点につき最初の判断の拠り所としては、金融庁に登録している仮想通貨交
換業者（以下「登録交換業者」と呼ぶ。）が扱うものは、資金決済法上の
「暗号資産（仮想通貨）」に当たるとされているため[3]、金融庁が公表する
登録交換業者の一覧表を確認するとよい。なお、この一覧表には、各登録
交換業者の扱う仮想通貨の種類も記載されている。

　ちなみに、平成31年4月24日時点における登録業者は19社であり、
ビットコイン（BTC）やイーサリアム（EHT）等の良く知られた仮想通貨は、
ほとんどの登録交換業者が扱っている。しかし、登録業者によって扱う
種類・数にはかなりの偏りがあり、10種類以上の仮想通貨を扱う登録業
者もある一方で、ビットコイン1種類だけを扱う登録業者も数社存在する。

　また、登録交換業者が扱わないものであっても、資金決済法上の暗号資
産（仮想通貨）に当たるものはあり得るので、そのような可能性があるも
のについては、税務当局への個別判断（個別照会）をせざるを得ないだろう。

2. 国税庁が明らかにしている取扱い

　国税庁FAQは、21の質疑応答を掲載している。その目次は、次のと
おりである。

---

[2]　資金決済法の「暗号資産（仮想通貨）」の定義は本稿104頁を参照のこと。
[3]　金融庁の仮想通貨交換業者一覧（平成31年1月11日付）には、「本一覧に記載された仮想通貨
交換業者が取り扱う仮想通貨は、当該仮想通貨交換業者の説明に基づき、資金決済法上の定義に
該当することを確認したものにすぎません。」との記載がある。https://www.fsa.go.jp/menkyo/
menkyoj/kasoutuka.pdf（最終確認日令和元年5月6日）

仮想通貨・暗号資産に関する税務・会計

《目　次》

《所得税・法人税共通関係》
　　1　仮想通貨を売却した場合
　　2　仮想通貨で商品を購入した場合
　　3　仮想通貨同士の交換を行った場合
　　4　仮想通貨の取得価額
　　5　仮想通貨の分裂（分岐）により仮想通貨を取得した場合
　　6　仮想通貨をマイニングにより取得した場合

《所得税関係》
　　7　仮想通貨の所得区分
　　8　仮想通貨の必要経費
　　9　年間取引報告書を活用した仮想通貨の所得金額の計算
　10　年間取引報告書の記載内容
　11　仮想通貨の取得価額の計算方法の変更
　12　仮想通貨の購入価額や売却価額が分からない場合
　13　仮想通貨取引で損失が生じた場合の取扱い
　14　仮想通貨の証拠金取引

《相続税・贈与税関係》
　15　仮想通貨を相続や贈与により取得した場合
　16　相続や贈与により取得した仮想通貨の評価方法

《源泉所得税関係》
　17　仮想通貨による給与等の支払

《消費税関係》
　18　仮想通貨を譲渡した場合の消費税

《法定調書関係》
　19　財産債務調書への記載の要否
　20　財産債務調書への仮想通貨の価額の記載方法
　21　国外財産調書への記載の要否

1 仮想通貨・暗号資産に関する税務

　以下、国税庁FAQの内容を抜粋しながら論点を整理する。本文中の□□□□の部分がFAQの記述を引用している部分であり、それ以外の部分は、FAQ等の趣旨を変更しない限度で解説を加えたものである。なお、本稿で引用するFAQの順序は前後していることにご留意いただきたい。

⑴　仮想通貨の売却など

　ここでは、仮想通貨の売却など、仮想通貨が流出するケースの所得計算等を解説する。個人と法人における所得計算構造は同じだが、個人の場合は所得区分や損失の扱いに留意が必要である。

ア　仮想通貨の売却〔FAQ1：所得税・法人税〕

《FAQ1》

（例）・3月9日　2,000,000円で4ビットコインを購入した。
　　　・5月20日　0.2ビットコインを110,000円で売却した。
　　（注）上記取引において仮想通貨の売買手数料については勘案していない。

　仮想通貨を売却した場合は、所得税法上「原則として雑所得」に区分される（次の設例参照）。そして、所得金額は売却収入から「取得価額（後述226頁）」及び売却手数料などの必要経費（後述225頁）を控除して算出する。

　この例の所得金額は、10,000円である。

【計算式】
110,000円－（2,000,000円÷4ビットコイン）×0.2ビットコイン＝10,000円
　[売却価額]　　[1ビットコイン当たりの取得価額]　　[売却した数量]　　[所得金額]
（注）その他の必要経費がある場合には、その必要経費の額を差し引いた金額となります。

　上記例を仕訳で表現すると次のとおりである。

3月9日	ビットコイン	2,000,000	/	現金預金	2,000,000
5月20日	現金預金	110,000	/	ビットコイン	100,000
			/	売却益	10,000

217

仮想通貨・暗号資産に関する税務・会計

イ　仮想通貨による商品購入〔FAQ2：所得税・法人税〕

《FAQ1》

(例)・3月9日　2,000,000円で4ビットコインを購入した。
　　・9月28日　162,000円（消費税等込）の商品を購入する際の決済に0.3ビットコインを支払った。なお、取引時における交換レートは1ビットコイン=540,000円であった。

　仮想通貨で商品を購入した場合には、仮想通貨を円に換えて円によって支払った場合と同様の処理となる。
　この例の場合は、162,000円の商品代金を、取得価額150,000円分の仮想通貨で決済したので、12,000円が所得金額となる。

《FAQ2》

【計算式】
162,000円 −（2,000,000円÷4ビットコイン）× 0.3ビットコイン=12,000円 (注1)
[商品価額 (注2)] [1ビットコイン当たりの取得価額]　[支払った数量]　　[所得金額]
(注) 1　その他の必要経費がある場合には、その必要経費の額を差し引いた金額となります。
　　 2　上記の「商品価額」とは、その商品を日本円で購入する場合の支払総額（消費税等込）をいいます。

(参考)
　ビットコインは、全国展開する家電量販店をはじめ、多くの店舗やネットサービスで決済手段として用いることができる。例えば、ヤマダ電機（以下「Y社」）は2018年1月27日からビットコイン決済を導入しているが、その仕組みは以下のとおりであり[4]、店側は厳密には、決済時にビットコインではなく円で代金を受け取っているのである。
・Y社は登録交換業者bitFlyer（以下「B社」）の決済システムを導入し、B社のウォレット（口座）からの支払いのみを受け付ける。

---

4 参考：2018/1/25日経新聞電子版「ヤマダ、ビットコイン決済導入、高額消費取り込み」

1 仮想通貨・暗号資産に関する税務

・決済時は、店員が専用端末に代金を円で入力すると、ビットコインの金額が表示される。顧客は、専用アプリを入れたスマートフォンで店員の専用端末に表示されたQRコードを読み取ってそこに表示される振込先に自分のビットコインを送る。

・送金されたビットコインはbitFlyerが直ちに円に換金する。

上記例を仕訳で表現すると次のとおりである。

3月9日	ビットコイン	2,000,000	/	現金預金	2,000,000
9月28日	商品	162,000	/	ビットコイン	150,000
			/	益	12,000

ウ　仮想通貨同士の交換〔FAQ3：所得税・法人税〕

> (例)・3月9日　　2,000,000円で4ビットコイン（A）を購入した。
> 　　　・11月2日　　10リップル（B）を購入する際の決済に1ビットコインを支払った。
> 　　　　　　　　　取引時における交換レートは1リップル＝60,000円であった。
> (注) 上記取引において仮想通貨の売買手数料については勘案していない。

　仮想通貨取引は、円とビットコインとの間だけでなく、異なる銘柄の仮想通貨同士で交換することもできる。このような場合、実際に円を受領するわけではないが交換時に損益が実現する。この例の場合は、ビットコイン（取得価額500,000円分）と引き換えに別の仮想通貨（リップル）600,000円相当分を受け取ったので100,000円が所得となる。

> 【計算式】
> (60,000円×10リップル) － (2,000,000円÷4ビットコイン) ×1ビットコイン＝100,000円[注1]
> 　[Bの購入価額[注2]]　　[Aの1単位当たりの取得価額]　[支払った数量]　[所得金額]
> (注) 1　その他の必要経費がある場合には、その必要経費の額を差し引いた金額となります。
> 　　　2　上記の「Bの購入価額」とは、この取引と同じ時点で同じ数量の仮想通貨Bを日本円で購入する場合の支払総額をいいます。

仮想通貨・暗号資産に関する税務・会計

(参考)

　通常、仮想通貨同士の交換取引は、仮想通貨交換業者において行われるが、多くの場合、アルトコイン同士の交換は取扱いがなく、ビットコインとアルトコインの間での交換となる。

> **Word**
> アルトコイン…ビットコイン以外の仮想通貨の銘柄の総称

　上記例を仕訳で表現すると次のとおりである。

3月9日	ビットコイン	2,000,000 / 現金預金	2,000,000
11月2日	リップル	600,000 / ビットコイン	500,000
		/ 益	100,000

　なお、交換で取得した仮想通貨(上記例の場合はリップル)の値がその後暴落したとしても、所得は100,000円で確定している。実務上は、仮想通貨同士の交換により利益が出たときは、納税資金の確保を失念しないようにしたい。

(2) 仮想通貨の取得など

　次に、手元に仮想通貨が入ってくるケースを整理する。

ア　仮想通貨の分裂（分岐）〔FAQ5：所得税・法人税〕

　仮想通貨の分裂（分岐）とは、仮想通貨取引の記録を保管しながら伸びていくブロックチェーンが、何らかの理由で枝分かれすることである。この枝分かれした仮想通貨を付与された場合の課税関係はどうなるのかという論点に関するFAQである。

　結論としては、仮想通貨の分裂（分岐）により新たに誕生した仮想通貨を取得した場合、課税対象となる所得は生じない。法人税も同様である。その理由について、FAQは次のように説明している。

> 　所得税法上、経済的価値のあるものを取得した場合には、その取得時点における時価を基にして所得金額を計算します。
> 　しかしながら、ご質問の仮想通貨の分裂（分岐）に伴い取得した新たな仮想通貨に

ついては、分裂（分岐）時点において取引相場が存しておらず、同時点においては価値を有していなかったと考えられます。
　したがって、その取得時点では所得が生じず、その新たな仮想通貨を売却又は使用した時点において所得が生ずることとなります。
　なお、その新たな仮想通貨の取得価額は０円となります。

（参考）

　仮想通貨の分裂（分岐）は、「フォーク」とも呼ばれる。「フォーク」には、ソフトフォークとハードフォークの２種類がある。ソフトフォークは、一時的な分岐であり、いずれ１つに収束するという特徴がある。一方、ハードフォークは、処理速度の改善などを目的にブロックチェーンの規格が変更されて生まれるものであり、規格変更後の仮想通貨がそれ以前の仮想通貨のブロックチェーンと繋がらず、新たな仮想通貨にも永続性がある。
　理論上は、枝分かれした仮想通貨と元となった仮想通貨の価値を合計したものは、分岐前の仮想通貨の価値と同じはずであるが、市場の期待感などから価額が高騰するケースも多い。新たに生まれた仮想通貨も初日から値がつくこともある。
　例えば、ビットコインでは、かつて年に３回のハードフォークがあった。Coinmarketcap.comによれば、１度目の分裂（2017年８月２日）では、分裂日のビットコインキャッシュの価額は310.26ドル（約34,000円）であったし、二度目のビットコインゴールドでは2017年10月24日時点で479.82ドル（約52,000円）の値がついていた。

【図表１】ビットコインは分裂して４種類に

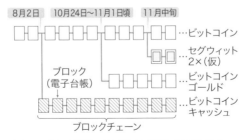

出典：日本経済新聞　電子版（2017年10月28日）

Ⅴ　仮想通貨・暗号資産に関する税務・会計

イ　仮想通貨のマイニング報酬〔FAQ6：所得税・法人税〕

　世界中で行われる仮想通貨取引を記録して承認するためには、膨大な計算能力が必要であり、その計算作業（パソコンの計算能力の提供）を行うことを「マイニング」と呼び、そこから得られる一定の報酬を「マイニング報酬」と呼ぶ。

　マイニングにより仮想通貨を取得した場合は、課税関係が生じる。上記例の「分裂」による取得とは取扱いが異なる点に留意が必要である。

　所得税では、取得時点におけるその仮想通貨の時価が事業所得又は雑所得の収入金額となり、マイニングに要した費用は必要経費となる。法人税でも同様に益金（時価相当額）及び損金（マイニングに要した費用）として処理する。つまり、将来、マイニングにより取得した仮想通貨を売却等した場合は、取得時点における時価が取得価額となるが、マイニングに要した過去の支出は取得価額を構成しないということである。

(3)　所得税特有の論点

ア　損失〔FAQ13：所得税〕

　仮想通貨取引による個人の所得について損失が生じた場合、仮想通貨から生ずる所得は原則として雑所得に該当する。したがって、結果的に他の所得と損益通算することはできないケースがほとんどである。損益通算ができる所得区分を確認しておくと、「不動産所得・事業所得・山林所得・譲渡所得」である。

　なお、国税庁の示す取扱いを前提にすると、仮想通貨取引による所得が譲渡所得に該当するケースはないと解される。

(参考)

　2018年1月、仮想通貨交換業者Coincheckから580億円相当の仮想通貨（NEMネム）が流出し、Coincheckは、自己資金から顧客に流出分の仮想通貨を補償することにした。顧客がこのような経緯で受領した補償金は売却により受領した金員と同様に扱われることがタックスアン

222

サーで示されている。

国税庁タックスアンサー No.1525

仮想通貨交換業者から仮想通貨に代えて金銭の補償を受けた場合

問　仮想通貨を預けていた仮想通貨交換業者が不正送信被害に遭い、預かった仮想通貨を返還することができなくなったとして、日本円による補償金の支払を受けました。

　この補償金の額は、預けていた仮想通貨の保有数量に対して、返還できなくなった時点での価額等を基に算出した1単位当たりの仮想通貨の価額を乗じた金額となっています。

この補償金は、損害賠償金として非課税所得に該当しますか。

答　一般的に、損害賠償金として支払われる金銭であっても、本来所得となるべきもの又は得べかりし利益を喪失した場合にこれが賠償されるときは、非課税にならないものとされています。

　ご質問の課税関係については、顧客と仮想通貨交換業者の契約内容やその補償金の性質などを総合勘案して判断することになりますが、一般的に、顧客から預かった仮想通貨を返還できない場合に支払われる補償金は、返還できなくなった仮想通貨に代えて支払われる金銭であり、その補償金と同額で仮想通貨を売却したことにより金銭を得たのと同一の結果となることから、本来所得となるべきもの又は得られたであろう利益を喪失した部分が含まれているものと考えられます。

　したがって、ご質問の補償金は、非課税となる損害賠償金には該当せず、雑所得として課税の対象となります。

　なお、補償金の計算の基礎となった1単位当たりの仮想通貨の価額がもともとの取得単価よりも低額である場合には、雑所得の金額の計算上、損失が生じることになりますので、その場合には、その損失を他の雑所得の金額と通算することができます。

（所法35、36）

(参考)

平成30年1月、仮想通貨交換業者(経過措置によるみなし交換業者)コインチェックから、580億円相当の仮想通貨NEMが盗まれた。

通常、コインチェックのような事業者は、【図表2】(日経新聞平成30年2月6日朝刊の図を一部引用)のように、売買の利ザヤを得る目的で顧客からの注文をいったん「マーケットメーク方式」による自己勘定で処理している。そして、業者と顧客間の取引は、ブロックチェーン上の台帳にはリアルタイムで記録されない。

交換業者は、通常、仮想通貨の在庫をネット接続から遮断した場所(ウォレット)に保管し、1日の出金額を予想してネットに接続しているウォレットに移動するといった運営を行っているが、コインチェックの場合は、外部との接続が遮断されていないウォレットで保管されていたため、そこから流出したというのが経緯である。

仮想通貨の消失時点が、ブロックチェーンの台帳に記録される前か後かによって、厳密にいえばその損失の性質は異なるといえる。

【図表2】

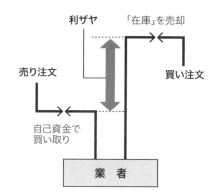

ウ　所得区分〔FAQ7：所得税〕

　個人が仮想通貨を売却した場合は、所得区分の検討も必要である。FAQは、雑所得が原則であり、「事業所得等」に当たるのは例外と位置付けている。この例外に該当するケースは次のように説明されている。

　仮想通貨取引により生じた損益（邦貨又は外貨との相対的な関係により認識される損益）は、
・その仮想通貨取引自体が事業と認められる場合[注1]
・その仮想通貨取引が事業所得等の基因となる行為に付随したものである場合[注2]を除き、雑所得に区分されます。
（注）1　「仮想通貨取引自体が事業と認められる場合」とは、例えば、仮想通貨取引の収入によって生計を立てていることが客観的に明らかである場合などが該当し、この場合は事業所得に区分されます。
　　　2　「仮想通貨取引が事業所得等の基因となる行為に付随したものである場合」とは、例えば、事業所得者が、事業用資産として仮想通貨を保有し、棚卸資産等の購入の際の決済手段として使用した場合が該当します。

(参考)

　所得税法及び法人税法は、仮想通貨は棚卸資産には含まれない旨を明記した（所法2①十六、法法2二十）。

エ　必要経費〔FAQ8：所得税〕

　仮想通貨の売却等によって所得が生ずる場合の必要経費については、「売却した仮想通貨の取得価額」、「売却の際に支払った手数料」が例示されている。他にも、インターネット等の回線使用料、パソコン等の購入費用についても、仮想通貨の売却のために<u>必要な支出であると認められる部分の金額に限り</u>、必要経費に算入することができる旨説明されている。

　どこまでを「必要な支出」と認定すべきかといった実務上の判断に迷う場面もあるだろうが、必要経費の基本的な解釈は同じである。また、家事関連費（所令96）の取扱いにも留意しつつ必要経費の範囲を判断する必要がある。

オ　取得価額の計算方法〔FAQ11：所得税〕

　FAQは、売却した仮想通貨の取得価額は、「移動平均法」で計算するのが相当（継続適用を要件に「総平均法」による計算も可能）であるとしており、移動平均法が原則である趣旨の記述となっている。

　しかし、平成31年度税制改正で創設された規定は、個人の法定評価方法を「総平均法」であると定めているので注意が必要である（所令119の5）。移動平均法は届出により選択することはできるが、通常は総平均法を採用することになろう。

(参考)

　具体的な事例は、情報4号の問4が示している。

情報4号

4　仮想通貨の取得価額

> 問　仮想通貨を追加で購入しましたが、取得価額はどのように計算すればよいですか（1年間の仮想通貨の取引例）。
>
> 3月9日　2,000,000円（支払手数料を含む。）で4ビットコインを購入した。
> 5月20日　0.2ビットコイン（支払手数料を含む。）を110,000円で売却した。
> 9月28日　155,000円の商品購入に0.3ビットコイン（支払手数料を含む。）を支払った。
> 11月2日　他の仮想通貨購入（決済時点における他の仮想通貨の時価600,000円）の決済に1ビットコイン（支払手数料を含む。）を支払った。
> 11月30日　1,600,000円（支払手数料を含む。）で2ビットコインを購入した。

> 答　同一の仮想通貨を2回以上にわたって取得した場合の当該仮想通貨の取得価額の算定方法としては、移動平均法を用いるのが相当です（ただし、継続して適用することを要件に、総平均法を用いても差し支えありません。）。
> 　① 移動平均法を用いた場合の1ビットコイン当たりの取得価額
> 　　上記（例）の場合の1ビットコイン当たりの取得価額は、次の計算式のとおり3月9日時点で500,000円、11月30日時点で633,334円です。

1 仮想通貨・暗号資産に関する税務

○3月9日に取得した分の1ビットコイン当たりの取得価額

2,000,000円÷4BTC = 500,000円/BTC

〜3月10日から11月30日までの間に1.5BTCを売却又は使用〜

○11月30日の購入直前において保有しているビットコインの簿価

500,000円 × （4BTC － 1.5BTC） ＝ 1,250,000円

【この時点での1ビットコイン当たりの取得価額】【この時点で保有しているビットコイン】

〜11月30日に2BTCを購入〜

○11月30日の購入直後における1ビットコイン当たりの取得価額

（1,250,000円 ＋ 1,600,000円） ÷ （2.5BTC ＋ 2BTC） ＝ 633,334円

【この時点での保有しているビットコインの簿価の総額】【この時点で保有しているビットコイン】

※取得価額の計算上発生する1円未満の端数は、切り上げして差し支えありません。

② 総平均法を用いた場合の1ビットコイン当たりの取得価額

上記（例）の場合の1ビットコイン当たりの取得価額は、次の計算式のとおり600,000円です。

（2,000,000円 ＋ 1,600,000円） ÷ （4BTC ＋ 2BTC） ＝600,000円/BTC

【1年間に取得したビットコインの取得価額の総額】【1年間に取得したビットコイン】

次は、上記の移動平均法によるビットコインの管理表の例である。

	受入・払出・使用				残高		
	取引	数量	取引金額	単価	数量	総額	単価
3/9	購入	4	2,000,000	500,000			
5/20	売却	△0.2	100,000	500,000	3.8	1,900,000	500,000
9/28	使用	△0.3	150,000	500,000	3.5	1,750,000	500,000
11/2	使用	△1	500,000	500,000	2.5	1,250,000	500,000
11/30	購入	2	1,6000,000	800,000	4.5	2,850,000	633,334

仮想通貨・暗号資産に関する税務・会計

カ　証拠金取引（FAQ14：所得税）

仮想通貨の証拠金取引は、外国為替証拠金取引（いわゆる「外貨FX」）のような申告分離課税の適用はない。総合課税となる点に留意が必要である。

なお、平成30年以降の登録業者を通した証拠金取引については、その損益状況が年間取引報告書に記載されるので、その記載内容に基づき申告する。

(参考)

租税特別措置法第41条の14は、一定の先物取引によって生じた事業所得、譲渡所得及び雑所得については、申告分離課税である旨を規定している。この対象となる先物取引の代表的なものとして外貨FXがある。

外貨FXとは、外国為替（外国通貨）の売買を、一定の証拠金（保証金）を担保にして、その証拠金の何倍もの取引単位（金額）で行う取引のことである。

例えば、1,000,000円で1ドル100円のときに10,000ドルを購入し、その後1ドル101円のときに10,000ドルを売ると、1万円（1,010,000－1,000,000）の利益となる。一方で、1ドル99円のときに同じことをすると1万円の損失となる。FX取引には、このような反対売買から生ずる差金のみの受け渡しが行われることや、一定の証拠金をFX業者に預けて取引が行われるなどの特徴がある。

さらに、預け入れた証拠金の金額以上の取引を行うことができる（レバレッジをかける）といった特徴もある。単純に100,000円の資金に10倍のレバレッジをかけると1,000,000円の取引が可能ということになる。その前提で1ドル100円のときに10,000ドルを買って101円のときに10,000ドルを売ると、元手（100,000円）に対して1割（10,000円）の利益が出る。逆の場合は損失となる。ハイリスクハイリターンの取引ということである。

仮想通貨証拠金取引とは、外貨の代わりに仮想通貨を用いた証拠金取

引である。2017年資料によれば、登録交換業者の行う取引の8割以上は、証拠金取引・信用取引・先物取引（いわゆる「デリバティブ取引」）である。

キ　取得価額や売却価額がわからない場合〔FAQ12：所得税〕

仮想通貨の売買に関して申告する際には、取引価額を把握しておく必要がある。その取引価額が不明の場合に関して、FAQは、次の区分に応じて確認する旨を示している。

---

① 国内の仮想通貨交換業者を通じた仮想通貨取引

平成30年1月1日以後の仮想通貨取引については、国税庁から仮想通貨交換業者に対して、次の事項などを記載した「年間取引報告書」の交付をお願いしています。

・年中購入数量：その年の仮想通貨の購入数量

・年中購入金額：その年の仮想通貨の購入金額

・年中売却数量：その年の仮想通貨の売却数量

・年中売却金額：その年の仮想通貨の売却金額

お手元に年間取引報告書がない場合は、仮想通貨交換業者に年間取引報告書の（再）交付を依頼してください。

（注）平成29年以前は、年間取引報告書が交付されない場合があります。その場合は下記②により、ご自身で仮想通貨の購入価額や売却価額を確認してください。

② 上記①以外の仮想通貨取引（国外の仮想通貨交換業者・個人間取引）

個々の仮想通貨の購入価額や売却価額について、例えば次の方法で確認してください。

・仮想通貨を購入した際に利用した銀行口座の出金状況や、仮想通貨を売却した際に利用した銀行口座の入金状況から、仮想通貨の購入価額や売却価額を確認する。

・仮想通貨取引の履歴及び仮想通貨交換業者が公表する取引相場[注]を利用して、仮想通貨の購入価額や売却価額を確認する。

（注）個人間取引の場合は、あなたが主として利用する仮想通貨交換業者の取引相場を利用してください。確定申告書を提出した後に、正しい金額が判明した場合には、確定申告の内容の訂正（修正申告又は更正の請求）を行ってください。

（参考）

同じ交換業者を利用して同じ時に同じ仮想通貨を購入したとしても、「販売所」経由か「取引所」経由かでは相場や手数料が異なる。「販売所」とは、その交換業者から仮想通貨を購入する場所であり、「取引所」とは、

V 仮想通貨・暗号資産に関する税務・会計

顧客同士で相対取引を行う場所である。

> **Word**
> 年間取引報告書
> 　平成30年1月1日以後の仮想通貨取引については、仮想通貨交換業者が顧客に対して「年間取引報告書」を交付することになっている。また、国税庁は、「仮想通貨の計算書」をホームページで公表している。「年間取引報告書」で集計済みの金額を「仮想通貨の計算書」に入力すれば、その部分の所得は自動計算される。

出典：国税庁「年間取引報告書を活用した仮想通貨取引に係る申告手続の簡素化（イメージ）」から一部抜粋
　　　https://www.nta.go.jp/information/release/kokuzeicho/2018/faq/pdf/01.pdf

ク　年間取引報告書の記載内容〔FAQ10：所得税〕

　金融庁に登録している仮想通貨交換業者が発行する「年間取引報告書」は、業者によって様式は異なるが、次の記載項目は共通である。

> 　年間取引報告書の各欄には、次の事項が記載されています。
>
> ①年始数量　　　：その年の1月1日現在の仮想通貨の保有数量
> ②年中購入数量：その年の仮想通貨の購入数量
> ③年中購入金額：その年の仮想通貨の購入金額
> ④年中売却数量：その年の仮想通貨の売却数量
> ⑤年中売却金額：その年の仮想通貨の売却金額
> ⑥移入数量　　　：その年に購入以外で口座に受け入れた仮想通貨の数量
> ⑦移出数量　　　：その年に売却以外で口座から払い出した仮想通貨の数量

⑧年末数量　　：その年の12月31日現在の仮想通貨の保有数量

⑨損益合計　　：その年の仮想通貨の証拠金取引の損益の合計額

⑩支払手数料　：その年に仮想通貨交換業者に支払った支払手数料の額

※仮想通貨の売却・購入などを外貨で行った場合には、取引時の電信売買相場の仲値（TTM）で円に換算した金額に基づき、各事項が記載されています。

　なお、次の取引をした場合における各欄の表示内容は、次のとおりです。

①　仮想通貨交換業者から無償で仮想通貨の交付を受けた場合

　「年中売却数量」：―

　「年中売却金額」：交付を受けた仮想通貨の価額（時価）

　「年中購入数量」：交付を受けた仮想通貨の数量

　「年中購入金額」：交付を受けた仮想通貨の価額（時価）

②　仮想通貨で決済を行った場合

・仮想通貨交換業者で円転して決済を行った場合

　「年中売却数量」：円転した仮想通貨の数量

　「年中売却価額」：円転した仮想通貨の価額（時価）

・仮想通貨そのもので決済を行った場合

　「移出数量」：決済で使用した仮想通貨の数量

③　仮想通貨交換業者でA仮想通貨とB仮想通貨を交換した場合

　A仮想通貨の「年中売却数量」：交換したA仮想通貨の数量

　A仮想通貨の「年中売却金額」：取得したB仮想通貨の価額（時価）

　B仮想通貨の「年中購入数量」：取得したB仮想通貨の数量

　B仮想通貨の「年中購入金額」：取得したB仮想通貨の価額（時価）

V 仮想通貨・暗号資産に関する税務・会計

ケ 年間取引報告書を活用した所得計算〔FAQ9：所得税〕

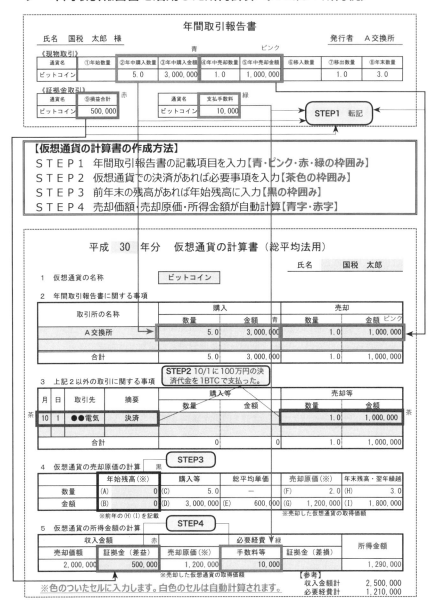

出典：国税庁リーフレットに転記の矢印や説明等を加筆（枠囲みに色を明記）
https://www.nta.go.jp/information/release/kokuzeicho/2018/faq/pdf/02.pdf

1 仮想通貨・暗号資産に関する税務

⑷ その他

ア　仮想通貨の相続や贈与〔FAQ15、FAQ16：相続税・贈与税〕

　被相続人等から仮想通貨を相続若しくは遺贈又は贈与により取得した場合には、相続税又は贈与税が課税される。これについて、FAQは次のように説明する。

> 　相続税法では、個人が、金銭に見積もることができる経済的価値のある財産を相続若しくは遺贈又は贈与により取得した場合には、相続税又は贈与税の課税対象となることとされています。
> 　仮想通貨については、決済法上、「代価の弁済のために不特定の者に対して使用することができる財産的価値」と規定されていることから、被相続人等から仮想通貨を相続若しくは遺贈又は贈与により取得した場合には、相続税又は贈与税が課税されることになります。

　具体的な仮想通貨の評価方法は次のとおりである。

①　活発な市場が存在する仮想通貨

　　相続人等の納税義務者が取引を行っている仮想通貨交換業者が公表する課税時期における取引価格によって評価する。

②　活発な市場が存在しない仮想通貨

　　その仮想通貨の内容や性質、取引実態等を勘案し、個別に評価する。

> 1　「活発な市場が存在する」場合とは、仮想通貨取引所又は仮想通貨販売所において十分な数量及び頻度で取引が行われており、継続的に価格情報が提供されている場合をいいます。
> 2　「仮想通貨交換業者が公表する課税時期における取引価格」には、仮想通貨交換業者が納税義務者の求めに応じて提供する残高証明書に記載された取引価格を含みます。
> 3　仮想通貨交換業者（仮想通貨販売所）において、購入価格と売却価格がそれぞれ公表されている場合には、納税義務者が仮想通貨を仮想通貨交換業者に売却する価格（売却価格）で評価して差し支えありません。
> 4　納税義務者が複数の仮想通貨交換業者で取引を行っている場合には、納税義務者の選択した仮想通貨交換業者が公表する課税時期における取引価格によって評価して差し支えありません。
> 5　例えば、売買実例価額、精通者意見価格等を参酌して評価する方法などが考えられます。

233

仮想通貨・暗号資産に関する税務・会計

イ 仮想通貨による給与等の支払〔FAQ17：源泉所得税〕

　従業員に対する給与の一部を仮想通貨で支給する場合には、現物給与と同様に源泉徴収税額の計算を行う。具体的には、その支給時の仮想通貨の価額相当額が経済的利益となる。

　FAQは次のような例を掲げる。

> 問　当社は、従業員からの要望を受け、労働協約で別段の定めを設け、月々の給与等の一部を取引所で売買可能な仮想通貨で支払うことにしました。この場合の給与に係る所得税の源泉徴収をどのように行えばよいですか。
> （例）10月10日　従業員の9月分給与について、200,000円を現金で支払い、一部を当社が保有する仮想通貨（給与支給時の取引価格は50,000円）で支払った。
>
> 答　従業員の給与の支給額は、現金200,000円と仮想通貨の価額50,000円を合計した250,000円となりますので、250,000円を給与の支給額（月額）として源泉徴収税額を計算することになります。

```
10月10日　支払給与　　　250,000　／　現金預金　　XXX,XXX
　　　　　　　　　　　　　　　　　　　／　仮想通貨　　　50,000
　　　　　　　　　　　　　　　　　　　／　預り金　　　XX,XXX
```

ウ 仮想通貨を譲渡した場合の消費税〔参考FAQ18〕

　仮想通貨の譲渡には消費税は課されない。すなわち、非課税取引である。消費税法別表第一（第六条関係）第2号は、「支払手段（収集品その他の政令で定めるものを除く。）その他これに類するものとして政令で定めるもの」の譲渡を非課税と規定している。仮想通貨は、支払手段に類するものとして政令で定めるものに該当するのである（消令9④）。

　なお、課税売上割合の算出においては、仮想通貨の譲渡を非課税売上高に含めない（消令48②一）。

　FAQは、次のような留意点を示している。

> 1　仮想通貨交換業者に対して仮想通貨の売買に係る仲介料として支払う手数料は、仲介に係る役務の提供の対価として支払うものですので、課税対象になります。
> 　なお、仮想通貨の売買を目的とした購入に係る手数料は、消費税の申告において個

1 仮想通貨・暗号資産に関する税務

別対応方式を採用する場合、課税資産の譲渡等以外にのみ要する課税仕入れ（いわゆる非課税売上げに対応する課税仕入れ）に該当することとなります。

2 平成29年6月以前に国内において行った仮想通貨の譲渡は、消費税の課税対象となります。

なお、消費税の課税事業者に該当する方が、平成29年6月以前に国内において行った仮想通貨の購入に係る課税仕入れについて仕入税額控除の適用を受けるためには、取引の相手方の氏名等一定の事項が記載された帳簿及び請求書等の保存が要件となりますが、仮想通貨交換業者などの媒介者を介して行われる仮想通貨の購入に関し、取引の相手方又は媒介者から請求書等の交付を受けられないなど、やむを得ない理由がある場合には、帳簿にその旨と媒介者の氏名等を記載して保存することとなります。

エ　財産債務調書及び国外財産調書〔FAQ19、20〕

仮想通貨は、財産債務調書の対象であるが国外財産調書の対象ではない。

財産債務調書についてみてみると、仮想通貨は、財産の区分のうち「その他の財産」に該当する。具体的には、仮想通貨の種類別（ビットコイン等）、用途別及び所在地別に記載する。所在地については、その財産を有する者の住所（住所を有しない場合は居所）の所在となる（国外送金等調書規則12③六、15②）。

また、仮想通貨の価額の記載については、FAQが次のように解説している。

　　仮想通貨の価額については、活発な市場が存在する場合には、財産債務調書を提出される方が取引を行っている仮想通貨交換業者が公表するその年の12月31日における取引価格を時価として記載します。また、時価の算定が困難な場合には、その年の12月31日における仮想通貨の状況に応じ、その仮想通貨の取得価額や売買実例価額などを基に、合理的な方法により算定した価額を見積価額として記載します。

　　活発な市場が存在する[注1]仮想通貨については、活発な取引が行われることによって一定の相場が成立し、客観的な交換価値が明らかとなっていることから、財産債務調書を提出される方が取引を行っている仮想通貨交換業者が公表するその年の12月31日における取引価格[注2、3、4]を時価として記載します。

（注）1　「活発な市場が存在する」場合とは、仮想通貨取引所又は仮想通貨販売所に

235

仮想通貨・暗号資産に関する税務・会計

> おいて十分な数量及び頻度で取引が行われており、継続的に価格情報が提供されている場合をいいます。
> 2 「仮想通貨交換業者が公表するその年の12月31日における取引価格」には、仮想通貨交換業者が財産債務調書を提出される方の求めに応じて提供する残高証明書に記載された取引価格を含みます。
> 3 仮想通貨交換業者（仮想通貨販売所）において、購入価格と売却価格がそれぞれ公表されている場合には、財産債務調書を提出される方が仮想通貨を仮想通貨交換業者に売却する価格（売却価格）を記載して差し支えありません。
> 4 財産債務調書を提出される方が複数の仮想通貨交換業者で取引を行っている場合には、財産債務調書を提出される方の選択した仮想通貨交換業者が公表するその年の12月31日における取引価格によって記載して差し支えありません。
>
> また、財産債務調書に記載する財産の価額は、その財産の時価による算定が困難な場合、見積価額を算定し記載しても差し支えありません。
> 仮想通貨の見積価額は、例えば、次のような方法により算定された価額をいいます。
> ① その年の12月31日における売買実例価額（その年の12月31日における売買実例価額がない場合には、その年の12月31日前の同日に最も近い日におけるその年中の売買実例価額）のうち、適正と認められる売買実例価額
> ② ①による価額がない場合には、その年の翌年1月1日から財産債務調書の提出期限までにその仮想通貨を譲渡した場合における譲渡価額③①及び②がない場合には、取得価額

　一方、国外財産調書では、仮想通貨の記載は不要である。なぜなら、仮想通貨は、財産を有する者の住所（住所を有しない者にあっては、居所）の所在により「国外にある」かどうかを判定する（国外送金等調書規則12③六）。そして、国外財産調書の提出義務者は居住者（非永住者除く）なのだから、その居住者の有する仮想通貨が「国外にある財産」には当たる余地はない。

(参考) 各調書の概要
① 財産債務調書

　財産債務調書は、所得税・相続税の申告の適正性を確保する観点から、一定の基準を満たす者に対して提出が求められるものである（平成28

年1月施行）。

　財産債務調書の提出義務者は、その年分の退職所得を除く各所得金額の合計額（注1）が2,000万円超であり、かつ、その年の12月31日において、その価額の合計額が3億円以上の財産又はその価額の合計額が1億円以上の国外転出特例対象財産（注2）を有する者である。

（注1）申告分離課税の所得がある場合には、原則としてそれらの特別控除後の所得金額の合計額を加算した金額である。

（注2）所得税法60条の2第1項に規定する有価証券等並びに同条第2項に規定する未決済信用取引等及び同条第3項に規定する未決済デリバティブ取引にかかる権利をいう。

② 　国外財産調書

　国外財産調書の提出義務者は、居住者（非永住者を除く）でその年の12月31日において、その価額の合計額が5,000万円を超える国外財産を有する者である。

3. 関係法令（平成31年度税制改正後）

所得税法第2条第1項第16号

棚卸資産

　事業所得を生ずべき事業に係る商品、製品、半製品、仕掛品、原材料その他の資産（有価証券、第48条の2第1項（仮想通貨の譲渡原価等の計算及びその評価の方法）に規定する仮想通貨及び山林を除く。）で棚卸しをすべきものとして政令で定めるものをいう。

所得税法第48条の2　（仮想通貨の譲渡原価等の計算及びその評価の方法）

　居住者の仮想通貨（資金決済に関する法律（平成21年法律第59号）第2条第5項（定義）に規定する仮想通貨をいう。以下この条において同じ。）につき第37条第1項（必要経費）の規定によりその者の事業所得の金額又は雑所得の金額の計算上必要経費に算入する金額を算定する場合におけるその算定の基礎となるその年12月31日において有する仮想通貨の価額は、その者が仮想通貨について選定した評価の方法により評価した金額（評価の方法

を選定しなかった場合又は選定した評価の方法により評価しなかった場合には、評価の方法のうち政令で定める方法により評価した金額）とする。
2 　前項の選定をすることができる評価の方法の種類、その選定の手続その他仮想通貨の評価に関し必要な事項は、政令で定める。

所得税法施行令第119条の2（仮想通貨の評価の方法）
省略

同令119条の3（仮想通貨の評価の方法の選定）
省略

同令119条の4（仮想通貨の評価の方法の変更手続）
省略

同令119条の5（仮想通貨の法定評価方法）
　法第48条の2第1項（仮想通貨の譲渡原価等の計算及びその評価の方法）に規定する政令で定める方法は、第119条の2第1項第1号（仮想通貨の評価の方法）に掲げる総平均法により算出した取得価額による評価の方法とする。
2 　税務署長は、居住者が仮想通貨につき選定した評価の方法…〈以下略〉

同令119条の6（仮想通貨の取得価額）
　第119条の2第1項（仮想通貨の評価の方法）の規定による仮想通貨の評価額の計算の基礎となる仮想通貨の取得価額は、別段の定めがあるものを除き、次の各号に掲げる仮想通貨の区分に応じ当該各号に定める金額とする。
　一　購入した仮想通貨　その購入の代価（購入手数料その他その仮想通貨の購入のために要した費用がある場合には、その費用の額を加算した金額）
　二　前号に掲げる仮想通貨以外の仮想通貨　その取得の時におけるその仮想通貨の取得のために通常要する価額
2 　次の各号に掲げる仮想通貨の前項に規定する取得価額は、当該各号に定める金額とする。
　一　贈与、相続又は遺贈により取得した仮想通貨（法第40条第1項第1号

1 仮想通貨・暗号資産に関する税務

（棚卸資産の贈与等の場合の総収入金額算入）に掲げる贈与又は遺贈により取得したものを除く。） 被相続人の死亡の時において、当該被相続人がその仮想通貨につきよるべきものとされていた評価の方法により評価した金額

二 法第40条第1項第2号に掲げる譲渡により取得した仮想通貨 当該譲渡の対価の額と同号に定める金額との合計額

法人税法第2条第20号

棚卸資産

商品、製品、半製品、仕掛品、原材料その他の資産で棚卸しをすべきものとして政令で定めるもの（有価証券及び第61条第1項（短期売買商品等の譲渡損益及び時価評価損益）に規定する短期売買商品等を除く）をいう。

法人税法第61条

内国法人が短期売買商品等（短期的な価格の変動を利用して利益を得る目的で取得した資産として政令で定めるもの（有価証券を除く。）及び資金決済に関する法律（平成21年法律第59号）第2条第5項（定義）に規定する仮想通貨（以下この条において「仮想通貨」という。）をいう。以下この条において同じ。）の譲渡をした場合には、その譲渡に係る譲渡利益額（第1号に掲げる金額が第2号に掲げる金額を超える場合におけるその超える部分の金額をいう。）又は譲渡損失額（同号に掲げる金額が第1号に掲げる金額を超える場合におけるその超える部分の金額をいう。）は、第62条から第62条の5まで（合併等による資産の譲渡）の規定の適用がある場合を除き、その譲渡に係る契約をした日（その譲渡が剰余金の配当その他の財務省令で定める事由によるものである場合には、当該剰余金の配当の効力が生ずる日その他の財務省令で定める日）の属する事業年度の所得の金額の計算上、益金の額又は損金の額に算入する。

一 その短期売買商品の譲渡の時における有償によるその短期売買商品の譲渡により通常得べき対価の額

二 その短期売買商品等の譲渡に係る原価の額（その短期売買商品等についてその内国法人が選定した1単位当たりの帳簿価額の算出の方法によ

239

仮想通貨・暗号資産に関する税務・会計

り算出した金額（算出の方法を選定しなかつた場合又は選定した方法により算出しなかつた場合には、算出の方法のうち政令で定める方法により算出した金額）にその譲渡をした短期売買商品等の数量を乗じて計算した金額をいう。）

2 　内国法人が事業年度終了の時において有する短期売買商品等（仮想通貨にあつては、活発な市場が存在する仮想通貨として政令で定めるものに限る。以下第4項までにおいて同じ。）については、時価法（事業年度終了の時において有する短期売買商品等をその種類又は銘柄（以下この項において「種類等」という。）の異なるごとに区別し、その種類等の同じものについて、その時における価額として政令で定めるところにより計算した金額をもつて当該短期売買商品等のその時における評価額とする方法をいう。）により評価した金額（次項において「時価評価金額」という。）をもつて、その時における評価額とする。

3 　内国法人が事業年度終了の時において短期売買商品等を有する場合（仮想通貨にあつては、自己の計算において有する場合に限る。）には、当該短期売買商品等に係る評価益（当該短期売買商品等の時価評価金額が当該短期売買商品等のその時における帳簿価額（以下この項において「期末帳簿価額」という。）を超える場合におけるその超える部分の金額をいう。次項において同じ。）又は評価損（当該短期売買商品等の期末帳簿価額が当該短期売買商品等の時価評価金額を超える場合におけるその超える部分の金額をいう。次項において同じ。）は、第25条第1項（資産の評価益の益金不算入等）又は第33条第1項（資産の評価損の損金不算入等）の規定にかかわらず、当該事業年度の所得の金額の計算上、益金の額又は損金の額に算入する。

4 　内国法人が適格分割、適格現物出資又は適格現物分配（適格現物分配にあつては、残余財産の全部の分配を除く。以下この項において「適格分割等」という。）により分割承継法人、被現物出資法人又は被現物分配法人に短期売買商品等を移転する場合（仮想通貨にあつては、自己の計算において有する仮想通貨を移転する場合に限る。）には、当該適格分割等の日の前日を事業年度終了の日とした場合に前項の規定により計算される当該短期売買商品等に係る評価益又は評価損に相当する金額は、第25条第1項又は

第33条第1項の規定にかかわらず、当該適格分割等の日の属する事業年度の所得の金額の計算上、益金の額又は損金の額に算入する。

5　内国法人が、短期売買商品等（仮想通貨を除く。以下この項において同じ。）を有する場合において、第1項に規定する目的で短期売買商品等の売買を行う業務の全部を廃止したときは、その廃止した時において、その短期売買商品等をその時における価額により譲渡し、かつ、短期売買商品等以外の資産をその価額により取得したものとみなして、その内国法人の各事業年度の所得の金額を計算する。

6　内国法人が事業年度終了の時において第2項に規定する政令で定めるものに該当しない仮想通貨（当該事業年度の期間内のいずれかの時において同項に規定する政令で定めるものに該当していたものに限る。）を自己の計算において有する場合には、政令で定めるところにより、その仮想通貨を譲渡し、かつ、その仮想通貨を取得したものとみなして、その内国法人の各事業年度の所得の金額を計算する。

7　内国法人が仮想通貨信用取引（資金決済に関する法律第2条第7項に規定する仮想通貨交換業を行う者から信用の供与を受けて行う仮想通貨の売買をいう。以下この条において同じ。）を行つた場合において、当該仮想通貨信用取引のうち事業年度終了の時において決済されていないものがあるときは、その時において当該仮想通貨信用取引を決済したものとみなして財務省令で定めるところにより算出した利益の額又は損失の額に相当する金額（次項において「みなし決済損益額」という。）は、当該事業年度の所得の金額の計算上、益金の額又は損金の額に算入する。

8　内国法人が適格分割又は適格現物出資（以下この項において「適格分割等」という。）により仮想通貨信用取引に係る契約を分割承継法人又は被現物出資法人に移転する場合には、当該適格分割等の日の前日を事業年度終了の日とした場合に前項の規定により計算される当該仮想通貨信用取引に係るみなし決済損益額に相当する金額は、当該適格分割等の日の属する事業年度の所得の金額の計算上、益金の額又は損金の額に算入する。

9　内国法人が仮想通貨信用取引に係る契約に基づき仮想通貨を取得した場合（第61条の6第1項（繰延ヘッジ処理による利益額又は損失額の繰延べ）の規定の適用を受ける仮想通貨信用取引に係る契約に基づき当該仮想通貨

仮想通貨・暗号資産に関する税務・会計

を取得した場合を除く。）には、その取得の時における当該仮想通貨の価額とその取得の基因となつた仮想通貨信用取引に係る契約に基づき当該仮想通貨の取得の対価として支払つた金額との差額は、当該取得の日の属する事業年度の所得の金額の計算上、益金の額又は損金の額に算入する。

10　短期売買商品等の1単位当たりの帳簿価額の算出の基礎となる取得価額の算出の方法、短期売買商品等の1単位当たりの帳簿価額の算出の方法の種類、その算出の方法の選定の手続、第3項に規定する評価益又は評価損の翌事業年度における処理、第7項に規定するみなし決済損益額の翌事業年度における処理その他前各項の規定の適用に関し必要な事項は、政令で定める。

法人税法第61条の6（繰延ヘッジ処理による利益額又は損失額の繰延べ）
省略

［新設］
国税通則法第74条の7の2（特定事業者等への報告の求め）
　所轄国税局長は、特定取引の相手方となり、又は特定取引の場を提供する事業者（特別の法律により設立された法人を含む。）又は官公署（以下この条において「特定事業者等」という。）に、特定取引者に係る特定事項について、特定取引者の範囲を定め、60日を超えない範囲内においてその準備に通常要する日数を勘案して定める日までに、報告することを求めることができる。
2　前項の規定による処分は、国税に関する調査について必要がある場合において次の各号のいずれかに該当するときに限り、することができる。
　一　当該特定取引者が行う特定取引と同種の取引を行う者に対する国税に関する過去の調査において、当該取引に係る所得の金額その他の特定の税目の課税標準が1000万円を超える者のうち半数を超える数の者について、当該取引に係る当該税目の課税標準等又は税額等につき更正決定等（第36条第1項（第2号に係る部分に限る。）（納税の告知）の規定による納税の告知を含む。）をすべきと認められている場合
　二　当該特定取引者がその行う特定取引に係る物品又は役務を用いることにより特定の税目の課税標準等又は税額等について国税に関する法律の

1 仮想通貨・暗号資産に関する税務

　　規定に違反する事実を生じさせることが推測される場合

　三　当該特定取引者が行う特定取引の態様が経済的必要性の観点から通常
　　の場合にはとられない不合理なものであることから、当該特定取引者が
　　当該特定取引に係る特定の税目の課税標準等又は税額等について国税に
　　関する法律の規定に違反する事実を生じさせることが推測される場合

3　この条において、次の各号に掲げる用語の意義は、当該各号に定めると
　ころによる。

　一　所轄国税局長　特定事業者等の住所又は居所の所在地を所轄する国税
　　局長をいう。

　二　特定取引　電子情報処理組織を使用して行われる事業者等（事業者（特
　　別の法律により設立された法人を含む。）又は官公署をいう。以下この号
　　において同じ。）との取引、事業者等が電子情報処理組織を使用して提供
　　する場を利用して行われる取引その他の取引のうち第1項の規定による
　　処分によらなければこれらの取引を行う者を特定することが困難である
　　取引をいう。

　三　特定取引者　特定取引を行う者（特定事業者等を除き、前項第1号に
　　掲げる場合に該当する場合にあつては、特定の税目について1000万円
　　の課税標準を生じ得る取引金額を超える同号の特定取引を行う者に限
　　る。）をいう。

　四　特定事項　次に掲げる事項をいう。

　　イ　氏名（法人については、名称）

　　ロ　住所又は居所

　　ハ　番号（行政手続における特定の個人を識別するための番号の利用等
　　　に関する法律（平成25年法律第27号）第2条第5項（定義）に規定
　　　する個人番号（第124条第1項（書類提出者の氏名、住所及び番号の
　　　記載等）において「個人番号」という。）又は同法第2条第15項に規
　　　定する法人番号をいう。以下同じ。）

4　所轄国税局長は、第1項の規定による処分をしようとする場合には、あ
　らかじめ、国税庁長官の承認を受けなければならない。

5　第1項の規定による処分は、所轄国税局長が、特定事業者等に対し、同
　項に規定する特定取引者の範囲その他同項の規定により報告を求める事項

243

仮想通貨・暗号資産に関する税務・会計

及び同項に規定する期日を書面で通知することにより行う。
6 所轄国税局長は、第1項の規定による処分をするに当たつては、特定事業者等の事務負担に配慮しなければならない。

（注）適用時期は、令和2年1月1日以後に行う「報告の求め」から適用

［佐藤　善恵］

仮想通貨・暗号資産に関する会計

はじめに

　日本政府は2019年3月15日に「仮想通貨」から「暗号資産」への呼称変更や仮想通貨ビジネスにおける利用者保護の充実を柱とする資金決済法や金融商品取引法の改正案を閣議決定した。また、金融庁でも2018年3月8日に仮想通貨交換業等をめぐる諸問題について制度的な対応を検討するため「仮想通貨交換業等に関する研究会」を設置し、11回にわたる審議のもと、2018年12月21日に「仮想通貨交換業等に関する研究会」報告書を提出するなど、我が国の仮想通貨をめぐる法令や諸制度の研究・整備は着実に進んでいる。

　ただし、会計の世界では特にこの1年でルールに関する改訂はなされておらず、2019年3月末日現在、依然として我が国における仮想通貨に関する会計基準は、2018年3月14日に企業会計基準委員会から公表された「資金決済法における仮想通貨の会計処理等に関する当面の取扱い」(実務対応報告第38号、以下「実務対応報告38号」という。)しか存在していない。

　この実務対応報告38号は、2016年に公布された「情報通信技術の進展等の環境変化に対応するための銀行法等の一部を改正する法律」により、「資金決済に関する法律」(以下「資金決済法」という。)が改正され、仮想通貨が定義された上で、仮想通貨交換業者に対して登録制が導入されたことを受けて、企業会計基準委員会にて審議された結果であり、2017年12月6日に公表された公開草案に寄せられたコメントを検討し、修正を行った上で公表するに至ったものである。

　仮想通貨を取り巻く取引には様々なものが存在しており、実務対応報告38号で取り上げられたものはそのうちの一部でしかなく、特にICO (Initial Coin Offering)に代表される経済事象については、その会計上

V 仮想通貨・暗号資産に関する税務・会計

の取扱いが不明確であるものも多い。そこで本章では、まずすでに公表された実務対応報告38号を解説するとともに、そこで言及されていない仮想通貨に関する経済事象についても、他の財務報告の枠組みや実務慣行などをふまえ、その会計上の考え方の1つを紹介することとした。特に実務慣行については、実務対応報告38号が公表され1年超が経過し、仮想通貨に関する開示例も増加していることもあり、この1年における仮想通貨をめぐる会計実務を開示情報の側面から分析することで、日本の会社では、仮想通貨に関してどのような会計処理を行っているか解説を加えることとした。さらに実務対応報告38号の解説では、実際にその適用を行った会社が、どういうところに苦労したか、またどういった点が実務上煩雑であったか、日々の監査業務で直面した実務経験に基づき、『**★実務上の留意事項★**』として現場の生の声をお届けすることとした。

　いずれにしても仮想通貨取引に対する会計処理については、対象となる会社の業種、取引の前提、経済環境の違いによってさまざまな解釈がなされる可能性のあるものであり、唯一絶対の正解は存在しない。あくまで、本章でとりあげた内容は実務上の1つの考え方として参考程度にお読みいただければ幸いである。なお、本文の表記は開示例で実際に用いられている部分を除き、「暗号資産」ではなく、実務対応報告38号で使用されている「仮想通貨」を採用している。

2 仮想通貨・暗号資産に関する会計

1. 仮想通貨に関する会計基準等の整備状況

(1) 日本における会計基準等

　我が国における財務報告の枠組みは、①認知されている会計基準設定主体が設定する財務報告の基準又は、②法令等により要求される事項で構成されており、主に以下のとおりである。

　　①　認知されている会計基準設定主体が設定する財務報告の基準

　・企業会計基準委員会が設定する企業会計基準

　・指定国際会計基準

　・国際会計基準審議会が公表する国際会計基準

　　②　法令等により要求される事項

　・財務諸表等規則、連結財務諸表規則

　・会社計算規則、会社法施行規則

このほかにも適用される財務報告の枠組みには、例えば以下のようなものが含まれており、その適用に関する指針を示していることがある。

　・会計上の問題に関する法律上及び職業倫理上の外部要因

　　（法令、判例及び職業倫理上の義務を含む。）

　・会計基準設定主体、職業的専門家等の団体が公表する会計上の解釈指針

　・会計上の問題に関して会計基準設定主体、職業的専門家等の団体が公表する見解

　・一般的な実務慣行及び業界の実務慣行

　・会計に関する文献

　冒頭に示したように、これらの枠組みの中で、現在仮想通貨を想定した会計基準等は2018年3月14日に企業会計基準委員会から公表された実務対応報告38号しか存在していない。したがって、我が国の財務報告の枠組みの中で仮想通貨を取り扱う場合、この実務対応報告38号を参照するか、もしくは、一部の仮想通貨を取り扱った上場会社の有価証券報告書、四半期報告書、及び会社のホームページ等で適時開示された

247

仮想通貨・暗号資産に関する税務・会計

情報を、実務慣行の一事例として参照することになろう。本書でも、実務対応報告38号でカバーされていない領域については、こういった実務慣行の観点から、すでに公表された事例を交えながら解説したい。

(2) 海外における会計基準等

海外における主な会計基準としては、国際財務報告基準（IFRS）や米国会計基準（USGAAP）などがあげられる。

2018年以降海外の会計基準設定主体でも、仮想通貨（Cryptocurrency）・暗号資産（Crypto-assets）やICO（Initial Coin Offering）について活発に議論がなされるようになってはいるが、いずれも既存のどの会計基準の影響をうけるかというところで整理ができておらず、いまだIFRSにおいても、USGAAPにおいても、仮想通貨に関する会計基準等の定めはなされていないのが現状である。

2.「資金決済法における仮想通貨の会計処理等に関する当面の取扱い」（実務対応報告38号）の解説

ここでは実務対応報告38号の解説を行うとともに、各項目の適用において特にポイントとなる実務を『★実務上の留意事項★』としてまとめている。また、各タイトルの（ ）内はいずれも実務対応報告38号内の項番号となっているので、あわせてご参照されたい。

(1) 総 論
●適用時期（第18項）

実務対応報告38号の適用時期は、2018年4月1日以後開始する事業年度の期首から適用するとされた。ただし、2018年3月14日公表日以後終了する事業年度及び四半期会計期間から早期適用することができるとされている。

2 仮想通貨・暗号資産に関する会計

★実務上の留意事項　❶会計方針の変更の注記★

　実務対応報告38号の適用に関しては、新たな会計基準の適用となるため、適用対象となる会計年度における有価証券報告書もしくは四半期報告書の「会計方針の変更」に当該内容を記載することになる（一部の会社では「追加情報」に記載）。

【参考】
　　ピクセルカンパニーズ㈱　2018年12月期　有価証券報告書より
（会計方針の変更）
　「資金決済法における仮想通貨の会計処理等に関する当面の取扱い」（実務対応報告第38号　2018年3月14日）を、当連結会計年度から適用しており、当社連結子会社が保有する仮想通貨については、活発な市場が存在する仮想通貨については、市場価格に基づく価額をもって連結貸借対照表に計上するとともに、帳簿価額との差額は、当期の損益として計上しております。なお、当連結会計年度においては、連結財務諸表に与える影響は軽微であります。

　2018年4月1日から2019年4月30日までに提出された有価証券報告書もしくは四半期報告書において、実務対応報告38号を2018年4月1日以降開始事業年度から原則的に適用した会社は6社、それ以前の開始事業年度から早期適用している会社は9社存在している。また、これら以外の会社で決算期の関係で適用の可否を確認できていないが、すでに提出されている有価証券報告書で仮想通貨に関連する勘定科目を使用しており、かつ「未適用の会計基準」としての注記に当該実務対応報告38号を記載している会社が2社あり、日本基準を採用している会社ではこれら17社の開示例が実務慣行としては参考になるといえる。そのほか、IFRS適用会社が2社、仮想通貨に関する会計方針を記載しており、こちらも日本基準より詳細な開示となっているため実務慣行の参考になる。これらの会社の一覧は【図表1】のとおりである。

249

仮想通貨・暗号資産に関する税務・会計

【図表1】

	会社名	適用基準	適用時期	原則/早期
1	㈱Eストアー	日本基準	2018年3月期（期末）	早期適用
2	㈱gumi	日本基準	2018年4月期（期末）	早期適用
3	㈱Gunosy	日本基準	2018年5月期（期末）	早期適用
4	㈱一や	日本基準	2018年7月期（期末）	早期適用
5	GMOインターネット㈱	日本基準	2018年12月期（1Q～）	早期適用
6	GMOフィナンシャルホールディングス㈱	日本基準	2018年12月期（1Q～）	早期適用
7	ピクセルカンパニーズ㈱	日本基準	2018年12月期（1Q～）	早期適用
8	㈱フォーサイド	日本基準	2018年12月期（2Q～）	早期適用
9	㈱オプトホールディングス	日本基準	2018年12月期（期末）	早期適用
10	㈱リミックスポイント	日本基準	2019年3月期（1Q～）	原則
11	トレイダーズホールディングス㈱	日本基準	2019年3月期（1Q～）	原則
12	㈱グローバルウェイ	日本基準	2019年3月期（1Q～）	原則
13	アクセルマーク㈱	日本基準	2019年9月期（1Q～）	原則
14	㈱カイカ	日本基準	2019年10月期（1Q～）	原則
15	㈱ネクスグループ	日本基準	2019年11月期（1Q～）	原則
16	㈱セレス	日本基準	2019年12月期から原則適用見込（2018年12月期の有価証券報告書に未適用の会計基準の注記があり、仮想通貨関連の勘定科目が使用されている会社）	
17	㈱フィスコ	日本基準		
18	㈱メタップス	IFRS	日本基準を採用していないが、会計方針に仮想通貨に関する言及がなされている会社	
19	マネックスグループ㈱	IFRS		

★実務上の留意事項　❷適用初年度の取扱い★

　実務対応報告38号の適用は、会計基準等の改正に伴う会計方針の変更として取り扱われることとなるが、適用初年度における経過的な取扱いが定められていないことから、新たな会計方針を過去のすべての期間に遡及適用することとなる（過年度遡及会計基準6項(1)）。そのため、会計方針の変更により遡及適用がなされたことによる影響は、四半期を

含めた適用対象の比較年度の期首に反映され、当該影響については、会計方針の変更の影響額として注記することを検討することとなる。

　実務においては、この遡及修正の影響が非常に大きく、昨今話題となっている「収益認識に関する会計基準」のように多くの会社が適用の対象となる会計基準には、たいてい経過措置が設けられ、過年度への影響は適用初年度の期首の利益剰余金に加減し、当該期首残高から新しい会計基準を適用することが許容されるが、今回の実務対応報告38号は仮想通貨を取り扱う会社が少ないこともあり、このような経過措置は設けられていない。したがって、完全遡及となり、特に有価証券報告書においては冒頭に5期分の経営指標等の推移が掲載されるため、最大5期まで遡った検討が必要となる点には十分留意されたい。

【参考】
　㈱カイカ　2019年10月期（1Q（2019年1月））四半期報告書より
（会計方針の変更）
（資金決済法における仮想通貨の会計処理等に関する当面の取扱いの適用）
　「資金決済法における仮想通貨の会計処理等に関する当面の取扱い」（実務対応報告第38号平成30年3月14日）を、当第1四半期連結会計期間から適用しております。当社グループが保有する仮想通貨のうち、活発な市場が存在する仮想通貨は市場価格に基づく価額をもって連結貸借対照表に計上するとともに、帳簿価額との差額は、売上高として計上しております。活発な市場が存在しない仮想通貨は取得原価をもって連結貸借対照表に計上し、期末における処分見込価額が取得原価を下回る場合には、当該処分見込価額をもって連結貸借対照表に計上するとともに、取得原価と当該処分見込価額との差額は売上高として計上しております。また、当該会計方針の変更は、前第1四半期連結累計期間についても遡及適用しており、遡及適用後の四半期連結財務諸表となっております。
　この結果、遡及適用前と比較して、前第1四半期連結累計期間の特別利益は81,414千円減少しており、これに伴い税金等調整前四半期純利

仮想通貨・暗号資産に関する税務・会計

益及び親会社株主に帰属する四半期純利益につきましても、それぞれ同額減少しております。また、前連結会計年度の期首の純資産の帳簿価額に反映された会計方針の変更の累積的影響額により、利益剰余金の遡及適用後の前期首残高は81,414千円増加しております。

●適用範囲（第3項、第4項、第23項～第26項）

　実務対応報告38号は、仮想通貨交換業者に対する財務諸表監査制度の円滑な運用が契機であったこと、及び適用範囲を明確にすることから資金決済法第2条第5項に規定する仮想通貨（Ⅴ**1** 1.(**2**)参照）を対象とし、ICOなどで発行した時点においては該当しなかったが、その後仮想通貨に該当することとなったような自己（自己の関係会社を含む。）の発行した仮想通貨は資金決済法の規定する対象範囲から除かれた。

　また、資金決済法では、前払式支払手段発行者が発行するいわゆる「プリペイドカード」や、ポイント・サービス（財・サービスの販売金額の一定割合に応じてポイントを発行するサービスや、来場や利用ごとに一定額のポイントを発行するサービス等）における「ポイント」は、資金決済法上の仮想通貨には該当しないとしたうえで、いわゆる仮想通貨が資金決済法上の仮想通貨に該当するか否かは、個別事例ごとに取引の実態に即して実質的に判断されるとされている。

　さらに、FATF（The Financial Action Task Force（金融活動作業部会））から公表されたガイダンスでは、いわゆる仮想通貨（virtual currency）は、「電子的に取引可能であり、かつ、交換手段、計量単位、又は価値の蓄積として機能する電子的な価値の表章であるが、いかなる法域においても法定通貨（すなわち、債権者に供された場合に、法的に有効な支払の提供となるもの）としての地位を有さないもの」であるとされている。そして法定通貨及び電子マネー（e-money）との比較で以下のような特徴を有するとされている。

　a. 仮想通貨は、硬貨や紙幣である各法域の法定通貨とは異なる。法定通貨は法的に通貨として指定され、流通し、発行国において交換

媒体として使用され、受け入れられている。

b. 仮想通貨は、電子的価値として移転され、法定通貨の単位で表示された電子マネーとは異なる。電子マネーは、法定通貨の電子的な価値移転に係る仕組みであり、法定通貨としての価値を電子的に移転する。(Ⅲ**1** 1.2.参照)

● 実務対応報告38号使用における留意点（第22項）

　仮想通貨に関連するビジネスが初期段階にあり、現時点では今後の進展を予測することは難しいことや仮想通貨の私法上の位置づけが明らかではないことを踏まえ、この実務対応報告38号では当面必要と考えられる最小限の項目に関する会計上の取扱いのみを定めている旨がエクスキューズされている。そして、実務対応報告38号において定めのない事項については、「今後の仮想通貨のビジネスの発展や会計に関連する実務の状況により、市場関係者の要望に基づき、別途の対応を図ることの要否を判断することになると考えられる。」としていることに留意が必要である。本章では後述「**3.その他の仮想通貨に係る代表的な経済事象**」で実務対応報告38号と他の会計基準等との関係について触れているが、基本的に全ての取引は、その経済的実態を的確にとらえ、会計処理として落とし込んでいくという本質に変わりはなく、不明確な点があれば注記などで開示していくことで、財務諸表利用者を保護するという視点が重要である。

⑵　**仮想通貨の性格（第27項〜第33項）**

● 仮想通貨の会計上の資産性の有無（第27項）

　仮想通貨は現時点において、私法上の位置づけが明確でなく、仮想通貨に何らかの法律上の財産権を認め得るか否かについては明らかではないものと考えられる（資金決済法においては、「財産的価値」と定義されている）。 我が国における会計基準では、多くの場合、法律上の権利を会計上の資産として取り扱っている。ただし、必ずしも法律上の権利

仮想通貨・暗号資産に関する税務・会計

に該当することが会計上の資産に該当するための要件とはされておらず、例えば、繰延税金資産や自社利用のソフトウェア等についても資産計上がなされている。この点、仮想通貨は、法律上の権利に該当するかどうかは明らかではないが、売買・換金を通じて資金の獲得に貢献する場合も考えられることから、仮想通貨を会計上の資産として取り扱い得るとした。

● 既存の会計基準との関係（第28項〜第33項）

仮想通貨については、直接的に参照可能な既存の会計基準は存在しないことから、実務対応報告38号においては、仮想通貨に関する会計処理について既存の会計基準を適用せず、仮想通貨独自のものとして新たに会計処理を定めているとしている。
なお、仮想通貨と既存の会計基準との関係は【図表2】のとおりである。

ただし、ここでも留意が必要で、実務対応報告38号の中で資産として取り扱うべく仮想通貨は、貸借対照表上どこで表示するかの言及はなされていない。したがって、本報告や企業会見原則の主旨に立ち返れば、その保有する仮想通貨の経済的実態、性質を鑑みて、流動資産ないし固定資産の「その他」項目で表示するか（財務諸表等規則第17条、第32条）にその内容が分かるよう「仮想通貨」なる勘定科目を創設して表示することになろう。

ちなみに2019年4月30日までに提出された有価証券報告書もしくは四半期報告書の連結貸借対照表において「仮想通貨」という勘定科目を使用している会社もしくは勘定科目に仮想通貨が含まれていることが分かる会社は【図表3】のとおりで、2018年3月31日時点からは6社が増加している。もちろん少額であるために「その他」などに含まれ、注記などでも詳細な情報が分からない会社はこれ以外に多数存在すると思われるが、表示区分など不明確であるためここでは取り上げていない。少ない事例ではあるが、これも実務上の参考にされたい。なお、財務諸表上「暗号資産」という勘定科目を使用している会社は存在していな

2 仮想通貨・暗号資産に関する会計

【図表2】

勘定科目	該当可能性	根　　拠
外国通貨 (第29項)	×	会計基準における通貨の定めは、国際的な会計基準も含め、一般的に法定通貨であることが想定されているが、仮想通貨は中央銀行等の裏付けのある法定通貨ではないことから、仮想通貨を外国通貨として会計処理することは適当ではない。
現金以外の 金融資産 (第30項)	×	我が国の会計基準においては、金融資産について「現金、他の企業から現金若しくはその他の金融資産を受け取る契約上の権利、潜在的に有利な条件で他の企業とこれらの金融資産若しくは金融負債を交換する契約上の権利、又は他の企業の株式その他の出資証券である。」(会計制度委員会報告第14号「金融商品会計に関する実務指針」第4項) と定めており、国際的な会計基準においても、金融商品とは、一方の企業にとっての金融資産と、他の企業にとっての金融負債又は資本性金融商品の双方を生じさせる契約と考えられている。これらの考え方を踏まえれば、仮想通貨は現金以外の金融資産にも該当しない。
棚卸資産 (第31項)	×	企業会計基準第9号「棚卸資産の評価に関する会計基準」では棚卸資産は通常の販売目的で保有する棚卸資産とトレーディング目的で保有する棚卸資産の2つに分類され、いずれについても「営業目的を達成するために所有し、かつ、売却を予定する資産」であるとしているが、仮想通貨は決済手段として利用されるなど棚卸資産と異なる目的としても利用されるため、全ての仮想通貨が棚卸資産の定義を満たすものとすることは適当ではない。
無形固定資産(第32項)	×	資金決済法において電子的に記録され移転可能な財産的価値とされており、電子的に記録され移転可能な無形の価値を有するが、国際的な会計基準も含め、一般的にトレーディング目的で保有される無形固定資産という分類は想定されていないことから、仮想通貨を無形固定資産として会計処理することも適当ではない。

V 仮想通貨・暗号資産に関する税務・会計

いが、㈱メタップスでは2018年3月開催のG20において、「仮想通貨」が「暗号資産」として規定されたことをふまえ、以降の四半期報告書内の記載では「暗号資産」の名称を採用している。

【図表3】

会社名	使用した勘定科目	表示区分	会計基準
㈱メタップス	棚卸資産[※1]	流動資産	IFRS
	その他流動負債[※2]	流動負債	
マネックスグループ㈱	棚卸資産	資産	IFRS
	無形資産		
㈱Eストアー	仮想通貨	流動資産	日本基準
㈱フォーサイド	その他流動資産	流動資産	日本基準
ピクセルカンパニーズ㈱	その他流動資産	流動資産	日本基準
㈱リミックスポイント	仮想通貨	流動資産	日本基準
	仮想通貨借入金	流動負債	
	仮想通貨預り金		
GMOフィナンシャルホールディングス㈱	預り仮想通貨	流動資産	日本基準
	預り仮想通貨	流動負債	
GMOインターネット㈱	預り仮想通貨	流動資産	日本基準
	預り仮想通貨	流動負債	
㈱カイカ	仮想通貨	流動資産	日本基準
㈱ネクスグループ	仮想通貨	流動資産	日本基準
㈱フィスコ	仮想通貨	流動資産	日本基準
	貸付仮想通貨		

※1：当初ICOで取得した仮想通貨については無形資産として表示していたが、2018年8月期末時点で、すべて売却または処分もしくは棚卸資産への振替がなされ、無形資産としての仮想通貨の保有はなくなった。

※2：ICOにおける暗号資産の販売対価を繰延収益として認識し、「その他流動負債」に含めて表示している。また、顧客から預託を受けた暗号資産に対応する負債も「その他流動負債」に含めて表示している。

(3) 仮想通貨に係る会計処理の実務上の取扱い

実務対応報告38号では、仮想通貨に関する会計処理について、仮想通貨交換業者と仮想通貨利用者に分けて取りまとめられている。本報告と双方のビジネスフロー上の主な対応は以下のとおりである。

【図表4－1】仮想通貨利用者の時系列

【図表4－2】仮想通貨交換業者の時系列

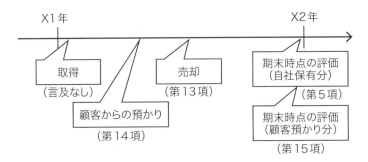

ア 仮想通貨取得時の会計処理

【図表4-1、4-2】のとおり、実務対応報告38号では取得時点の会計処理の定めがないが、仮想通貨利用者にとっては企業会計原則貸借対照表原則五「貸借対照表に記載する資産の価額は、原則として、当該資産の取得原価を基礎として計上しなければならない。」に則った資産の取得処理をすると考えて問題なかろう。一方、仮想通貨交換業者の場合は、保有する仮想通貨の単価が仮想通貨利用者との取引時点の単価と異なる場合、売買の合意が認識された時点で売却損益が認識されることとなる（第13項）。

仮想通貨・暗号資産に関する税務・会計

【設例1】
　A社は仮想通貨交換所にて、ビットコイン0.01BTC＊を現金7,000円で取得した。
＊ビットコインの取引単位をBTCと仮定。また活発な市場がある仮想通貨とする。

仮想通貨利用者（A社）の仕訳

　　DR）　仮想通貨　　7,000円（＝0.01BTC）／　CR）　現金　　　7,000円

仮想通貨交換業者の仕訳

　このとき、仮想通貨交換業者がもともと保有するビットコインの単価が0.01BTC＝5,000円であった場合、仮想通貨交換業者にとっては保有する仮想通貨の売却となり、売却益が認識されることとなる。

　　DR）　現金　　　7,000円　／　CR）　仮想通貨　　　5,000円（＝0.01BTC）
　　　　　　　　　　　　　　　　　　　仮想通貨売却益　2,000円

イ　仮想通貨売却時の会計処理（第13項）

　仮想通貨交換業者及び仮想通貨利用者は、仮想通貨の売却損益を当該仮想通貨の売買の合意が成立した時点において認識する。なお、仮想通貨利用者にとっての売却時は、仮想通貨交換業者にとっての取得時となるが、仮想通貨交換業者が仮想通貨取得後の単価の算定方法については実務対応報告38号では示されていない。

【設例2】
　A社は【設例1】で取得したビットコイン0.01BTCを同じ仮想通貨交換所にて現金8,000円で売却した。

仮想通貨利用者（A社）の仕訳

　　DR）　現金　　　8,000円　／　CR）　仮想通貨　　　7,000円（＝0.01BTC）
　　　　　　　　　　　　　　　　　　　仮想通貨売却益　1,000円

仮想通貨交換業者の仕訳

　このとき仮想通貨交換業者は、0.01BTCを8,000円で取得することになる。ただし、もともと保有するビットコインの単価とこの取引時点での単価が異なる場合、取得後の単価の算定方法について実務対応報告38号に定めはなく、移動平均法など従来の会計基準の枠組みの中で計算されるものと推察される。

　　DR）　仮想通貨　　8,000円　／　CR）　現金　　　　8,000円（＝0.01BTC）

2 仮想通貨・暗号資産に関する会計

理解を深めるために

●仮想通貨の売却損益の認識時点（第52項～第53項）

　仮想通貨の売却損益の認識時点については、売買の合意が成立した時点において認識するとされた（約定日基準）。この売却損益の認識時点については、引渡時に認識する受渡日基準とすることも考えられたものの、仮想通貨の取引情報がネットワーク上の有高として記録されるプロセスが仮想通貨の種類や業者により多様である一方、売買合意成立後は、売り手は価格変動リスク等に実質的にさらされておらず売却損益が確定していると考えられることによる。

ウ　期末における仮想通貨の評価に関する会計処理（第5項～第7項・第34項～第44項）

　仮想通貨交換業者又は仮想通貨利用者が保有する仮想通貨（仮想通貨交換業者が預託者から預かった仮想通貨を除く）については、期末においてその仮想通貨に「活発な市場」が存在するかどうかによって区別して処理することとされている。

　活発な市場が存在する場合、その市場価格に基づく価額（時価）で計上し、帳簿価額との差額を損益計上するとされている。なお、具体的に「活発な市場」が存在する仮想通貨の保有パターンとしては、①主に時価の変動での売却利益を得るための保有、②決済手段として利用するための保有、③仮想通貨交換業者が仮想通貨販売所を営むための一時的な保有など、時価変動により保有者が価格変動リスクを負う場合が想定されている（第36項）。

　一方、活発な市場が存在しない場合は原則として取得原価で計上するとされている。これは、時価を客観的に把握することが困難であることが多く、時価により直ちに売買・換金を行うことに事業遂行上等の制約があることから、時価の変動を企業活動の成果とは捉えないことが適当と考えられるためである（第37項）。また、期末における処分見込価額が取得原価を下回る場合（資産の収益性が低下している場合）は、回収可能性を反映させるため、処分見込価額まで帳簿価額を切下げること

Ⅴ 仮想通貨・暗号資産に関する税務・会計

され、帳簿価額との差額は当期の損失として計上する（低価法）。具体的な処分見込価額の見積りは、例えば、独立第三者の当事者との相対取引を行った場合の価額等、資金の回収が確実な金額に基づくことが考えられるが、資金の回収が確実な金額を見積ることが困難な場合にはゼロ又は備忘価額を処分見込価額とすることになると考えられる（第43項）。さらに、前期以前に損失として計上した簿価切り下げ額については、仮想通貨の取引形態や価格形成の仕組みが現状において明らかでないため、当期に戻入れは行わない切放し法のみを認めることとした（第44項）。ただし、活発な市場の判断の変更については後述の **理解を深めるために**（第11項～第12項）参照。

これらをふまえ、期末における仮想通貨の評価に関する会計処理をまとめたのが【図表5】である。

【図表5】

	貸借対照表価額	損益
活発な市場[※1]が存在する場合	期末における市場価格[※2]に基づく価額	市場価値に基づく価額と帳簿価額の差額は当期の損益に計上
活発な市場が存在しない場合	・取得原価≦期末処分見込価額の時⇒取得原価	発生しない
	・取得原価＞期末処分見込価額の時⇒処分見込価額	取得原価と処分見込価額との差額は当期の損失に計上（前期以前の損失の戻入はしない）

※1：**活発な市場の判断基準**（第8項、第45項～第47項）

「活発な市場」が存在する場合とは、仮想通貨交換業者又は仮想通貨利用者の保有する仮想通貨について、継続的に価格情報が提供される程度に仮想通貨取引所又は仮想通貨販売所において十分な数量及び頻度で取引が行われている場合をいうものとする。

我が国の会計基準では「金融商品に関する会計基準」「棚卸資産会計基準」などで市場やトレーディングといった概念はでてくるものの、「活発な市場」の定義が行われていない。しかし、国際的な会計基準では「活発な市場」の判断基準についての考え方が示されていることから（IFRS13号「公正価値測定」）、これらを参考に、活発な市場とは「継続的に価格情報が提供される程度に仮想通貨取引所又は仮想通貨販売所において十分な数量及び頻度で取引が行われている場合をいう」とした。なお、これらは保有する仮想通貨の種類、当該保有する仮想通貨の過去の取引実績及び当該保有する仮想通貨が取引の対象とされている仮想通貨取引所又は仮想通貨販売所の状況等を勘案し、個々の仮想通貨の実態に応じて判断するとされた。

2 仮想通貨・暗号資産に関する会計

※2：活発な市場が存在する仮想通貨の市場価格（第9項〜第10項、第48項〜第50項）

　保有する仮想通貨の種類ごとに、現時点では、海外も含めた各仮想通貨取引所又は仮想通貨販売所の取引量を網羅的に把握し、取引が最も活発に行われている仮想通貨取引所又は仮想通貨販売所における取引価格等を決定することは困難であると考えられるため、通常使用する自己の取引実績の最も大きい仮想通貨取引所又は仮想通貨販売所における取引価格等（取引価格がない場合には、仮想通貨取引所の気配値又は仮想通貨販売所が提示する価格）を市場価格として用いることとしている。

　なお、仮想通貨交換業者において、通常使用する自己の取引実績が最も大きい仮想通貨取引所又は仮想通貨販売所における取引価格等が、自己の運営する仮想通貨取引所又は仮想通貨販売所における取引価格等となる場合、時価は公正な評価額であることが前提となるため、当該取引価格等が「公正な評価額」を示している市場価格であるときに限り、時価として期末評価に用いることができるものとした。

　また、期末評価に用いる市場価格には取得又は売却に要する付随費用は含めないものとされた。

【設例3-1】

　A社は当初7,000円で取得したビットコイン0.01BTCを期末まで保有し、期末時点でのA社が利用している取引所のビットコインの市場価格は0.01BTC=6,000円となった。

　なおビットコイン取扱高が最大であるB取引所での相場は0.01BTC=6,100円であった。

<u>仮想通貨利用者（A社）の期末での仕訳</u>

　DR）　仮想通貨評価損　1,000円＊　／　CR）　仮想通貨　　1,000円

　＊取得時7,000円（=0.01BTC）−期末時6,000円（=0.01BTC）

　⇒期末時価評価で使用される時価は、あくまで自己の取引実績が最大の取引所のものを使用する

【設例3-2】

　A社は当初2,000円で取得したXYZコイン（マイナーコイン）1枚を期末まで保有した。

　期末時点のXYZコインの処分見込価格は1枚あたり500円であった。

<u>仮想通貨利用者（A社）の期末での仕訳</u>

　DR）　仮想通貨評価損　1,500円＊　／　CR）　仮想通貨　　1,500円

　＊取得原価2,000円＞期末処分価額500円のため、差額を損益に計上

261

仮想通貨・暗号資産に関する税務・会計

★実務上の留意事項 ❸期末の時価評価★

　実務対応報告38号の適用にあたって、もっとも検証に時間を要するのが、この仮想通貨に関する過年度の時価評価といえる。期末の時価評価にあたっては、

① 活発な市場の有無
② 活発な市場がある場合に適用する時価の適切性
③ 活発な市場が無い場合の処分見込価額の算定

といった三段階での検証が必要となる。特にこのうち、①の活発な市場の判断として、何をもって「十分な数量及び頻度で取引が行われている場合」とするか、会社によって考え方が分かれるところである。ビットコイン（BTC）やイーサリアム（ETH）のようなメジャーな仮想通貨であれば判断の余地はないが、取扱量や時価総額が低い仮想通貨の取扱いについては、各会社での会計方針に委ねられることと思われる。②については、適用される時価は「保有する仮想通貨の種類ごとに」「通常使用する自己の取引実績の最も大きい仮想通貨取引所又は仮想通貨販売所における取引価格を用いる」ため、複数の取引所で仮想通貨を取り扱う場合は自己の取引実績を取引所毎に集計して検証する必要がある点に留意が必要である。③については、処分見込価額まで取得価額を切り下げる場合に、「資金の回収が確実な金額を見積ることが困難な場合にはゼロ又は備忘価額を処分見込価額とすることになると考えられる（第43項）」とされていることから、取扱量の少ない取引所や販売所での価格を使用するのか、ゼロ評価するのかというところは判断の分かれるところである。

　そして本題の過年度への時価評価の適用であるが、2018年4月1日以降開始事業年度での原則適用にあたって遡るべき2018年3月31日以前の1年間は、仮想通貨の相場が非常に大きく変動している。特にその中心的な存在であるビットコインは、【図表6】のとおり2017年から2018年にかけて1BTC＝約20万円〜約160万円と約8倍も変動しており、この時価評価が過年度の損益計算書に与える影響が非常に大きいの

である。【図表6】における縦線は3の倍数の決算期末を示しているが、この時点時点で保有する仮想通貨毎に自己の取引実績の最も大きい取引所の相場で時価評価を行うため、少なくとも適用初年度は期首の利益剰余金を確定させるために、仮想通貨を保有し始めた期まで遡って時価評価をし直さなければならず、会社によっては膨大な工数を必要とする実務となってしまう。しかも、最終的には2019年3月末の相場は、概ね2017年9月末の相場と近似する水準に落ちついており、仮に同じ枚数のBTCを過去から保有し続けていた場合、わざわざ過年度財務諸表の遡及修正を行うにもかかわらず、結果的にできあがる現在の財務諸表はもともとの水準とあまり変わらないという、モチベーションがわきにくい遡及修正の実務となってしまう場合があるのも実に担当者泣かせといえる。

【図表6】 ビットコインの価格推移

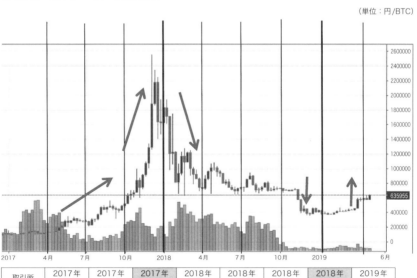

(単位：円/BTC)

取引所	2017年6月末	2017年9月末	2017年12月末	2018年3月末	2018年6月末	2018年9月末	2018年12月末	2019年3月末
Zaif	283,510	481,740	1,575,900	753,290	703,215	730,150	412,050	452,800
bitFlyer	284,000	492,700	1,807,496	755,973	717,064	762,024	419,150	455,812
Coincheck	283,545	482,624	1,573,398	753,292	704,704	752,823	415,822	453,321

出典：グラフはZaifの"ビットコイン/JPY"チャート画面のスクリーンキャプチャ

仮想通貨・暗号資産に関する税務・会計

理解を深めるために

仮想通貨の取引に係る活発な市場の判断の変更時の取扱い（第11項～第12項、第51項）

仮想通貨の期末評価は、期末においてその仮想通貨に「活発な市場」が存在するかどうかによって判断基準が異なっているため、保有する仮想通貨に活発な市場が存在するかどうかの事情が変わり、会計上の判断を変更する場合には、【図表7】のとおり評価基準を変更するとされている。

【図表7】

判断の変更内容	貸借対照表価額	評価差額の取扱い	期末時の評価
活発な市場が「存在する」→「存在しない」に判断を変更した場合	最後に観察された市場価格に基づく価額で評価し、取得原価として計上	当期の損益に計上	取得原価のまま
活発な市場が「存在しない」→「存在する」に判断を変更した場合	市場価格に基づく価額で計上	―	市場価格に基づく価額で評価し、帳簿価額との差額は当期の損益に計上*

＊活発な市場が存在しない場合、前期以前において計上した損失について当期に戻入れを行わない切放し法が採用されているが、その後活発な市場が存在するとされた場合は、結果的に前期以前に計上した損失処理相当額が当該差額に含まれることにより当期の損益として処理されることがあり得ると考えられる。

エ　仮想通貨交換業者が預託者から預かった仮想通貨の会計処理（第14項～第15項、第54項～第58項）

a. 仮想通貨交換業者が預託者から預かった仮想通貨に係る資産及び負債の認識

仮想通貨交換業者は、預託者との預託の合意に基づいて仮想通貨を預かった時に、預かった仮想通貨を預かった時の時価により資産として認識する。また、仮想通貨交換業者は、同時に、預託者に対する返還義務を負債として認識する。当該負債の当初認識時の帳簿価額は、預かった仮想通貨に係る資産の帳簿価額と同額とする。

2 仮想通貨・暗号資産に関する会計

【設例4】

　仮想通貨交換業者が預託者から0.05BTC（0.01BTC＝7,000円とする）を預かった。

仮想通貨交換業者の仕訳

　DR）　仮想通貨　　　　35,000円＊ ／ CR）　預かり仮想通貨＊＊　　35,000円

＊ 預かり時の時価7,000円（＝0.01BTC）×5

＊＊預託者に対する返還義務を示す勘定科目は明示されていないため負債科目の一例と
　 して用いた科目である。

　なお、仮想通貨交換業者の場合、自己が保有する仮想通貨を売却した
後に、その売却した仮想通貨を買い手（預託者）から預かるなどして、
自己が保有しない仮想通貨を預かっている場合がある。仮想通貨交換業
者が預託者との預託の合意に基づいて預かった仮想通貨は、自己が保有
する仮想通貨と明確に区分し、かつ、預かった仮想通貨についてどの預
託者から預かった仮想通貨であるかが直ちに判別できる状態（各預託者
の仮想通貨の数量が帳簿により直ちに判別できる状態を含む。）で管理
することが「仮想通貨交換業者に関する内閣府令」（平成29年内閣府令
第7号）において求められているものの、仮想通貨の私法上の位置づけ
が明確ではない中で、一般に仮想通貨自体には現金と同様に個別性がな
く、仮想通貨交換業者は預託者から預かった仮想通貨を自己の保有する
仮想通貨と同様に処分することができる状況にある。これらの状況を踏
まえ、自己が保有する仮想通貨との同質性を重視し、預託者との預託の
合意に基づいて預かった時において、その時点の時価により資産として
計上することとされ、預託者から預かった仮想通貨に係る価格変動リス
ク等は仮想通貨交換業者が負うものではなく、仮想通貨交換業者が預託
者から預かった仮想通貨から損益を生じさせることは適当ではないた
め、預託者から預かった仮想通貨に係る負債の期末の貸借対照表価額は、
当該預かった仮想通貨に係る資産の期末の貸借対照表価額と同額とする
こととされた。

　これらをまとめると【図表8】のとおりである。

265

【図表8】

	タイミング	計上する帳簿価額
資産の認識	預託者との預託合意に基づいて仮想通貨を預かった時点で資産を認識	預かった時点の時価
負債の認識	資産の認識時に、預託者に対する返還義務を負債として認識	資産の帳簿価額と同額

b. 仮想通貨交換業者が預託者から預かった仮想通貨に係る期末の資産の評価及び負債の貸借対照表価額

　仮想通貨交換業者は、預託者から預かった仮想通貨に係る資産の期末の帳簿価額について、仮想通貨交換業者が保有する同一種類の仮想通貨から簿価分離したうえで、活発な市場が存在する仮想通貨と活発な市場が存在しない仮想通貨の分類に応じて、仮想通貨交換業者の保有する仮想通貨と同様の方法により評価を行う。また、仮想通貨交換業者は、預託者への返還義務として計上した負債の期末の貸借対照表価額を、対応する預かった仮想通貨に係る資産の期末の貸借対照表価額と同額とし、預託者から預かった仮想通貨に係る資産及び負債の期末評価からは損益を計上しない。

【設例5】
　仮想通貨交換業者が預託者から預かったビットコイン0.05BTC（預かり時時価0.01BTC＝7,000円）が、期末まで預託され期末時点で時価0.01BTC＝6,000円となった。

<u>仮想通貨交換業者の期末での仕訳</u>
　DR）預かり仮想通貨　　　5,000円＊／CR）仮想通貨　　　　　　5,000円
＊負債の取り崩し：預かり時時価35,000円（＝7,000円×5）－期末時時価30,000円（＝6,000円×5）。損益は計上されない。

オ　開示（第16項～第17項、第59項～第63項）

　仮想通貨交換業者又は仮想通貨利用者が仮想通貨の売却取引を行う場合、以下【図表9】のような考え方に基づき、当該仮想通貨の売却取引に係る売却収入から売却原価を控除して算定した純額を損益計算書に表示する。

2 仮想通貨・暗号資産に関する会計

【図表9】

仮想通貨交換業者		
	活発な市場が存在する場合の売買取引	通常、同一種類に対する購入及び売却が反復的・短期的に行われ、購入価格と売却価格の差益を獲得するために行われていることから、売買取引に伴って得られる差益をその発生した期間における企業活動の成果として、総額ではなく、純額で表示することが適切である（第60項）
	活発な市場が存在しない場合の売買取引	反復的・短期的な売買取引の対象とはならないが、購入価格と売却価格の差益を獲得するため仮想通貨を保有する点で活発な市場がある場合と同様であり、売却収益から売却原価を控除して算定した純額で表示する（第61項）
仮想通貨利用者		時価の変動により利益を得ることや決済手段として利用することを目的として仮想通貨を保有することが想定されるため、仮想通貨交換業者同様、企業活動の成果として売買取引に伴って得られる差益を純額で表示することが適切である（第62項）

理解を深めるために

● 注記事項 について

　仮想通貨は、通常、価値の裏付けがないことから、保有に伴う価格変動リスクが外国通貨や金融資産と比較しても大きく、また、取引の仕組みなどに内在するリスクが存在するため、外国通貨や金融資産と異なる性質を有する。このようなリスクは仮想通貨の種類ごとに異なるものと考えられる。このため、期末に保有する仮想通貨の種類ごとの保有数量及び貸借対照表価額を開示することにより、財務諸表利用者は仮想通貨交換業者又は仮想通貨利用者が保有する仮想通貨の種類ごとのリスクの評価が可能になると考えられる。

　さらに、現時点において、仮想通貨の種類によっては、同一種類の仮想通貨であっても複数の仮想通貨取引所又は仮想通貨販売所で異なる取引価格等が形成される可能性があるため、仮想通貨交換業者及び仮想通貨利用者の期末における仮想通貨の種類ごとの内訳の開示は、財務諸表利用者にとって有用な情報と考えられる。このため、期末に保有する仮

仮想通貨・暗号資産に関する税務・会計

想通貨の種類ごとの保有数量及び貸借対諸表価額を開示することにより、財務諸表利用者は仮想通貨交換業者又は仮想通貨利用者が保有する仮想通貨の種類ごとの情報を把握することが可能になると考えられる。したがって、仮想通貨交換業者及び仮想通貨利用者に対して、以下【図表10】の注記を求めることとされた。有価証券報告書における開示例とあわせて参考にされたい。

【図表10】

	仮想通貨交換業者	仮想通貨利用者
保有している仮想通貨	①期末日の貸借対照表価額の合計額 ②活発な市場が存在する仮想通貨と存在しない仮想通貨の別に、仮想通貨の種類ごとの保有数量及び貸借対照表価額	
預託者から預かっている仮想通貨	③貸借対照表価額の合計額	—
注記が省略できる場合	①と③の合計額が資産総額に比して重要でない場合	①が資産総額に比して重要でない場合

【参考】

　㈱Eストアー　2018年12月期　有価証券報告書　追加情報より

「資金決済法における仮想通貨の会計処理等に関する当面の取扱い」（実務対応報告第38号　平成30年3月14日。以下「実務対応報告第38号」という。）が当事業年度から適用できるようになったことに伴い、当事業年度から実務対応報告第38号に従った会計処理を行っております。なお、仮想通貨に関する注記は以下のとおりであります。

(1)　仮想通貨の貸借対照表計上額

	当事業年度（平成30年3月31日）
保有する仮想通貨	12,257千円
合　　計	12,257千円

2 仮想通貨・暗号資産に関する会計

⑵　保有する仮想通貨の種類ごとの保有
数量及び貸借対照表計上額
①　活発な市場が存在する仮想通貨

種　類	当事業年度（平成30年3月31日）	
	保有数（単位）	貸借対照表計上額
ビットコイン	16.1555502BTC	12,169千円
ビットコインキャッシュ	1.19833697BCH	88千円
合　計	－	12,257千円

②　活発な市場が存在しない仮想通貨
該当事項はありません。

3. その他の仮想通貨に係る代表的な経済事象

　ここでは、実務対応報告38号では言及されていないものの、仮想通貨に係る代表的な経済事象として「仮想通貨を支払手段とした販売取引」「マイニングによる仮想通貨の取得」「仮想通貨建て債権債務の評価」「ICO」について取り上げたい。決済手段としてはすでに一部の店舗でビットコインでの支払の運用がなされていたり、マイニングは昨今のニュースで取り上げられていたり、これらはいずれも比較的なじみのある事象と推察している。また、仮想通貨建の貸付や借入が貸借対照表に計上されている事例が存在しているものの、実務対応報告38号には特に仮想通貨建ての債権債務に関して触れられていないこと、ICOについても「仮想通貨交換業等に関する研究会」にて、その決裁規制や投資規制については議論されていたものの、会計処理に関しては触れられることがなく、その報告書でも特に言及されなかったため取扱いは依然不透明となっている。このような現状をふまえ、これらの事象ついて、まず実務対応報告38号と他の会計基準との関係を明らかにしたうえで、会計上の取扱いを解説したい。

269

仮想通貨・暗号資産に関する税務・会計

(1) 実務対応報告38号と他の会計基準との関係

　実務対応報告38号は、「仮想通貨の会計処理及び開示に関する当面の取扱いとして、必要最小限の項目について、実務上の取扱いを明らかにすることを目的（第2項）」として作成されたもので、「仮想通貨に関する会計処理について既存の会計基準を適用せず、仮想通貨独自のものとして新たに会計処理を定めている（第33項）」ため、仮想通貨に関してここに言及がなされている場合は他の会計基準等に優先すべき上位概念と考えられるものの、カバーされていない領域も一定程度存在することがおりこまれている。しかし、基本的な商取引についてはもともと会計基準が整備されており、実務対応報告38号で言及されていない事象であったとしても、対象となる取引の経済的実態を的確にとらえ、それを会計処理として落とし込んでいくという本質に変わりはなく、不明確な点があれば注記などで開示していくことで、財務諸表利用者を保護していくしかない。

　なお、以下で取り上げる事象を考えるうえで、特に重要な会計基準等は収益認識に係るものである。もともと収益認識については、我が国においては、昭和24年に策定された企業会計原則の損益計算書原則で、「売上高は、実現主義の原則に従い、商品等の販売又は役務の給付によって実現したものに限る。」とされているものの、収益認識に関する包括的な会計基準が開発されていなかったことを踏まえ、議論が重ねられ、2018年3月30日に企業会計基準委員会より、「収益認識に関する会計基準」（企業会計基準第29号、以下「収益認識基準」という）「収益認識に関する会計基準に係る適用指針」（企業会計基準適用指針第30号、以下「収益認識適用指針」という）及びその設例が公表されるに至った。適用時期[1]はまだ先であるが、今後は収益認識に係る判断はすべてこの基準をベースに検討することになる。したがって、本設でも当該基準に照らして検討できる部分については可能な限り参照することとした。

---

[1] 2021年4月1日以後開始する事業年度から適用開始。ただし2018年4月1日以後開始する事業年度より早期適用することが可能。

2 仮想通貨・暗号資産に関する会計

(2) 仮想通貨を支払手段とした販売取引

　仮想通貨を支払手段とした販売取引は、すでに家電量販店など一部の店舗で開始されている。収益認識基準第35項では、「財又はサービス（以下「資産」と記載することもある。）を顧客に移転することにより履行義務を充足した時に又は充足するにつれて、収益を認識する。資産が移転するのは、顧客が当該資産に対する支配を獲得した時又は獲得するにつれてである。」としており、仮想通貨による商品の販売も、顧客が履行義務した時点で収益を認識することになる。この時、現金以外の対価を使用する場合、「当該対価を時価により算定する（収益認識基準第59項）」とされており、取引で使用される仮想通貨の交換レートの変動に関しても、一般的には店舗で使用する仮想通貨交換業者、使用する仮想通貨の種類および時点を明確にしていることが多く、その限りにおいて時価の変動理由は対価の種類（どの仮想通貨を使用するか）によるものだけといえ、取引後の時価の変動は取引価格に反映する必要はないと考えられる（収益認識基準第54項、第61項）。ただし、販売側が取得した仮想通貨は、上述2.(3)**ウ** の期末時点での評価の対象となる。

【設例6】

　A社は、商品（簿価5,000円）を顧客に対し、7,000円（=0.01BTC）で販売し、顧客からビットコイン0.01BTCを対価として受け取った。A社は期末まで0.01BTCを保有し、期末時のビットコインの時価は0.01BTC=8,000円となった。

<u>A社での仕訳</u>

DR)	仮想通貨	(0.01BTC=)	7,000円 /	CR)	売上高	7,000円
DR)	売上原価		5,000円 /	CR)	商品	5,000円

<u>期末日の仕訳</u>

DR)	仮想通貨	1,000円 /	CR)	仮想通貨評価益*	1,000円

＊保有する0.01BTCの時価評価：8,000円−7,000円【設例3-1】と同じ考え方

271

仮想通貨・暗号資産に関する税務・会計

（参考）仮想通貨での商品の購入

一方で、資金決済法における仮想通貨を使用した商品の購入の場合については、国税庁が2018年11月21日に公表した「仮想通貨に関する税務上の取扱いについて（情報）」での事例が参考となるので、ここでⅤ **1** 2.(1) **イ**でも取り上げられた事例に会計側からもコメントをしておきたい。

問　次の仮想通貨取引を行った場合の所得の計算方法を教えてください。
（例）
・3月9日　2,000,000円で4ビットコインを購入した。
・9月28日　162,000円（消費税込）の商品を購入する際の決済に0.3ビットコインを支払った。なお、取引時における交換レートは1ビットコイン＝540,000円であった。
　　　（注）上記取引において仮想通貨の売買手数料については勘案していない。

答　上記（例）の場合の所得金額は、次の計算式のとおりです。
162,000円 －（2,000,000円÷4ビットコイン）× 0.3ビットコイン ＝ 12,000円
【商品価額】　【1ビットコイン当たりの取得価額】　【支払った数量】　【所得金額】

（注）1　その他の必要経費がある場合にはその必要経費の額を差し引いた金額となります。
　　　2　上記の「商品価額」とは、その商品を日本円で購入する場合の支払総額（消費税込）をいいます。

購入は販売と対になる取引であるため、ここでも商品の取得対価は時価により算定されている（収益認識基準第59項）。ただし、対価として使用する仮想通貨は商品購入者が当初仮想通貨を主とした時点（上記例では3月9日1BTC＝500,000円。4BTCで2,000,000円）から交換レートが変動しており、あくまで商品購入時に使用されるのは、商品購入時の交換レート（上記例では9月28日1BTC＝540,000円。0.3BTCで162,000円＝商品価額）となっている。これで、当初の仮想通貨取得時点のレートと商品購入時点でのレート差（上記例では取得時と購入時の

2 仮想通貨・暗号資産に関する会計

レート差（540,000円－500,000円）×0.3BTC）で、所得を認識していることから、会計上もいわゆる物々交換の考え方で、以下の仕訳のとおり商品購入時に差益相当を収益認識することになろう。この考え方は仮想通貨売却時の処理とも整合する。

DR）備品（購入者の使途による）＊　162,000円／CR）仮想通貨　　　　150,000円
　　　　　　　　　　　　　　　　　　　　　　仮想通貨決済益＊　　12,000円

＊購入したものを何で処理するか、仮想通貨を何で処理するか、は購入者側の目的に依
　存する。あくまでここで使用した勘定科目はその一例にすぎない。

(3) マイニングによる仮想通貨の取得

　仮想通貨のマイニングについては、昨今いくつかの会社で事業参入のリリースがなされ、ニュースでも取り上げられることがあった。しかし2019年3月31日現在、マイニング事業は成功を収めているという事例を耳にしなくなってきた一方で、マイニングマシーンの減損損失を計上する会社が数社でてきており、すでに下火になりつつある事業といえるかもしれない。

　いわゆる「マイニング」（採掘）などにより取得した仮想通貨は、通常、自己（自己の関係会社を含む。）以外の者により発行されているため、実務対応報告38号でいう自己（自己の関係会社を含む。）の発行した仮想通貨には該当しないことから、実務対応報告38号の範囲に含まれる（第26項）。しかし、マイニングの成功で得られる報酬やマイニングに係るコスト（特に高性能機器をフル稼働させる電気代が大きい）は常に一定ではなく、またマイニング事業を業として実施するか否かによっても会計上の取扱いも異なることになろう。

　ここでビットコインのマイニング報酬の仕組みを簡単にまとめると以下のとおりである。

① ビットコインの「マイニング」報酬を受け取れるのは計算により最も早くブロックを作成したマイナーのみ。

② その作成されたブロックの最初の取引には「新たなビットコインが

273

仮想通貨・暗号資産に関する税務・会計

作られて、それをブロックを作ったマイナーに送った」という情報が残るため、そのブロックが他のマイナーに正当なものと承認されることで「新たなビットコインがこの世に生まれたこと」そして「そのブロックを作ったマイナーが新たなビットコインの所有者になった」という2点が証明され、報酬獲得資格を得られる。

③ 報酬はブロックに入っているビットコイン総送信数量とビットコイン総受取数量の差で、そのブロックを生成したマイナーの口座(ビットコインアドレス)に振り込まれる。

このようなマイニングの仕組みを勘案すると、基本的には報酬を受け取るマイナーにとっては収益認識の問題であり、どの仮想通貨を対象にマイニングを行うか、どういったコストをかけるかは会社毎に異なるといえる。したがって、個々のマイニングの取引の内容を収益認識基準や収益認識適用指針に照らして慎重に会計処理を行っていただきたい。なお、実務慣行としては、有価証券報告書もしくは四半期報告書における仮想通貨のマイニングに関する財務諸表科目の開示例は、2019年3月31日現在、「仮想通貨マイニング事業再構築損失」を特別損失で1社計上した事例がある以外、存在していないことを付言しておく。

【設例7】

マイニング事業に参入したA社では、人件費や高性能機材、その他電気代経費に100万円を投じ、ビットコインのマイニングに成功した。その結果3BTC(1BTC=40万円)の報酬を得た。

A社での仕訳

DR) 仮想通貨　　　　1,200,000円 ／ CR) 仮想通貨マイニング収益* 1,200,000円
　　　　　　　　　　　　　　　　　　　　　　　　　　　　　(=3BTC×40万円)

DR) 人件費等経費*　 1,000,000円　 CR) 現金　　　　　　　　 1,000,000円

*ここでの収益と費用を売上及び売上原価、営業外収益及び営業外費用で表示するかは、マイニング事業の位置づけ、重要性等によって異なるためここでは表示区分については言及しない。ただし、事業として実施している場合、成功してもしなくともコストが発生することを考えれば、純額、総額の議論については総額表示がよりなじむものと思われる。

2 仮想通貨・暗号資産に関する会計

マイニングについては、上述の「仮想通貨に関する税務上の取扱いについて（情報）」でも触れられており（**Ⅴ1 2.⑵イ**参照）、これも財務報告の枠組みの一つとして利用しうる情報といえよう。

⑷ 仮想通貨建て債権債務の評価

仮想通貨建ての債権債務、例えばビットコインの貸付もしくは借入を行った場合の当該債権債務の評価に関しては、実務対応報告38号では触れられていない。ただし、仮想通貨そのものの性格は未確定であるものの、仮想通貨建ての債権債務に関しては、特に契約に基づく仮想通貨の貸付や借入などは、通常の円貨建てもしくは外貨建ての貸付や借入と非常に近い性質は有しているものの、仮想通貨がいわゆる金融商品会計における「現金以外の金融資産にも該当しない」（第30項）とした定義同様、そのまま金融商品会計を適用するといった対応がしくにい。

そこで、取引の経済的実態を勘案し、仮想通貨建て貸付金の債権者は取得時点での仮想通貨の支払を行い、仮想通貨建て借入金の債務者は借入時点で仮想通貨を取得することとなることをふまえれば、それぞれ取引時点の仮想通貨建て債権債務の時価を取得原価として会計処理を行うものと考えられる。

同様に、当該仮想通貨建ての債権債務を決算日時点で保有している場合の評価等のルールも、実務対応報告38号では言及されていない。もしこれが外貨建ての債権債務である場合は、決算時の会計処理として、決算時の為替相場による円換算額を付し、決算時における換算によって生じた換算差額は、原則当期の為替差損益として処理する（「外貨建取引等会計処理基準」第2項）こととなるが、仮想通貨建て債権債務の場合は換算を必要とするか否かも含めて、現行のルール上は不明確といえる。

しかし、ここでも取引の経済的実態を勘案すれば、仮想通貨建て債権の債権者もしくは仮想通貨建て債務の債務者は、決済する際に決済時点での仮想通貨を取得もしくは返済することになるため、仮想通貨建ての

275

仮想通貨・暗号資産に関する税務・会計

債権債務を決算日時点で保有している場合は、実際の決算日時点でその仮想通貨を保有している場合と同様、活発な市場が存在する仮想通貨の場合は市場価格に基づく価額をもって換算して貸借対照表価額とし、活発な市場が存在しない場合は取得原価をもって貸借対照表価額とする（処分見込価額が取得原価を下回る場合は当該処分見込価額をもって貸借対照表価額とする）ものと推察される。

具体的には、仮想通貨建ての債権債務を決算日まで保有している場合は、決算時のレートで円換算額を付すとともに、取得時の貸借対照表価額（取得原価）と決算時に決算時のレートで換算した後の貸借対照表価額の換算差額を当期の損益として処理することになると考えられる。

【設例8】

A社は、1BTCをX社に貸し付けた。貸付時のレートは1BTC=450,000円であった。その後A社は期末まで1BTCの貸付金を保有した（利息はないものとする）。
なお、期末時のレートは1BTC=430,000円であった。

A社の貸付時の仕訳

　DR）　貸付仮想通貨（1BTC=）　450,000円　／　CR）　仮想通貨　　　　　450,000円

A社の期末日の仕訳

　DR）　仮想通貨評価損*　　　　　20,000円　／　CR）　貸付仮想通貨　　　20,000円

＊保有する1BTC貸付の時価評価：450,000円－430,000円 【設例3-1】と同じ考え方
　表示については、基本的には本業でない投資活動に対する為替差損益同様営業外損益が一般的

X社の借入時の仕訳

　DR）　仮想通貨（1BTC=）　　　450,000円　／　CR）　借入仮想通貨　　　450,000円

X社の期末日の仕訳

　DR）　借入仮想通貨　　　　　　20,000円　／　CR）　仮想通貨評価益**　20,000円

＊＊保有する1BTC借入の時価評価：450,000円－430,000円 【設例3-1】と同じ考え方
　表示については、基本的には本業でない財務活動に対する為替差損益同様営業外損益が一般的

2 仮想通貨・暗号資産に関する会計

⑸ **ICOについて**

ア **ICOと会計処理**

　一昨年あたりから話題になっているICO（Initial Coin Offering）は、未公開企業が新規に株式公開するIPO（Initial Public Offering）になぞらえて作成された言葉であり、我が国の一部の企業においても、ICOを実施したというケースが発生してきている。しかし、現実的に現在の仮想通貨は、何ら私法上経済的価値の裏付けのある資産ではなく、そこには配当や利息といった概念も存在していない。その一方で、仮想通貨がかなりのスピードで普及していることも事実であり、この法整備や規制がままならない局面では、そのリスク認識をしっかりとしておかなければならない。その規模は国家単位にも及んでおり、特に中国では2017年1月頭の仮想通貨の取引所への規制を皮切りに、同年9月にICO規制と取引所への規制、2017年末にはマイニング会社への規制、さらには2018年2月には仮想通貨取引所、ICOのウェブサイトへの全面アクセス禁止措置を講じるなど、仮想通貨からの影響排除に力を入れている（Ⅰ5 2.⑵参照）。事実仮想通貨に関しては、我が国においても2014年2月のビットコインの取引所「マウントゴックス」を運営するMTGOXの破たんを皮切りに、2018年1月のコインチェックでのNEM流出事件、2018年9月のテックビューロでのBTC・MONA等の外部ハッキングによる不正送金事件など、いずれも数十億円から数百億円単位の仮想通貨が消失する事件が起きている。また同時に驚かされるその被害総額の裏には、現在の低金利時代における運用先として、多くの投資家が仮想通貨の投機的な一面に期待して飛びついていたという時代背景もうかがえよう。

　そのような時代背景の中、ICOでは事業計画や資金調達方法などをまとめたホワイトペーパー（279ページWord参照）に基づき、実施する企業はビットコインやイーサリアムといった仮想通貨を入手する代わりに、トークンとよばれるデジタル証憑を発行しており、実務対応報告38号でもこの自己（自己の関係会社を含む）の発行した仮想通貨は、「自

277

V 仮想通貨・暗号資産に関する税務・会計

己の発行した仮想通貨の取引の実態とそこから生じる論点が網羅的に把握されていない状況にある」として、その範囲から除かれている(第3項、第26項)。ICOに関しては、そのホワイトペーパーにいわゆる株式での新規上場の際の目論見書のような法規制や審査がなく、グローバルに機動的な資金調達が可能な反面、ホワイトペーパー記載内容の真偽や実現可能性の判断が困難で、また仮に記載されていないことをした場合の罰則の未整備など、多くのリスクが指摘されている。この点は、「仮想通貨交換業等に関する研究会」報告書においても、

『・ICOを有効に活用したとされる事例があまり見られない。

・詐欺的な事案や事業計画が杜撰な事案も多く、利用者保護が不十分である。

・株主や他の債権者等の利害関係者の権利との関係も含め、トークンを保有する者の権利内容に曖昧な点が多い。

・多くの場合、トークンの購入者はトークンを転売できれば良いと思っている一方、トークンの発行者は資金調達ができれば良いと思っており、規律が働かず、モラルハザードが生じやすい。』

としており、『ICOは、その設計の自由度が高いことから様々なものがあると言われているが、トークンの購入者の視点に立った場合には、以下のような分類が可能と考えられる。

・発行者が将来的な事業収益等を分配する債務を負っているとされるもの（投資型）

・発行者が将来的に物・サービス等を提供するなど、上記以外の債務を負っているとされるもの（その他権利型）

・発行者が何ら債務を負っていないとされるもの（無権利型）』

と、ICOという行為そのものの自由度の高さにも言及がなされている。実務対応報告38号でらち外とした自己（及び自己の関係会社）の発行した二次的な仮想通貨（トークン）の対価として得た仮想通貨は、寄付とも、将来提供される財・サービスの前払いとも、はたまた出資対価の一部とも、状況次第でいかようにも解釈ができてしまうのである。この

2 仮想通貨・暗号資産に関する会計

振れ幅の大きさは、ルール化の困難さそのものであり、ICOで調達した仮想通貨の性質、またその対価もしくはただの電子記録としてのトークンを、企業会計基準委員会でもそもそも概念フレームワークの想定している資本主義の下における企業のあり方からはみ出した産物として捉えざるをえないと考えている可能性があり、概念フレームワークを前提とする個別会計基準を既存の会計基準体系と整合的に作成できないと考えたかもしれない。

　いずれにしても、それほどICOという行為を画一的に会計に落とし込むのは難しいし、実務対応報告38号ではICOという用語にすら触れられていない。ICOの会計ルールというものを考えるのであれば、すべてのICO案件を個別にそのホワイトペーパーの真偽と実現可能性、進捗後のフォローを行うことでその経済的実態を把握、定量化し、それらを都度会計処理に落とし込んでいくしかないということになる。その際、「仮想通貨交換業等に関する研究会」報告書で述べられていた、ICOの分類「投資型」「その他権利型」「無権利型」に応じて考えていく、といった発想が1つの入口になるものと思われる。

Word

ホワイトペーパー

　仮想通貨のICOでいうホワイトペーパーは、プロジェクトの概要やトークンの用途・売り出し方法などをまとめた資料で、仮想通貨を調達したい企業が事前に公表する報告書を意味する。

イ　ICOの事例研究：株式会社メタップスのICOから1年が経過して

　ICOの会計への落とし込みを実践した実例として、『これ1冊でわかる！仮想通貨をめぐる法律 税務 会計』では㈱メタップス（以下「メタップス社」という）が2018年2月14日に公表した第1四半期報告書に基づき、ICOがどのように財務諸表に落とし込まれたかの解説を行ったが、あれから1年が経過し、ここではその後同社におけるICOに関する会計処理がどのように変遷したか、開示情報に基づいたフォローアップを行

Ⅴ 仮想通貨・暗号資産に関する税務・会計

いたい。メタップス社はIFRS適用会社で、日本基準によって作成された財務諸表及びその注記ではないという点には留意しなければならないが、ICOに関して依然唯一我が国で実務事例の情報を継続的に収集することができる会社であるため、その開示情報は非常に貴重な情報源といえる。

なお、【図表11】以降の記載カテゴリ欄については、有価証券報告書と記載しているものは2018年8月期の有価証券報告書を、四半期報告書と記載しているものは2019年8月期の第2四半期（2019年2月期）における四半期報告書をそれぞれ示している。

【図表11】

有価証券報告書/ 四半期報告書の 記載カテゴリ	記載内容
有価証券報告書 第2【事業の状況】 1【経営方針、経営環境及び対処すべき課題等】 ⑱仮想通貨取引に係るリスク	⑴マネーロンダリング、テロ組織への資金供与、サイバー攻撃等に対応する今後の法規制の動向 　当社の連結子会社であるMetaps Plus Inc.は、2017年10月10日にPluscoin（※）のInitial Coin Offering（以下ICO）を実施し、また2017年11月11日に仮想通貨取引所CoinRoom（※）を韓国に開設しました。 (中略) 　既存の法規制の改正や新たな法規制の制定は、当社グループに遵守するための対応を求める可能性があります。そのような法規制を遵守することができない、又は法規制への対応が遅れた場合、事業計画の遂行に影響を及ぼす可能性があるとともに、資産の減損、行政処分による当社グループの評価の毀損及びICOにより入手したイーサリアム等の仮想通貨（2018年8月31日時点の公正価値739百万円）のICOにおけるPluscoinの購入者への返還等により、当社グループの財政状態、業績及び今後の事業展開に影響を及ぼす可能性があります。 （※）：当社グループが商標権を取得しております。 ⑵サイバー攻撃による仮想通貨の喪失 (中略) 　当社グループが保有する仮想通貨の消失及び当社グループの顧客の仮想通貨の消失により、顧客に対する多額の弁済が生じる可能性があるとともに、当社グループの財政状態、業績及び今後の事業展開に影響を及ぼす可能性があります。当社グループが保有する仮想通貨及び顧客から預託を受けた仮想通貨の詳細については、連結財務諸表注記「30.仮想通貨」を参照ください。

2 仮想通貨・暗号資産に関する会計

有価証券報告書/ 四半期報告書の 記載カテゴリ	記載内容
	⑶仮想通貨に係る分散型台帳の信頼性を担保する技術の予期せぬ脆弱性のリスク （詳細な記載省略）
	⑷将来の仮想通貨取引に係る新たな会計基準の制定等による会計方針の変更の可能性 （中略） 　国際会計基準審議会が公表した基準は仮想通貨に関わる会計処理特有の要求事項や指針を定めていません。将来の国際会計基準審議会による会計処理に関する公式見解や指針の制定、又は将来の会計専門家による既存の指針に対する新たな解釈は、当社グループがこれらの財務諸表を作成する際に適用している会計方針や会計処理方法と異なる結論に至る可能性があります。これにより、当社グループが採用している会計方針が変更となり、当社グループの財政状態及び業績に重要な影響を及ぼす可能性があります。
	⑸将来の仮想通貨取引に係る韓国の税法の改正等の可能性 （詳細な記載省略）
	⑹仮想通貨の価格変動 （詳細な記載省略）

　2018年8月期の有価証券報告書の前半部分、第2【事業の状況】における　1【経営方針、経営環境及び対処すべき課題等】では、「⑱仮想通貨取引に係るリスク」が取り上げられている。項目としては、同第1四半期の四半期報告書の【事業等のリスク】で取り上げた内容と同様、「今後の法規制の動向」「サイバー攻撃による仮想通貨の喪失」「ブロックチェーンの信頼性を担保する予期せぬ脆弱性リスク」「将来の会計基準の制定等による会計方針の変更の可能性」「韓国の税法の改正等の可能性」「価格変動」の6項目が取り上げられている。直近の2019年8月期の第2四半期報告書でも、前年2018年8月期の有価証券報告書の該当箇所を参照する形式が採用されていることから、会社の仮想通貨取引に係るリスク認識は当初から変わっていないことになる。ただし、⑴の中で取り上げられている保有するイーサリアム等の仮想通貨の公正価値については、2017年11月30日時点（前第1四半期末）では1,312百万円とされていたが、2018年8月31日（前期末）では739百万円と大き

281

く下落しており、これはその時点毎のイーサリアムの価格変動と整合している。その意味では(6)に記載された「仮想通貨の価格変動」リスクは、ここでも反映された形となっている。

また、2018年8月期第1四半期の四半期報告書では【経営上の重要な契約等】においても、子会社の仮想通貨取引所の開設について記載した上で、参照形式を用いて【経理の状況】における要約四半期連結財務諸表注記の仮想通貨に係る箇所を示していたが、前期末以降ではその重要性を鑑みてか、特に触れられてはいない。

【図表12】

有価証券報告書/ 四半期報告書の 記載カテゴリ	記載内容
有価証券報告書 3【経営者による財政状態、経営成績及びキャッシュ・フローの状況の分析】 (1)業績	ファイナンス関連事業が堅調に拡大したことにより、売上高は前年同期比大幅に増加した一方、事業拡大や新規事業への投資に伴う人件費、外注費、M&Aに伴う買収費用等が増加いたしました。また、当連結会計年度において子会社が実施したInitial Coin Offering（ICO）において受領した対価を負債として認識し、925百万円を繰延収益として計上しました。また、2018年7月13日公表の「自社発行仮想通貨の会計処理に関するお知らせ」のとおり、当社が当連結会計年度において計上を見込んでいた同社発行の仮想通貨PLCの売却等による収益について、PLCの保有目的変更に伴い会計処理を変更し、計上しないこととなりました。そのような状況において、新規事業等への投資費用のみが先行したため、営業利益は前年同期に比して減少し、営業赤字となりました。なお、繰延収益については今後適切なタイミングで収益として認識する予定です。（以下省略）
(2)経営者による財政状態、経営成績及びキャッシュ・フローの状況の分析 ②財政状態の分析	（資産） 　当連結会計年度末の資産合計は22,686百万円となり、前連結会計年度末の資産合計19,786百万円と比べ2,900百万円増加しました。これは主に、新株発行に伴う払込等により現金及び現金同等物が404百万円増加したこと、仮想通貨の取得等に伴い棚卸資産が426百万円増加したこと及び子会社の取得に伴いのれんが1,211百万円増加したことによるものです。 （負債） 　当連結会計年度末の負債合計は14,335百万円となり、前連結会計年度末の負債合計12,964百万円と比べ1,371百万円増加しました。これは主に、ICOに伴う繰延収益の認識等によりその他の流動負債が1,522百万円増加したことによるものです。（以下省略）

2 仮想通貨・暗号資産に関する会計

　また、3【財政状態、経営成績及びキャッシュ・フローの状況の分析】
においては、(1)業績にて、ICOに関して、自社発行仮想通貨の会計処理
に関する変更について言及するとともに、(2)②財政状態の分析では、資
産において仮想通貨の取得等に伴い棚卸資産が増加したこと、負債にお
いてICOに伴う繰延収益が増加したことについて言及されている。こ
れらの詳細については、後述の【図表17】「10.暗号資産」に関する部
分を参照されたい。

【図表13-1】

有価証券報告書/ 四半期報告書の 記載カテゴリ	記載内容
四半期報告書 第4【経理の状況】 【要約四半期連結財 務諸表注記】 3.重要な会計方針 ⑵	⑵新たな会計方針の採用または会計方針の変更 (IFRS第9号「金融商品」の適用)　記載省略 (IFRS第15号「顧客との契約から生じる収益」の適用)　記載省略 (NPLCの発行) 　当社の連結子会社であるMetaps Plus Inc.は、2018年10月30日に、新規事業であるICOコンサルティングのサービス内容に即した特典を付与することを目的に新たな自社トークンNPLCのホワイトペーパーを公表し、同日以降、従来のPLC保有者は、PLCからNPLCへの交換が可能となり、ICO時のホワイトペーパーに記載されていたPLCの特典に代わり、NPLCの特典を享受することが可能となりました。NPLCの発行に伴い、新たな会計方針を採用しております。 契約負債 ①PLC 　第三者に対して発行したPLCに関連し、当社グループはトレーディング及び広告並びに電子マネープラットフォームを整備し、これらのプラットフォーム上で行われる将来の取引において割引を提供する義務を負っております。そのため第三者に対するPLCの発行による販売対価は、対価の受領時に契約負債として認識し、サービスの提供期間及び顧客に対する割引の提供に応じて収益を計上します。なお、全てのプラットフォームを整備し、割引の詳細が決定されるまで収益の額を信頼性をもって測定することができないと判断していることから、当第2四半期連結累計期間において収益は認識しておりません。 　契約負債は、PLCの発行と引き換えに受領した暗号資産又はサービスの公正価値で当初測定されます。 ②NPLC 　PLCからNPLCへの交換は契約変更に該当し、既存の契約を解約して新しい契約を創出したかのように会計処理しております。したがって、PLCのICOにおいて受け取った対価のうち、収益として認識されていない金額をNPLCのホワイトペーパーに基づく履行義務へ配分しております。

283

有価証券報告書/ 四半期報告書の 記載カテゴリ	記載内容
	PLCから交換されたNPLCに関連し、当社グループは2019年12月31日までの期間においてNPLC保有者に対し、Metaps Plus Inc.が関与するICO案件のpre-saleの情報を30日間限定で提供する義務を負っております。NPLCのホワイトペーパーに基づく履行義務に配分された金額については、2019年12月期の連結財務諸表において、2019年12月31日までの期間にMetaps Plus Inc.が関与するICO案件のうち、NPLC保有者へpre-saleの情報提供を見込む案件数に応じて、取引価格を按分し、各案件の情報を提供するにつれて収益を認識いたします。

　つづいて、【経理の状況】であるが、メタップス社はIFRS適用企業であるため、要約四半期連結財務諸表そのものは日本基準を採用している企業に比べ、非常にシンプルなものとなっており、基本的に注記によってそれを解説するというスタンスであることに留意が必要である。IFRSと日本基準の違いについての詳細な説明はここでは割愛するが、特に連結損益計算書に経常利益の概念が存在しておらず、あくまで営業項目かそれ以外かという区分けで表示されていることは特徴的である。

　【図表13-1】は2019年8月期の第2四半期報告書【経理の状況】における「新たな会計方針の採用または会計方針の変更」の記載である。メタップス社はIFRS適用企業であるため、2019年8月期は世間的には当期のメイントピックとも言われるIFRS15号「顧客との契約から生じる収益」いわゆる新収益基準が適用となっている。しかし、同社においては"ICOの収益化への道筋を明確にした"という意味で、そのあとに記載されている「NPLCの発行」の記載が、2019年8月期の最大のハイライトといっても良い。

　事象としては、「2018年10月30日に新規事業であるICOコンサルティングのサービス内容に即した特典を付与することを目的に新たに自社トークンNPLCのホワイトペーパーを公表し、従来のPLC保有者が、PLCからNPLCへの交換が可能となり、NPLCの特典を享受することを可能にした」というものである。もともとのPLCのホワイトペーパーの内容では、第三者に対するPLCの発行による販売対価を取引日に繰延収

2 仮想通貨・暗号資産に関する会計

益として認識し、サービスの提供期間及び顧客に対する割引の提供に応じて収益を計上しようとしたものの、「全てのプラットフォームを整備し、割引の詳細が決定されるまで収益の額を信頼性をもって測定することができない」とされ収益を認識するに至っていなかった。このことは、2018年8月期の有価証券報告書においても、PLCのホワイトペーパー「3.2 Benefits for token holders」及び「3.3 Other token usage services」を取り上げる形で、【図表13-2】のような注記がなされている。

【図表13-2】

有価証券報告書/ 四半期報告書の 記載カテゴリ	記載内容
有価証券報告書 第5【経理の状況】 【連結財務諸表注記】 4. 重要な会計上の見積り及び見積りを伴う判断	IFRSに準拠した連結財務諸表の作成において、経営者は、会計方針の適用並びに資産、負債、収益及び費用の金額に影響を及ぼす判断、見積り及び仮定の設定を行うことが要求されております。実際の業績は、これらの見積りとは異なる場合があります。 　見積り及びその基礎となる仮定は継続して見直されます。会計上の見積りの見直しによる影響は、見積りを見直した会計期間及びそれ以降の将来の会計期間において認識されます。 （中略） ・収益認識（注記「3.重要な会計方針(16)収益」、注記「30.仮想通貨」） 　当社の連結子会社であるMetaps Plus Inc.は2017年10月のICOにおいて仮想通貨であるPluscoin（PLC）を発行し、対価として顧客から仮想通貨であるイーサリアムを入手しております。当該ICO及びPluscoin保有者の権利の内容は、2017年9月6日にMetaps Plus Inc.より公表されている「Pluscoin(PLC) Whitepaper（以下、ホワイトペーパー）」に記載されています。当該連結子会社が存在する法域において、仮想通貨の保有者の権利と義務に関する特段の法整備はなされておりません。そのためMetaps Plus Inc.はホワイトペーパーに記載されている権利と義務に基づいてICOの会計処理を行い、Pluscoin保有者に対する義務を負債として計上しております。仮想通貨及びICOに関する法整備がなされることによりこれらの権利義務が変更された場合、将来の会計処理に重要な影響を及ぼす可能性があります。 　当該取引において販売されたPluscoinは、当社グループがPluscoin保有者に対して現金又はその他の金融資産を引き渡す義務を負っていないため、金融負債の定義は満たしません。またPluscoin保有者は当社グループの残余財産に対する権利を有していないため、Pluscoinは資本性金融商品の定義を満たしません。また、ホワイトペーパー「3.2 Benefits for token holders」において、仮想通貨取引所運営会社の裁量と決定に基づいて当社グループが運営する仮想通貨取引所の運営から生じる利益の10%を限度としてPluscoin保有者に対して支払われるリワードの規定があります。当社グループは、当該リ

285

有価証券報告書/ 四半期報告書の 記載カテゴリ	記載内容
	ワードについて、Pluscoin保有者のPluscoin保有量に応じて一律に支払うものではなく、各Pluscoin保有者の当社グループが運営する仮想通貨取引所における取引手数料に応じて支払うこととしております。当該リワードの支払方法に関してホワイトペーパーの記載に違反するものでないと判断しております。当該リワードを受ける権利は、実質的には当社グループが運営する仮想通貨取引所の取引手数料収入の割引の性質を有するものであり、当社グループの残余財産に対する権利に実質的に該当するものではありません。 　Metaps Plus Inc.は、2018年3月30日までに仮想通貨取引所を開設しない場合に、ICOでPluscoinと引き換えに受け取った対価を返還する義務を負っておりましたが、2017年11月11日に仮想通貨取引所を開設したことにより当該返還義務は消滅しております。第三者に対して発行したPluscoinの販売対価は取引日において繰延収益として認識し、ホワイトペーパーに記載されている義務の履行に応じて関連する収益を計上します。ホワイトペーパー「3.2 Benefits for token holders」及び「3.3 Other token usage services」には、当社グループがPluscoin保有者に対して、ホワイトペーパーに記載されたプラットフォームを運営し、またそれを用いた取引によって課される取引手数料の割引を提供する旨が記載されておりますが、当該プラットフォームを運営し、割引を提供する期間及び割引金額について明記されておらず、プラットフォームが整備され、割引の詳細が決定されるまで受領した対価を収益として認識すべき期間について信頼性をもって見積ることができません。IAS第18号「収益」では収益を確実に測定可能になった時点で認識することを要求しているため、2018年8月31日に終了する当連結会計年度において収益を認識しておりません。ホワイトペーパーに記載されている権利と義務の解釈が将来的に変更された場合、繰延収益の会計処理に影響を及ぼす可能性があります。

　これに対し、新たなNPLCのホワイトペーパーでは、メタップスグループがNPLC保有者に対し、提供する義務が明らかになり（2019年12月31日までの期間にMetaps Plus Inc.が関与するICO案件のpre-saleの情報を30日間限定で提供すること）、それを新たな「契約負債」として2019年8月期の第1四半期より注記がなされている。この「契約負債」はIFRS第15号で明確に導入された概念であり、これまで「繰延収益」という表現を使っていたところを、会計方針の変更に伴い「契約負債」という表現を採用したのも、それまで適用していたIAS第18号「収益」ではこの表現が使われていなかったことをふまえた、新たな会計処理であることを明確に打ち出すという主旨もあったかと推測される。

2 仮想通貨・暗号資産に関する会計

　具体的には、PLCからNPLCへの交換は契約変更に該当し、「既存の契約を解約して新しい契約を創出したかのように会計処理する」としており、PLCのICOにおいて受け取った対価のうち、収益として認識されていない金額をNPLCのホワイトペーパーに基づく履行義務へ配分することとしている。また、NPLCのホワイトペーパーに基づく履行義務に配分された金額については、「NPLC保有者へpre-saleの情報提供を見込む案件数に応じて、取引価格を按分し、各案件の情報を提供するにつれて収益を認識」するとした。これを先に記載の新収益基準に照らして考えれば、ステップ2の「契約における履行義務の識別」と、ステップ4の「取引価格の契約における履行義務への配分」、そしてステップ5の「履行義務充足時に収益認識」という収益認識のための5ステップをクリアするよう、従来のPLCからNPLCに交換させるようにしたといえる。

　今回の変更で作成された新たなNPLCのホワイトペーパーは非常にシンプルなものであった。これはもともとのホワイトペーパーで、おそらく良かれと思ってトークン所有者にあれもこれもということで特典をつけたことが逆に収益化を不明確にさせてしまっていた反省を踏まえた修正であり、今後のICO実務における貴重な事例の提供となったといえよう。

【図表14】

有価証券報告書／四半期報告書の記載カテゴリ	記載内容
有価証券報告書 第5【経理の状況】 【連結財務諸表注記】 3.重要な会計方針 …以降の四半期報告書では有価証券報告書と同一の会計方針採用と記載されている	⑹棚卸資産 ①トレーディング目的で保有する仮想通貨 　短期的な価格変動により利益を獲得する目的で保有する仮想通貨は、棚卸資産として認識し、当初認識時点において取得原価で測定するとともに、当初認識後においては売却コスト控除後の公正価値で測定しております。公正価値の変動は当該変動が発生した期の純損益として認識しております。トレーディング目的で保有する仮想通貨の公正価値は主要な仮想通貨取引所の取引価格に基づいて算定しております。 ②顧客から預託を受けた仮想通貨 　顧客から預託を受けた仮想通貨は棚卸資産として認識し、売却コスト控除後の公正価値で測定しております。また、同額を顧客から預託を受けた仮想通貨に対応する負債として計上しております。顧客から預託を受けた仮想通貨の公正価値は主要な仮想通貨取引所の取引価格に基づいて算定しております。

仮想通貨・暗号資産に関する税務・会計

有価証券報告書/ 四半期報告書の 記載カテゴリ	記載内容
	(8)無形資産 ②仮想通貨 　棚卸資産に該当しない仮想通貨は無形資産として認識し、減損損失控除後の取得原価で測定しております。ICOにおけるPluscoinの対価として受領した無形資産の取得原価は、ICO実施日における各種の仮想通貨の主要な仮想通貨取引所の取引価格に基づいて算定しております。 　無形資産に分類した仮想通貨は耐用年数を確定できないと判断しているため、償却を行っておりません。仮想通貨については、使用期限がなく、交換手段として用いられる限り存続すると考えられるため、耐用年数を確定できないと判断しております。そのため各報告日において、帳簿価額と回収可能価額との比較により減損の兆候の有無を判断しております。なお、回収可能価額は主要な仮想通貨取引所の取引価格から処分コストを控除して算定しております。 　無形資産に含まれる仮想通貨は、サービスの対価として使用されます。サービスの対価として仮想通貨を使用した場合、提供を受けたサービスの費用を対価として使用した仮想通貨の取引日における公正価値で測定するとともに、仮想通貨の帳簿価額から対価として使用した金額について認識を中止します。使用された仮想通貨の帳簿価額と仮想通貨の取引日における公正価値の差額は、その他の収益又はその他の費用として認識されます。 　売却された場合には、売却された仮想通貨の帳簿価額と対価の差額をその他の収益又はその他の費用として認識しております。
	(14)繰延収益 　第三者に対して発行したPluscoinに関連し、当社グループはトレーディング及び広告並びにモバイル電子マネープラットフォームを整備し、これらのプラットフォーム上で行われる将来の取引において割引を提供する義務を負っております。そのため第三者に対するPluscoinの発行による販売対価は、取引日に繰延収益として認識し、サービスの提供期間及び顧客に対する割引の提供に応じて収益を計上します。なお、全てのプラットフォームを整備し、割引の詳細が決定されるまで収益の額を信頼性をもって測定することができないと判断していることから、当連結会計年度において収益は認識しておりません。繰延収益は、Pluscoinの発行と引き換えに受領した仮想通貨又はサービスの公正価値で当初測定されます。

　この新たな会計方針以外の会計方針については、2018年8月期の有価証券報告書に記載の会計方針と同一のものが採用されている。ここでも、仮想通貨に係る会計方針は「(6)棚卸資産」「(8)無形資産」「(14)繰延収益」「(16)収益」「(17)開発サービス」の5カテゴリで触れられている。

　このうち、メタップス社が子会社に仮想通貨取引所を保有していることで、顧客から預託を受けた仮想通貨に関しては、「棚卸資産」と認識し、

2 仮想通貨・暗号資産に関する会計

売却コスト控除後の公正価値（主要な仮想通貨取引所の取引価格に基づいた算定）で測定しているとともに、その同額を顧客から預託を受けた仮想通貨に対応する負債として、「その他の流動負債」に含めて連結貸借対照表に表示している（後述【図表17】「10.暗号資産」参照）。

　メタップス社では、もともと2018年8月期中は自社で保有する仮想通貨に関しては、短期的な価格変動により利益を獲得する目的で保有する仮想通貨とそれ以外の仮想通貨に識別し、前者をトレーディング目的で保有する仮想通貨として「棚卸資産」（IAS第2号）に、後者を無形資産（IAS第38号）として「その他の無形資産」にそれぞれ含めて四半期連結貸借対照表に表示していた。しかしこの無形資産で計上していた仮想通貨は、2018年8月期末の段階でゼロになっており（後述【図表17】「10.暗号資産」参照）、結果2018年8月期の有価証券報告書では、損益との関係があることから無形資産の会計方針だけが残った形となっている。

　次に「⒁繰延収益」の会計方針についてであるが、これは日本基準では整備されていない概念であることに留意が必要である。ここではICOで第三者に対して発行したPluscoinに関連し、メタップス社グループがトレーディング及び広告並びにモバイルクーポンプラットフォームを整備し、そこで行われる将来の取引において割引を提供する義務を負っているとして、第三者に対するPluscoinの発行による販売対価は、取引日に繰延収益として認識し、収益の測定ができるようになるまで繰り延べることが示されている。またその測定は、Pluscoinの発行と引き換えに受容した仮想通貨サービスの公正価値で当初測定されるとしている。ただし、全てのプラットフォームを整備し、割引の詳細が決定するまで受領した対価を収益として認識すべき期間について信頼性をもって見積ることができないとし、2018年8月期では"収益は認識していない"としている。結局ICOについて2018年8月期は、1年間かけたものの収益化の落としどころを見出すことができず、第1四半期からICOでのPluscoin販売対価を繰延収益としたまま1年経過してしまったとい

289

仮想通貨・暗号資産に関する税務・会計

うことであり、まさに「ア　ICOと会計処理」で述べた"ICOを画一的な会計処理に落とし込むのは難しい"としたことが、現実的にあらわれた一例と言えよう。

【図表15】

有価証券報告書/ 四半期報告書の 記載カテゴリ	記載内容
有価証券報告書 第5【経理の状況】 【連結財務諸表注記】 3.重要な会計方針… 以降の四半期報告書では有価証券報告書と同一の会計方針採用と記載されている。ただし、「収益」については2019年8月期からIFRS15号の適用となっており、「会計方針の変更」を参照されたい。	⒃収益 　収益は、サービスの提供から受領する対価の公正価値から、値引、割戻及び売上関連の税金を控除した金額で測定しております。 (中略) ③受取手数料 　当社の連結子会社が運営する仮想通貨取引所における仮想通貨の取引手数料は仮想通貨の売買成立時に収益として認識し、収益の額は手数料受取額で測定されます。なお、手数料を仮想通貨で受取る場合、収益の額は受領した仮想通貨の公正価値により測定し、当該公正価値は主要な仮想通貨取引所の取引価格に基づいて決定しております。 ④トレーディング損益 　トレーディング目的で保有する仮想通貨に係る損益は純額で認識しております。 ⒄開発サービス 　仮想通貨を対価として開発サービスを受領した場合、費用として認識し、その金額は支払った仮想通貨の公正価値により測定しております。 　Pluscoinを対価として開発サービスを受領した場合、費用として認識し、その金額は受領したサービスの公正価値により測定しております。

損益計算書側の「⒃収益」については、2019年8月期からIFRS第15号「顧客との契約から生じる収益」の適用となっており、【図表15】はその前の2018年8月期の有価証券報告書での注記であるが、ここで記載されていた「③受取手数料」「④トレーディング損益」の会計方針は、2019年8月期の四半期報告書からは割愛されている。

2 仮想通貨・暗号資産に関する会計

【図表16】

有価証券報告書/ 四半期報告書の 記載カテゴリ	記載内容
四半期報告書 第4【経理の状況】 【要約四半期連結財務諸表注記】 4.重要な会計上の見積り及び見積りを伴う判断	・収益認識（注記「3.重要な会計方針(2)新たな会計方針の採用」、注記「10.仮想通貨」） ①PLC 　当社の連結子会社であるMetaps Plus Inc.は2017年10月のICOにおいて仮想通貨であるPluscoin（PLC）を発行し、対価として顧客から仮想通貨であるイーサリアムを入手しております。当該ICO及びPluscoin保有者の権利の内容は、2017年9月6日にMetaps Plus Inc.より公表されている「Pluscoin（PLC）Whitepaper（以下、ホワイトペーパー）」に記載されています。当該連結子会社が存在する法域において、仮想通貨の保有者の権利と義務に関する特段の法整備はなされておりません。そのためMetaps Plus Inc.はホワイトペーパーに記載されている権利と義務に基づいてICOの会計処理を行い、Pluscoin保有者に対する義務を負債として計上しております。仮想通貨及びICOに関する法整備がなされることによりこれらの権利義務が変更された場合、将来の会計処理に重要な影響を及ぼす可能性があります。 　当該取引において販売されたPluscoinは、当社グループがPluscoin保有者に対して現金又はその他の金融資産を引き渡す義務を負っていないため、金融負債の定義は満たしません。またPluscoin保有者は当社グループの残余財産に対する権利を有していないため、Pluscoinは資本性金融商品の定義を満たしません。また、ホワイトペーパー「3.2 Benefits for token holders」において、仮想通貨取引所運営会社の裁量と決定に基づいて当社グループが運営する仮想通貨取引所の運営から生じる利益の10%を限度としてPluscoin保有者に対して支払われるリワードの規定があります。当社グループは、当該リワードについて、Pluscoin保有者のPluscoin保有量に応じて一律に支払うものではなく、各Pluscoin保有者の当社グループが運営する仮想通貨取引所における取引手数料に応じて支払うこととしております。当該リワードの支払方法に関してホワイトペーパーの記載に違反するものでないと判断しております。当該リワードを受ける権利は、実質的には当社グループが運営する仮想通貨取引所の取引手数料収入の割引の性質を有するものであり、当社グループの残余財産に対する権利に実質的に該当するものではありません。 　Metaps Plus Inc.は、2018年3月30日までに暗号資産交換所を開設しない場合に、ICOでPLCと引き換えに受け取った対価を返還する義務を負っておりましたが、2017年11月11日に暗号資産交換所を開設したことにより当該返還義務は消滅しております。第三者に対して発行したPLCの販売対価は対価の受領時において契約負債として認識し、ホワイトペーパーに記載されている義務の履行に応じて関連する収益を計上します。ホワイトペーパー「3.2 Benefits for token holders」及び「3.3 Other token usage services」には、当社グループがPLC保有者に対して、ホワイトペーパーに記載されたプラットフォームを運営し、またそれを用いた取引によって課される取引手数

291

有価証券報告書/ 四半期報告書の 記載カテゴリ	記載内容
	料の割引を提供する旨が記載されておりますが、当該プラットフォームを運営し、割引を提供する期間及び割引金額について明記されておらず、プラットフォームが整備され、割引の詳細が決定されるまで受領した対価を収益として認識すべき期間について信頼性をもって見積ることができません。IFRS第15号「顧客との契約から生じる収益」では各当事者間の権利を識別できるまで受け取った対価を負債として認識することを要求しているため、2019年2月28日に終了する第2四半期連結累計期間において収益を認識しておりません。ホワイトペーパーに記載されている権利と義務の解釈が将来的に変更された場合、収益の会計処理に影響を及ぼす可能性があります。
四半期報告書 第4【経理の状況】 【要約四半期連結財務諸表注記】 4.重要な会計上の見積り及び見積りを伴う判断	②NPLC 　当社の連結子会社であるMetaps Plus Inc.は2018年10月30日に、新規事業であるICOコンサルティングのサービス内容に即した特典を付与することを目的に新たな自社トークンNPLCのホワイトペーパーを公表し、PLC保有者は、PLCからNPLCへの交換が可能となりました。NPLC保有者の権利の内容は、NPLCのホワイトペーパーに記載の通り、2019年12月31日までの期間において、Metaps Plus Inc.が関与するICO案件のpre-saleの情報へ30日間限定でアクセスできることのみとなります。このPLCとNPLCの交換は、PLC保有者がホワイトペーパーに記載されたベネフィットを放棄し、NPLCのホワイトペーパーに記載されたNPLCのベネフィットの内容への積極的な合意として扱っております。 　PLCのICOにおいて認識した契約負債のうち、PLCからNPLCに交換された部分については、契約変更に該当し、既存の契約を解約して新しい契約を創出したかのように会計処理しております。したがって、PLCのICOにおいて受け取った対価のうち、収益として認識されていない金額をNPLCのホワイトペーパーに基づく履行義務へ配分し、NPLCのホワイトペーパーに基づく履行義務の充足に応じて関連する収益を計上しております。 　当社グループは、2019年12月31日までの期間においてNPLC保有者に対し、Metaps Plus Inc.が関与するICO案件のpre-saleの情報を30日間限定で提供する義務を負っております。2019年12月期の連結財務諸表において、顧客に約束されたサービスを提供するにつれて収益として認識いたします。当第2四半期連結累計期間においては、2019年12月31日までの期間にMetaps Plus Inc.が関与するICO案件のうち、NPLC保有者へpre-saleの情報提供を見込む案件数に応じて、取引価格を按分し、各案件の情報を提供するにつれて収益を認識しております。NPLCのホワイトペーパーに記載されている権利と義務の解釈が将来的に変更された場合、収益の会計処理に影響を及ぼす可能性があります。

2 仮想通貨・暗号資産に関する会計

「4.重要な会計上の見積り及び見積りを伴う判断」も、2019年8月期においては収益認識（注記「3.重要な会計方針(2)新たな会計方針の採用」、注記「10.暗号資産」）に関するもので、前述の「新たな会計方針の採用または会計方針の変更」同様、新旧のトークンPLC及びNPLCに関する収益認識について言及された、非常に重要な情報といえる。

まずPLCについて、冒頭に連結子会社Metaps Plus Inc.が2017年10月のICOにおいて暗号資産であるPLCを発行し、対価として顧客から暗号資産であるイーサリアムを入手したことが記されている。またあわせて当該ICO及びPLC保有者の権利の内容は、2017年9月6日にMetaps Plus Inc.より公表されている「PLC Whitepaper（以下、ホワイトペーパー）」に記載されている旨、さらには当該連結子会社が存在する法域（韓国）において、暗号資産の保有者の権利と義務に関する特段の法整備がなされていないため、ホワイトペーパーに記載されている権利と義務に基づいてICOの会計処理を行い、PLC保有者に対する義務を負債として計上しており、将来暗号資産やICOに関する法整備がなされることによりこれらの権利義務が変更された場合、将来の会計処理に重要な影響を及ぼす可能性があるとした。収益認識に関しても、ホワイトペーパーに記載されている義務の履行に応じて関連する収益を計上するとしているものの、ホワイトペーパーには、メタップス社グループが提供する運営プラットフォームを用いた取引によって課される取引手数料の割引に関し、その割引を提供する期間及び割引金額について明記されておらず、割引の詳細が決定するまで受領した対価を収益として認識すべき期間について信頼性をもって見積ることができず、"IFRS第15号では各当事者間の権利を識別できるまで受け取った対価を負債として認識することを要求しているため、2019年8月期の第2四半期連結累計期間では収益を認識していない"としている。

次にNPLCについてであるが、冒頭でMetaps Plus Inc.は2018年10月30日に、新規事業であるICOコンサルティングのサービス内容に即した特典を付与することを目的に新たな自社トークンNPLCのホワイト

Ⅴ　仮想通貨・暗号資産に関する税務・会計

ペーパーを公表し、PLC保有者は、PLCからNPLCへの交換が可能となったことが記載され、さらにNPLC保有者の権利の内容は、「NPLCのホワイトペーパーに記載の通り、2019年12月31日までの期間において、Metaps Plus Inc.が関与するICO案件のpre-saleの情報へ30日間限定でアクセスできることのみ」とPLCの時に確定できなかった期間と履行義務の全体を確定させている。その上で、メタップスグループはNPLC保有者に対して提供する義務を、2019年12月期の連結財務諸表において、"顧客に約束されたサービスを提供するにつれて収益として認識する"とし、この第2四半期連結累計期間において、2019年12月31日までの期間にMetaps Plus Inc.が関与するICO案件のうち、NPLC保有者へpre-saleの情報提供を見込む案件数に応じて、取引価格を按分し、各案件の情報を提供するにつれて収益を認識していると、具体的な収益認識のドライバーとなる指標を示している。なお、売上に計上された金額については、【図表18】「10.暗号資産(3)契約負債」に関する注記に記載されており、その相互の関係を参考にされたい。

【図表17】

有価証券報告書/四半期報告書の記載カテゴリ	記載内容
四半期報告書 第4【経理の状況】 【要約四半期連結財務諸表注記】 10.暗号資産	(1)棚卸資産 棚卸資産として計上されている暗号資産は以下のとおりであります。なお、棚卸資産は売却コスト控除後の公正価値で計上しております。 (単位：百万円) <table><tr><th rowspan="2"></th><th colspan="2">前連結会計年度 (2018年8月31日)</th><th colspan="2">当第2四半期連結会計期間末 (2019年2月28日)</th></tr><tr><th>帳簿価額</th><th>売却コスト控除後の公正価値</th><th>帳簿価額</th><th>売却コスト控除後の公正価値</th></tr><tr><td>棚卸資産</td><td></td><td></td><td></td><td></td></tr><tr><td>当社グループが保有する仮想通貨</td><td>182</td><td>182</td><td>76</td><td>76</td></tr><tr><td>顧客から預託を受けた仮想通貨</td><td>245</td><td>245</td><td>188</td><td>188</td></tr><tr><td>合計</td><td>426</td><td>426</td><td>264</td><td>264</td></tr></table> 顧客から預託を受けた暗号資産は、当社グループが保有する暗号資産と同様に当社グループが管理する電子ウォレットにおいて保管しており、暗号資産の処分に必要な秘密鍵も当社グループが保管しております。また、韓国において顧客資産の法的な分別保管を規制する法令が未整備であることから、清算時等において当社グループが保有する

2 仮想通貨・暗号資産に関する会計

有価証券報告書／ 四半期報告書の 記載カテゴリ	記載内容
四半期報告書 第4【経理の状況】 【要約四半期連結財 務諸表注記】 10.暗号資産	他の資産に組み込まれることが想定されるため、当社グループの棚卸資産として資産計上しております。 　一方で、顧客から預託を受けた暗号資産は、当社グループが運営する暗号資産交換所の約款により当社グループによる利用は制限されております。当社グループは、当社グループが保有する暗号資産と顧客から預託を受けた暗号資産を保管するウォレットを明確に区分し、分別して管理しております。

⑵公正価値
①公正価値の測定方法
　当社グループが保有する暗号資産及び顧客から預託を受けた暗号資産は、主要な暗号資産交換所における期末日18:00（韓国標準時）時点の取引価格に基づいて算定しております。
②公正価値ヒエラルキー
　要約四半期連結財政状態計算書において、公正価値（公正価値を基礎とする測定を含む）で測定される暗号資産のレベル別の内訳は以下のとおりであります。
　公正価値ヒエラルキーのレベル間の振替は、振替を生じさせた事象が発生した各四半期の期首時点に発生したものとして認識しております。
　なお、公正価値ヒエラルキーの分類については、注記「9.公正価値測定⑵公正価値ヒエラルキー」をご参照ください。

前連結会計年度（2018年8月31日）　　　　　　　　　　　　（単位：百万円）

	レベル1	レベル2	レベル3	合計
棚卸資産				
当社グループが保有する仮想通貨	182	—		182
顧客から預託を受けた仮想通貨	4	240	—	245

当第2四半期連結会計期間末（2019年2月28日）　　　　　　（単位：百万円）

	レベル1	レベル2	レベル3	合計
棚卸資産				
当社グループが保有する仮想通貨	20	55	—	76
顧客から預託を受けた仮想通貨	27	161	—	188

　前連結会計年度及び当第2四半期連結累計期間において、レベル間の振替が行われた資産及び負債はありません。

（参考）公正価値測定の注記より
レベル1：活発な市場における同一の資産又は負債の市場価格
レベル2：レベル1以外の、観察可能な価格を直接又は間接的に使用して算出された公正価値
レベル3：観察不能なインプットを含む評価技法から算出された公正価値

仮想通貨・暗号資産に関する税務・会計

　メタップス社の特徴的な開示の一つである暗号資産（前期までは「仮想通貨」で表記）の注記に関しては、2018年8月期の有価証券報告書より、公正価値の記載がなされるようになった。【図表17】は2019年8月期の第2四半期報告書の注記であるが、暗号資産はすべて棚卸資産で表示され、公正価値評価がなされているため、公正価値のヒエラルキーの情報と合わせて記載がなされている。これによれば、暗号資産の公正価値測定におけるヒエラルキーは、基本的に活発な市場における同一資産の市場価格（レベル1）もしくは観察可能な価格を直接又は間接的に使用して算出された公正価値（レベル2）として評価されていることが分かる。

【図表18】

有価証券報告書/ 四半期報告書の 記載カテゴリ	記載内容
四半期報告書 第4【経理の状況】 【要約四半期連結財務諸表注記】 10. 暗号資産	⑶契約負債 　ICOにおける暗号資産の販売対価441百万円を繰延収益として認識し、「その他の流動負債」に含めて表示しております。このうちPLCに帰属する契約負債は91百万円、NPLCに帰属する契約負債は350百万円であります。また、当第2四半期連結累計期間においてNPLCに帰属する契約負債のうち352百万円を収益として認識しており、要約四半期連結損益計算書上、売上高に計上されております。 　前連結会計年度末のPLCの発行総数は8.9百万PLCであります。当第2四半期連結会計期間末までに、8.2百万PLCがNPLCへ交換されました。この結果、PLCの発行総数は0.7百万PLC、またNPLCの発行総数は817.8百万NPLCとなっております。なお、PLCからNPLCへの交換比率は1:100であり、1PLCに対し100NPLCが配布されております。 ⑷顧客から預託を受けた暗号資産に対応する負債 　顧客から預託を受けた暗号資産に対応する負債については「その他の流動負債」に含めて表示しております。前連結会計年度末及び当第2四半期連結会計期間末の帳簿価額はそれぞれ245百万円及び188百万円であります。
11. 偶発負債	11. 偶発負債 NPLCに係るホワイトペーパーの公表 　当社の連結子会社であるMetaps Plus Inc.は2018年10月30日に、新規事業であるICOコンサルティングのサービス内容に即した特典を付与することを目的に新たな自社トークンNPLCのホワイトペーパーを公表し、PLC保有者は、PLCからNPLCへの交換が可能となりました。これにより、PLC保有者がNPLCに係るホワイトペーパーに同意しない場合、又は公表を認識しない場合、当該PLC保有者のPLC

有価証券報告書/ 四半期報告書の 記載カテゴリ	記載内容
	はNPLCと交換されず、PLCに係るホワイトペーパーが当該PLCに対して継続的に適用されます。当社グループは、PLC保有者に対して、当第2四半期連結会計期間末現在、提供が可能となっていないPLCのベネフィットについて、当社グループが補償を行う潜在的な可能性は低いと判断しております。したがって、現時点において引当金の計上の要件を満たさないため、当第2四半期連結会計期間末に係る要約四半期連結財政状態計算書において引当金を計上しておりません。

　暗号資産の注記における「(3)契約負債」においては、ICOにおける暗号資産の販売対価441百万円を繰延収益として認識し、「その他流動負債」に含めて表示していること、また自社発行トークンPLC及びNPLCそれぞれに帰属する契約負債について内訳が示されている。ここではあわせて、PLC及びNPLCの発行枚数とPLCからNPLCへの交換の進捗について説明がなされている。なお、PLCについては2018年8月期の有価証券報告書において、当初の発行枚数11.1百万PLCのうち、過発行分として2.2百万PLCを消却したことで、その発行枚数が8.9百万PLCに減少したことが記載されている。

　また「(4)顧客から預託を受けた暗号資産に対応する負債」であるが、すでに顧客から預託を受けた暗号資産については、(1)で公正価値評価した金額が注記でなされており、ここではそれと同額を「顧客から預託を受けた暗号資産に対応する負債」として計上していることが記載されている。顧客からの預かり暗号資産については、資産の公正価値評価に引っ張られる形で負債計上がなされており、(四半期)連結貸借対照表上単なる資産、負債同額の両建てとしていることが分かる。これは、取引所を運営している子会社が顧客資産を分別管理している影響によるもので、あくまで顧客からの預託資産が、会社の損益に影響を及ぼさないことを示している。

　「偶発負債」に関しては、日本の会計基準でいうところの「偶発債務」で、IFRS上も特段新しい概念ではないが、NPLCのホワイトペーパー公表に伴い、2019年8月期の第1四半期以降、PLCからNPLCへの交換に

仮想通貨・暗号資産に関する税務・会計

対し、交換に応じないもしくはNPLCへの交換を認識できなかったPLC保有者への補償の可能性に関する言及となっている。ただし、その補償を行う可能性は低いということもあわせて記載されている。

【図表19】

有価証券報告書/四半期報告書の記載カテゴリ	記載内容
有価証券報告書第5【経理の状況】【連結財務諸表注記】30.仮想通貨	(3)無形資産 　無形資産として計上されている仮想通貨の帳簿価額の増減は下記のとおりであります。 （単位：百万円） <table><tr><td></td><td>帳簿価額</td></tr><tr><td>2017年8月31日</td><td>—</td></tr><tr><td>取得</td><td>898</td></tr><tr><td>売却または処分（注1）</td><td>△614</td></tr><tr><td>棚卸資産への振替（注2）</td><td>△308</td></tr><tr><td>為替換算差額</td><td>24</td></tr><tr><td>2018年8月31日</td><td></td></tr></table> (注1) 仮想通貨の売却又は処分は、第三者への仮想通貨の売却額460百万円及び外部の業者から提供を受けたサービスに対する支払い154百万円であります。また、第三者への仮想通貨の売却による収益は328百万円、提供を受けたサービスに対する支払いに関する処分差益は22百万円であります。 (注2) 仮想通貨の棚卸資産への振替は、当社グループが運営する仮想通貨取引所の流動性を確保するためのトレーディング目的の棚卸資産への振替であります。

　メタップス社がICOで取得したイーサリアムは2018年8月期末ですべて棚卸資産に振替、もしくは売却または処分されてしまったため、2018年8月期の有価証券報告書にある「30.仮想通貨(3)無形資産」における注記についてだけ、少し解説を加えておく。この注記によれば、調達したイーサリアム898百万円は第三者に460百万円売却され、さらに業者から提供をうけたサービスに対する支払に154百万円が充てられたことで減少するとともに、308百万円をトレーディング目的に振替えたことが分かる。さらに（注1）より、この売却によって328百万円の収益が計上され、それが連結損益計算書上「その他の収益」で計上していることが記載されている。残りの為替換算差額24百万円は、ICOを

実施したのが韓国の子会社であったため、仮想通貨を獲得した当該子会社での韓国ウォン建て財務諸表をメタップス社の円建て連結財務諸表に取り込む際の為替差額であると思われる。いずれにしても、これによって、当初棚卸資産と無形資産の双方で計上されていたメタップス社の暗号資産は、棚卸資産での表示に一本化された。

最後にメタップス社の監査報告書に関しても少しだけ言及したい。もともとICOを実施した直後の第1四半期報告書では、「独立監査人の四半期レビュー報告書」が3ページにわたる大作となっており、無限定の結論とはしているものの、「強調事項」に注記12から5つの「仮想通貨取引に係るリスク」を強調するとともに、さらに「その他の事項」として4点を追加的に説明が必要と判断した事項として記載していた。ただ、その後の有価証券報告書及び四半期報告書に関してはこの「その他の事項」の記載は行っておらず、リスクに関する強調事項を付すのみとなっており、記載するリスクの数も当初の5つから2019年8月期の第2四半期報告書では3つに減っている。ここからも、時の経過とともに実務側にも一定の目途が立ち、強調すべきリスクも明確になってきたという変遷がうかがえる。

[谷田　修一]

索　引

アルファベット

API（Application Programming
　Interface）･･･････････････････ 98
CSIRT（Computer Security Incident
　Response Team）･･･････････ 119
FATF･･･････････････････････13, 14
GDPR ････････････････････････ 89
ICO（Initial Coin Offering）･･10, 104,
　191, 248, 277
IPO（Initial Public Offering）････ 277
Nonce（ナンス）･･･････････････ 69
PBFT（Practical Byzantine Fault
　Tolerance ･･･････････････････ 73
Proof of Importance（PoI）･･････ 72
Proof of Stake（PoS）････････････ 72
Proof of Work（PoW）･･･････44, 71

あ

アイテム･･････････････････････ 41
アルトコイン･･････････････････ 7
暗号資産カストディ業務･･･････ 110
暗号資産交換業者･･････････････ 9
暗号通貨･･･････････････････ 214
Unpermissioned 型 ･･････････ 73
イーサリアム ････････････････ 7
遺言書保管法･･････････････ 198
ウォレット･･･････････ 10,106
欧州司法裁判所･･･････････････ 19
欧州中央銀行（European Central
　Bank: ECB）･････････････ 13
営業秘密･････････････････････ 62

オープン API ･･･････････････ 98

か

カストディ･･･････････････ 132
ガバナンス体制･･･････････ 118
還付････････････････････････ 24
QR コード ･･･････････････ 206
強制執行･････････････････ 147
供託･･････････････････ 165, 178
金銭の法的地位･･･････････ 160
金融活動作業部会（Financial Action
　Task Force: FATF）･････････ 13
金融犯罪執行ネットワーク（FinCEN）
　･･･････････････････････21, 22
原資産･･･････････････････ 189
源泉所得税･･････････････ 234
限定承認･････････････････ 194
「合意」アプローチ･･･････････ 156
コールドウォレット･･････ 93, 126
国外財産調書･･････････････ 235
51％攻撃 ･･･････････････74, 82
個人情報･･････････････82, 83
個人情報保護法･･･････････ 88
コモディティ･･････････････ 140
コンセンサスアルゴリズム･････44, 71
コンソーシアム型･････････ 74
コンプライアンス（法令遵守）････ 118

さ

財産権･････････････････ 156
財産債務調書･･････････････ 235

索　引

先物取引・・・・・・・・・・・・・・・・・・・ 228
The DAO 事件・・・・・・・・・・・・・・・・ 80
雑所得・・・・・・・・・・・・・・・・・・・・・ 222
サトシ・ナカモト・・・・・・・・・・・・・ 21
システムリスク・・・・・・・・・・・・・・ 120
実用新案・・・・・・・・・・・・・・・・・・・・ 61
自筆証書遺言・・・・・・・・・・・・・・・・ 198
集団投資スキーム持分権・・・・・・・・ 185
証拠金取引・・・・・・・・・・・・・・・・・・ 228
消費税・・・・・・・・・・・・・・・・・・・・・ 234
所得税・・・・・・・・・・・・・・・・・・・・・ 217
シルクロード事件・・・・・・・・・・・・・ 22
信託財産・・・・・・・・・・・・・・・・・・・ 174
スケーラビリティ問題・・・・・・・・・・ 80
ステーブルコイン・・・・・・・・・・・・・ 42
スマートコントラクト・・・・・・ 7, 77, 94
セキュリティ・・・・・・・・・・・・・・・・ 92
セキュリティ対策・・・・・・・・・・・・92, 93
セグウイット・・・・・・・・・・・・・・・・・ 7
占有＝所有権理論・・・・・・・・・・・・・ 161
相続・・・・・・・・・・・・・・・・・・・・・・ 194
相続放棄・・・・・・・・・・・・・・・・・・・ 194
ソフトフォーク・・・・・・・・・・・・・・・ 79
ソブリン通貨・・・・・・・・・・・・・・・・ 15

た

第5次マネーロンダリング指令・・・・・ 15
第三者異議・・・・・・・・・・・・・・・・・ 148
代物弁済・・・・・・・・・・・・・・・・・・・ 160
単純承認・・・・・・・・・・・・・・・・・・・ 194
著作権・・・・・・・・・・・・・・・・・・・・・ 61
定型約款・・・・・・・・・・・・・・・・・・・・ 97
データポータビリティ・・・・・・・・・・ 90

デリバティブ・・・・・・・・・・・・・ 103, 186
テロリズム・・・・・・・・・・・・・・・・・ 131
天候デリバティブ・・・・・・・・・・・・・ 189
電子マネー・・・・・・・・・・・・・・・・・ 106
問屋・・・・・・・・・・・・・・・・・・・・・・ 177
トークン・・・・・・・・・・・・・・・・・・・ 10
トークン分類法・・・・・・・・・・・・・・・ 27
特定取引・・・・・・・・・・・・・・・・・・・ 133
特許権・・・・・・・・・・・・・・・・・・・・・ 60
特許法・・・・・・・・・・・・・・・・・・・・・ 47
トランザクション・・・・・・・・・・・・・ 69
取戻権・・・・・・・・・・・・・・・・・・・・・ 173

な

乗っ取り・・・・・・・・・・・・・・・・・・・・ 81

は

ハードフォーク・・・・・・・・・・・・・・・ 79
Permissioned 型・・・・・・・・・・・・・・・・ 73
ハイリスク取引・・・・・・・・・・・ 133, 135
ハッキング・・・・・・・・・・・・・・・・・・ 80
発行保証金・・・・・・・・・・・・・・・・・ 178
ハッシュ関数・・・・・・・・・・・・・・・・・ 69
ハッシュ値・・・・・・・・・・・・・・・・・・ 69
発明・・・・・・・・・・・・・・・・・・・・・・・ 47
パブリッシュ型・・・・・・・・・・・・・・・ 74
犯罪収益移転防止法・・・・・・・・・・・・ 131
P2P ネットワーク・・・・・・・・・・・・・・ 8
ビザンチン障害・・・・・・・・・・・・・・・ 71
ビザンチン障害耐性・・・・・・・・・・・・ 76
ビットコイン・・・・・・・・・・・・・7, 138
ビットコインキャッシュ・・・・・・・・・ 7
ファイヤウォール・・・・・・・・・・・・・ 120

301

フォーク・・・・・・・・・・・・・・・・・・・・ 44	民事執行・・・・・・・・・・・・・・・・・・・・・ 203
付加価値税・・・・・・・・・・・・・・・・・・・ 45	民事保全・・・・・・・・・・・・・・・・・・・・・ 203
付加価値税指令・・・・・・・・・・・・・・・ 20	モナーコイン・・・・・・・・・・・・・・・・・ 7
不正競争防止法・・・・・・・・・・・・・・・ 62	物の発明・・・・・・・・・・・・・・・・・・・・・ 51
プライバシー・・・・・・・・・・・・・・・・ 78	

や

約款・・・・・・・・・・・・・・・・・・・・・94, 96
有価証券・・・・・・・・・・・・・・・・・・・・ 182

プライバシー・・・・・・・・・・・・・・・・ 78
プライバシー・バイ・デザイン・・・・・ 89
プライバシー保護・・・・・・・・・・・ 87, 91
プライベート型・・・・・・・・・・・・・・・ 74
ブロックチェーン・・・・・・・・・・・・・・ 68
分散型台帳・・・・・・・・・・・・・・・・・・ 70
分別管理・・・・・・・・・・・・・・・ 124, 145
分別管理義務・・・・・・・・・・・・・・・・ 145
米国歳入庁（IRS）・・・・・・・・・・・・・ 23
米国証券取引委員会（SEC）・・・・・・・ 21
米国商品先物取引委員会（CFTC）・・ 26
ポイント・・・・・・・・・・・ 107, 167, 252
法人税・・・・・・・・・・・・・・・・・・・・・ 217
法定相続情報証明制度・・・・・・・・・・ 199
法定通貨・・・・・・・・・・・・・・・・・・・・ 42
方法の発明・・・・・・・・・・・・・・・・・・ 51
法務局・・・・・・・・・・・・・・・・・・・・・ 198
ホットウォレット・・・・・・・・・・・・92, 93
保有個人データ・・・・・・・・・・・・・・・ 89

ら

履行保証暗号資産・・・・・・・・・ 124, 179
リップル・・・・・・・・・・・・・・・・・・・・ 7

ま

マイナー・・・・・・・・・・・・・・・・・・9, 82
マイニング・・・・・・・・・・・・・・・・・・ 82
マイニング報酬・・・・・・・・・・・・・・・ 222
マウントゴックス・・・・・・・・・・・・・ 138
前払式支払手段・・・・・・・・・・・ 107, 108
マネー・ロンダリング（資金洗浄）・・・13,
　83, 131
みなし有価証券・・・・・・・・・・・・・・・ 184

■編著者略歴

松嶋　隆弘（まつしま・たかひろ）　　　　　　　Ⅰ-1、Ⅲ-2担当

日本大学教授、弁護士（みなと協和法律事務所）

昭和43年9月生。前私法学会理事、前空法学会理事。元公認会計士試験委員。

主要著作として、上田純子＝松嶋隆弘編『会社非訟事件の実務』（三協法規出版、平成29年）、上田純子＝菅原貴与志＝松嶋隆弘編『改正会社法 解説と実務への影響』（三協法規出版、平成27年）等多数。

渡邊　涼介（わたなべ・りょうすけ）　　　　　　　Ⅱ-1担当

弁護士（光和総合法律事務所）、元総務省総合通信基盤局専門職

主要著作として、『企業における個人情報・プライバシー情報の利活用と管理』（青林書院、平成30年）。

■執筆者一覧

森　大輝（もり・ひろき）　　　　　　　　　　　Ⅰ-2担当

弁護士（SMBC日興証券株式会社）

宇佐美善哉（うさみ・よしや）　　　　　　　　　Ⅰ-3担当

弁護士・ニューヨーク州弁護士（本間合同法律事務所）

石川　雅啓（いしかわ・まさひろ）　　　　　　　Ⅰ-4担当

日本貿易振興機構（JETRO）お客さまサポート部貿易投資相談課

日向　裕弥（ひなた・ひろみ）　　　　　　　　　Ⅰ-5担当

日本貿易振興機構（JETRO）北京事務所

髙橋　淳（たかはし・じゅん）　　　　　　　　　Ⅰ-6担当

日本貿易振興機構（JETRO）海外調査部欧州ロシアCIS課

泉　絢也（いずみ・じゅんや）　　　　　　　　　Ⅰ-7担当

千葉商科大学専任講師

中川　淨宗（なかがわ・きよむね）　　　Ⅰ－8担当
　　弁理士（中川特許事務所）

永井　徳人（ながい・のりひと）　　　Ⅲ－1担当
　　弁護士（光和総合法律事務所）

櫻井　駿（さくらい・しゅん）　　　Ⅲ－1担当
　　弁護士（光和総合法律事務所）

武田　典浩（たけだ・のりひろ）　　　Ⅳ－1担当
　　国士舘大学教授

金澤　大祐（かなざわ・だいすけ）　　　Ⅳ－2担当
　　日本大学専任講師・弁護士

鬼頭　俊泰（きとう・としやす）　　　Ⅳ－3担当
　　日本大学准教授

石井　美緒（いしい・みお）　　　Ⅳ－4担当
　　日本大学准教授・弁護士

嶋田　英樹（しまだ・ひでき）　　　Ⅳ－5担当
　　弁護士（三番町法律事務所）

佐藤　善恵（さとう・よしえ）　　　Ⅴ－1担当
　　神戸学院大学教授・税理士（佐藤善恵税理士事務所）

谷田　修一（やつだ・しゅういち）　　　Ⅴ－2担当
　　公認会計士（UHY東京監査法人）

改正資金決済法対応　仮想通貨はこう変わる!!
暗号資産の法律・税務・会計

令和元年8月1日　第1刷発行

編著者　　松嶋　隆弘

渡邊　涼介

発　行　　株式会社 ぎょうせい

〒136-8575　東京都江東区新木場1-18-11

電話　編集　03-6892-6508
営業　03-6892-6666
フリーコール　0120-953-431

〈検印省略〉

URL:https://gyosei.jp

印刷　ぎょうせいデジタル㈱　　　　　©2019 Printed in Japan

※乱丁・落丁本はお取り替えいたします。

ISBN978-4-324-10661-7
(5108531-00-000)
〔略号：変わる暗号資産〕